HASMSB—1

PREFACE

This book grew up in the classroom. There is not a lesson in it that has not been taught repeatedly. The necessity of preparing material for several hundred beginners in Spanish every year, with constant requests from fellow teachers for duplicates, has led to its publication.

In presenting it the author does not need to explain the advantages of the *direct method,* in general. That is a matter of common knowledge. All he needs to do is to call attention to some of the specific points which his book contains, and for the sake of brevity it will be best to do this categorically:

It is not only a *direct* method, it is also *natural.* The direct method as presented hitherto in the teaching of languages has too often ignored the difficulties of the beginner, introducing him at once to many verbs that can only be understood by translation, thus at the very start defeating the avowed purpose of the method. This book begins with words that are so much alike in Spanish and English that their meaning is self-evident. A further great advantage is the fact that it contains nearly three hundred illustrations of common terms, including verbs. There is an abundance of drill furnished by exercises of wide variety, and in quantity more than sufficient.

The vocabulary is made up of the practical, everyday words of the home, the street, the store, and the office. Of the forty-five hundred words, over four thousand are of this class; the rest are either words of evident meaning used to explain something more difficult, or grammatical terms. The aim has been to avoid the defect, common in books for beginners, of an unnatural and badly selected vocabulary, lacking in the common terms of ordinary speech. The student who masters the material of this book ought to be able to make his way among any Spanish-speaking people. At the same time he is prepared to read an ordinary book — as the child does — for the story, without reference to a dictionary. If he does this, he will get his Spanish as naturally as he got his English — from what he hears and reads.

The essentials of grammar are taught for the most part inductively, and with much drill on important matters. After the student has had some practice, the necessary rules are given, but in such form that they may be omitted by teachers who prefer to present the subject without them or who wish to use the book as a reader in connection with a formal grammar.

Some of the thinking has been left for the student to do. Not everything is explained to him. That he has some imagination is taken for granted. Not to do so would be to leave him with nothing to do but to learn lessons — and that is not education.

Ample drill has been given on important idioms, generally considered difficult, but which are so only because either the book or the teacher calls attention to them as such. Here they are presented in the most matter of fact way, and thus they may be easily learned. Most of the so-called idioms in Spanish are such only when translated; the idiom is in the English.

The language of the book is sufficiently Castilian to conform to the demands of the Spanish Royal Academy, while at the same time it meets the needs of the American student, who is more likely to use the language in the Spanish-American countries than in Spain.

As the student has no immediate use for the familiar style of address, corresponding to *thou, thee,* and *ye* in English, it has been omitted from all except the last lessons, thus greatly simplifying the instruction, and affording a great saving in the work of learning the language.

The *phonology*, or discussion of Spanish pronunciation, has been put in English for the convenience of those who desire to study the language without the aid of a teacher. It should however be well understood that correct pronunciation can be acquired only by repeatedly hearing and imitating words and sentences properly uttered by living human voices.

The plan of each lesson is as follows:

1. *Conversation:* to be presented orally by the teacher, or at least read over and explained in Spanish to the class. The use of objects and pictures will make this easy.

2. *Notes:* containing explanations, paradigms, a vocabulary explaining in Spanish the more difficult words, and a short section of *useful phrases* to be learned. Most of the latter are the common idioms of the language.

3. *Exercises:* of all sorts to afford drill in the use of words and in the terminations of adjectives and of verbs. Here also will be found practical conversations, using such verbs as the Spanish for *give* and *take, borrow* and *return, fetch* and *carry, buy* and *sell,* etc.

4. *Questions:* on matters contained in the Conversation.

As the author has found useful in his own classes both the material and the method embodied in this book, he trusts that they will prove equally useful to his fellow teachers.

excepting when, after **g**, it bears the dieresis (**ü**), in which case it aids in producing the sound of **gw**. See § 3.

u silent		ü sounded like *w*
guerra	quebrar	vergüenza
guía	Quito	güira

CONSONANTS

§ 10. **F**, **k**, **l**, **m**, **n**, **p** and **t** are sounded as in English, and they are invariable in sound.

§ 11. **B** and **v** have somewhat the same sound, both in Spain and elsewhere. It is like that of English *b*, when made by contact of the lips without much pressing together. The difference consists in the greater compression of the lips in making **b**. The uncultured often substitute either of these letters for the other.

§ 12. **C** has two distinct sounds:

a. Before **a**, **o**, **u** or a consonant, or at the end of a word or syllable, it has the sound of *k*.

b. Before **e** or **i** it has the same sound as Spanish **z** in correct Castilian,[1] that of *th* in *thin*. See § 26. In modern orthography **c** generally takes the place of **z** before **e** or **i**. See § 26.

c. In the combination **cc**, which occurs before **i** only, the first **c** has the sound of *k* (§ 12, *a*), the second, that of Spanish **z**.

§ 13. **Ch**, an inseparable double letter (§ 2), has the sound of *ch* in *chest*, never that of *sh*. Formerly, in a few foreign words, it had the sound of *k*, to indicate which the

[1] In some provinces of Spain, and generally outside of Spain, it is given the sound of Spanish **s** (§ 22). The student, however, is advised to learn and to use the Castilian pronunciation.

succeeding vowel was marked with a circumflex accent; as: **archângel, chîmica**; but in this case the **ch** has been replaced by **c** and **qu** in modern Spanish, thus producing **arcángel, química.**

§ 14. **D** is like English *d*, yet never uttered so distinctly as in English, and, between vowels and at the end of words, it approximates the sound of *th* in *though.*

§ 15. **G** has two distinct sounds:

a. Before **a, o, u**, a consonant, or at the end of a syllable or word, it has the sound of *g* in *good.*

b. Before **e** or **i**, **g** is guttural, and it has the sound of Spanish **j**, which see (§ 16).

g hard		g guttural
	gaceta	agente
golfo	globo	agitación
gusto	gramática	

§ 16. **J**, of an invariable guttural sound, for which the English has no exact equivalent, approximates the *h* of *host* and the initial *h* of *harsh,* if these words are spoken with vigor and rapidity. See § 15, *b.*

§ 17. **Ll**, an inseparable double letter, has the liquid sound of *ly* as in the pronunciation of such words as *billiard, brilliant.* In some of the provinces of Spain and many other countries where Spanish is the native language, this letter is given the sound of consonant **y**. See § 25, *b.*

§ 18. **Ñ**, invariable in sound, has the force of *ny*, as in the pronunciation of the English word *pinion.*

§ 19. **Q**, which never occurs except with **u** (§ 3), is now used before **ue** and **ui** only. The combination **qu** has the sound of *k.*

SYLLABICATION

§ 29. Correctness in speaking Spanish can be acquired only by exercising great care in the division of words into syllables:

a. A single consonant between vowels must be pronounced and written with the succeeding syllable:

a cu sar′ se ñor′ pa′ tio a diós′ fi lo′ so fo li′ ma

Exception. — **X**, when it is pronounced as *ks*, appears to furnish an exception to this rule, as it is attached to the end of the syllable in which it occurs, while the next syllable may, in some cases, seem to begin with a vowel, as in **ex a′ men**; but **x**, although single in form, has a double sound, that of *k* and that of *s*; therefore in pronouncing such a word as **examen**, the *k* sound terminates the preceding syllable, and the *s* sound begins the succeeding. In dividing such a word at the end of the line the division occurs after the **x**. Spanish **ex–** never has the sound of the English word *eggs*, but of the English combination *eks*.

Exception. — Compound words must be so divided as to preserve intact the elements which compose them; examples: **nos o′ tros, vos o′ tros, in ex per′ to.**

Note. — In dividing a word at the end of a line it is improper to make the division in such a way as to leave a solitary vowel standing alone there, as would be the case if **acusar** were divided thus: **a-cusar.**

b. As has been said (§ 2), **ch**, **ll** and **rr** may not be separated; examples:

ma′ cho ca ba′ llo tie′ rra

c. Two separable consonants between vowels must be carefully separated in speech, and they may be divided in writing; examples:

ac′ to al tar′ men′ te an ti cua′ do

Exception. — When the consonants **b, c, f, g** and **p** are followed by **l** or **r**, and **d** and **t** by **r**, they may not be separated, except when they unite compound words; examples:

a blan dar′	**de cla rar′**	**a′ cre**	**si′ glo**	**a pre tar′**
a bri′ go	**su bli′ me**	**a flo jar′**	**a gra dar′**	**A driá′ ti co**
a bril′	**sub lụ nar′**	**a fren′ ta**	**a pla nar′**	**li′ tro**

d. When the consonants **ns** are immediately followed by one or two consonants, division is made after **s**; examples: **trans mi si ble, trans cri bir.**

e. Care must be taken to run together the sounds of the vowels of a diphthong, as in the case of **muy** and **bien.**

ACCENTUATION

§ 30. Accent is a special effort of utterance by which, in a word of two or more syllables, one syllable is given prominence by stress of voice.

§ 31. In Spanish, words are accented either regularly or irregularly. If accented regularly, no mark is employed to indicate the accent. If accented irregularly, a mark, the graphic or written accent (′), is used.

§ 32. In Spanish words, the stress or accent regularly falls on either the next to the last syllable or the last syllable, subject to the following rules:

1. On the next to the last syllable:

a. When the word ends in a vowel; as: **palabra, estado, arte, ala, casi, obscuro, teme, domino, España, bacalao, canoa, deseo.**

b. When the word ends in **n** or **s**; as: **flores, ojos, venden, martes, jueves, origen, Carlos, Carmen.**

inteligencia dominante. *Hombre* es una palabra que se refiere a toda la raza humana. En un sentido limitado, significa una persona masculina o un varón. Una mujer es una hembra. Una persona de pocos años es un niño. La raza humana se compone de hombres, mujeres y niños. El hombre tiene alma,

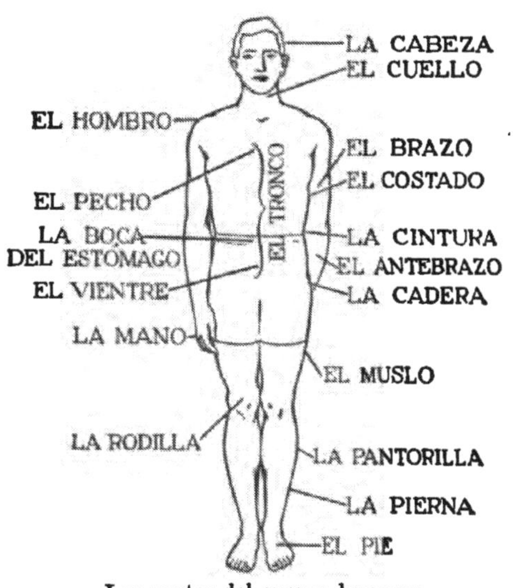

Las partes del cuerpo humano

mente y cuerpo, que se manifiestan en los atributos morales, mentales y físicos de su ser o existencia. Consideraremos primero el cuerpo humano. ¿Cuáles son las partes que forman el cuerpo humano? — La cabeza, el tronco y las extremidades.

¿Cuál es la forma de la cabeza? — Es redonda.

¿Cuál es la forma del tronco? — El tronco es casi cilíndrico.

En su parte superior la cabeza está cubierta por el pelo o cabello, que sirve para proteger el cráneo y el cerebro de daños externos. La cara es la parte de la cabeza que más atrae o llama la atención. ¿Se cortan el cabello o pelo las mujeres? — No, señor; solamente los hombres se cortan el pelo.

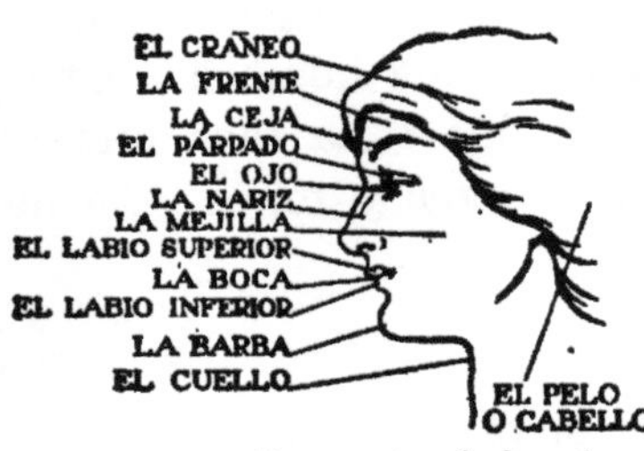

Las partes de la cabeza

Los hombres también se rasuran o se afeitan. *Afeitarse* significa quitarse o hacer desaparecer el pelo de la cara. ¿Cómo se llama la parte superior de la cara? — La frente, y debajo de ella están (o se encuentran) los ojos, que son los órganos de la vista o visión.

Perfil de la cara

Ver significa percibir con los ojos las formas y el color de los objetos. Veo con los ojos. Señora, ¿me hace Vd. el favor de explicar cuándo son visibles las cosas y cuándo invisibles? — Las cosas son visibles cuando están dentro de los límites de nuestra vista; no podemos ver cosas invisibles.

¡Bien! Está Vd. progresando rápidamente en sus estudios de español. Encima de cada ojo hay una curva o un arco de pelo, que es la ceja. ¿De qué color son los ojos de la señorita Villaverde? — No sé, porque no los puedo ver.

LA CEJA
EL PÁRPADO
LAS PESTAÑAS
LA NIÑA O PUPILA
EL LAGRIMAL

Las partes del ojo

Quien canta, sus males espanta: *espantar*, asustar, causar espanto, susto o miedo.

Es muy mujer de su casa: cuida de su casa y de su familia con diligencia.

Con la música a otra parte: váyase Vd., quítese de ahí.

Quítate de ahí: estilo familiar de la frase anterior.

Quíteselo Vd. de la cabeza: se dice para disuadir a una persona.

En un abrir y cerrar de ojos: instantáneamente.

Mucho ojo: mucho cuidado o precaución.

Juan le hace la barba al señor Saenz: le trata con adulación, le adula.

99. EJERCICIO

A. Reproduzca de memoria la reseña siguiente:

El Hombre

- El espíritu o alma (inmaterial)
- La mente: la reseña sigue en otra lección
- El cuerpo (material)
  - En general:
    - el cutis o piel; verbo, *rascar* (dar fricción con las uñas de la mano)
    - la carne, que se compone de los músculos
    - los huesos, todos unidos forman el esqueleto
  - Las partes:
    - la cabeza; verbo, *sacudir*
      - el cráneo
        - interiormente, los sesos o el cerebro; verbo, *pensar*
        - exteriormente, el pelo o cabello; verbos, *peinar*, *rizarse*
          - color: negro, castaño, rubio, rojo, cano

carácter: rizado; lacio o derecho
arreglo: el peinado, el de mujer con peinetas (peines de adorno, 105) y moños de cinta o listón, todo sujetado por horquillas de alambre

la cara:
la frente
arrugada (con arrugas), de *arrugar* (encoger la piel)
despejada (sin arrugas), de *despejar*
fruncido el entrecejo, de *fruncir* (arrugar)

Cara con arrugas

Cara ceñuda

los ojos; verbos, *ver, mirar, percibir, cerrar, abrir, guiñar* (cerrar un ojo), *frotar* (dar fricción con la mano)
el órgano
la pupila o niña del ojo
el iris; colores: azul, verde, café
el carácter: grandes, pequeños, entreabiertos (medio abiertos), rasgados (muy abiertos)
la acción: la mirada
el sentido
la vista
corta (miope)
larga (présbite)

la protección
las cejas; verbo, *fruncir*
los párpados; verbo, *parpadear*
las pestañas; verbo, *pestañear*
la nariz; verbos, *sonarse* (limpiar la nariz con un pañuelo), *estornudar* (de una irritación)
la forma: aguileña, chata, arremangada
el sentido: el olfato; verbo, *oler*
las aberturas: las ventanas de la nariz

Nariz recta Nariz arremangada Nariz aguileña Nariz chata

las mejillas, cachetes o carrillos; verbos, *palidecerse* (ponerse pálido), *ruborizarse* o *sonrojarse* (ponerse colorado de vergüenza)
las sienes (una a cada lado de la frente)
las orejas y el oído; verbos, *oir*, *escuchar*
la barba (la punta de la quijada o mandíbula)
la quijada, mandíbula movible; verbo, *bostezar*
la boca:
exteriormente, los labios; verbo, *sonreirse*
interiormente
los dientes y las muelas, con la encía (la carne)
la lengua; el paladar; la garganta; verbo, *toser*
el esófago; verbo, *tragar* o *deglutir*
la laringe; verbos, *hablar*, *cantar*, *reirse*,

llorar, *gemir* (expresar pena con gemidos), *sollozar* (llorar con gemido interrumpido), *gruñir* (122, *E*), *refunfuñar* (expresar disgusto)

el pelo, las cejas, el bigote, las barbas
el cuello (une la cabeza al tronco), vulgarmente el pescuezo:
la parte anterior, la garganta
la parte posterior, la nuca

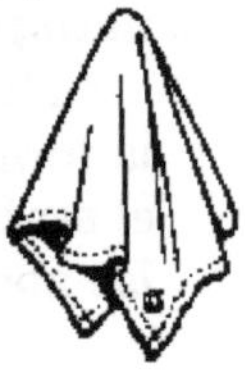

Un pañuelo

B. Complétense las siguientes oraciones con las palabras apropiadas:

1. La ---- es la fuerza o principio vital. 2. El hombre se ------ el pelo de su cara. 3. La ------ es la parte superior de la cara. 4. Los ojos son los órganos de la -----. 5. Encima de los ojos están las -----. 6. Los ojos están cubiertos por los --------. 7. Las pestañas se componen de ----- en el borde del -------. 8. El órgano que produce la ------ es la -------. 9. Los ------, la lengua, los ------- y el ------- modifican el sonido de la ---. 10. Los alimentos son masticados por los -------. 11. Cuando una persona mastica, mueve la -------. 12. El -------- trata o ---- los dientes. 13. Se extraen los dientes -----. 14. Dientes postizos o artificiales son hechos por el --------. 15. Los ------- naturales son los mejores. 16. Es mejor ------- los dientes que padecer ----- de ------. 17. Un ----- es un sonido desagradable. 18. Para un músico un ----

Hombre que bosteza

La muchacha llora

bueno es indispensable. 19. ¿------ Vd. el inglés? 20. El ------ sostiene la cabeza.

100. PREGUNTAS

1. ¿Cuál es la diferencia entre la materia orgánica y la materia inorgánica? 2. ¿Vive Cervantes? 3. ¿Qué gran escritor vive aún? 4. ¿Cómo mató al insecto el profesor? 5. ¿Es cruel matar a los insectos? 6. ¿Viven para siempre las plantas y los animales? 7. ¿Sabe Vd. qué diferencia hay entre las plantas y los animales? 8. ¿Por qué es el hombre el rey de la creación? 9. ¿En qué sentido es el león superior a los otros animales? 10. ¿Qué es un hombre? ¿Una mujer? ¿Un muchacho? ¿Un niño? ¿Una niña? 11. ¿Qué parte del hombre es inmaterial? 12. ¿Qué es lo que sirve para proteger el cráneo de los daños externos? 13. ¿Se rasuran (afeitan) las mujeres? 14. ¿Con qué órganos vemos? 15. ¿De qué color son los ojos de Vd.? 16. ¿Tiene Vd. el pelo lacio o rizado? 17. ¿Tiene Vd. dolor de muelas? 18. Cuando padecemos de dolor de muelas, ¿a quién consultamos? 19. ¿Tiene Vd. malos los dientes? 20. ¿Sabe Vd. cantar?

LECCIÓN VIGÉSIMA SEXTA

101. CONVERSACIÓN

Ya hemos hablado de la cabeza y sus partes. Hoy vamos a considerar el tronco y las extremidades. La cabeza se apoya en el cuello; el cuello está entre la cabeza y los hombros; los hombros forman la parte superior del tronco. De cada hombro pende un brazo y cada brazo termina en una mano. ¿Cuáles son las partes del brazo? — El brazo y el antebrazo.

Extremidad de un dedo

Un pie

El codo es la articulación entre el brazo y el antebrazo. ¿Cuál es el nombre de la articulación entre el antebrazo y la mano? — La muñeca.

¿Cuántos dedos tiene la mano? — Cinco.

En las extremidades de los dedos hay substancias duras que protegen las yemas de los dedos; ésas se llaman uñas. Las extremidades inferiores del cuerpo

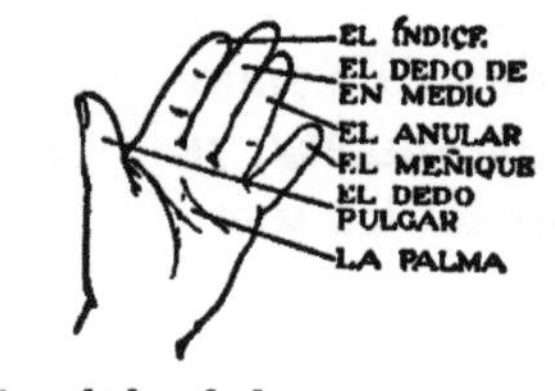

Los dedos de la mano

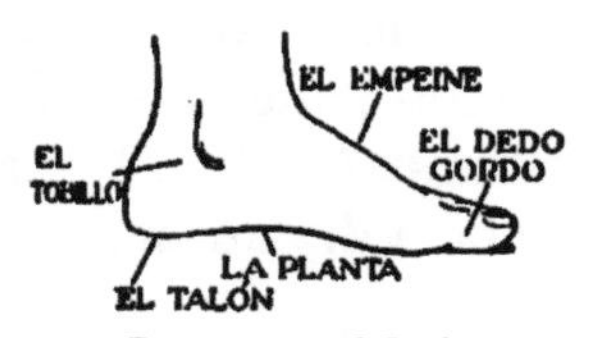

Las partes del pie

se llaman piernas; la parte superior de la pierna es el muslo; el muslo está unido al tronco por una articulación o coyuntura que se llama la cadera. La articulación de la pierna es la rodilla. ¿Cuál es la parte de las extremidades inferiores que corresponde a la mano en las extremidades superiores? — El pie.

Los pies también tienen cinco dedos. El dedo más grande se llama dedo gordo. En este sentido

Un hombre que anda

Un joven que corre

Un hombre de rodillas

gordo significa *grueso*. El dedo más pequeño de la mano y del pie se llama *dedo meñique*. La mano tiene también el *dedo índice*, y el *dedo anular;* el *dedo*

Niño rezando

Hombre de pie

pulgar de la mano corresponde al *dedo gordo* del pie. ¿Qué articulación del pie corresponde a la muñeca de la mano? — El tobillo.

La parte posterior del pie se llama talón y la parte

superior es el empeine. Señor Moore, ¿tiene Vd. un empeine alto? — Sí, señor; muy alto.

Nos movemos o caminamos de un lugar a otro por medio de las piernas y los pies. Caminar despacio es *andar;* caminar de prisa es *correr.* ¿Puede un muchacho correr tan de prisa como una mula? — No, señor; la mula puede correr más de prisa.

La distancia que se avanza con un solo movimiento de las piernas se llama un paso. *Arrodillarse* es doblar las rodillas. Uno se arrodilla o se hinca cuando reza. *Rezar* significa orar o suplicar a Dios. Es un acto de devoción. *Pararse* es ponerse en pie. *Sentarse* es acomodar el cuerpo en una silla u otro asiento. *Acostarse* es poner el cuerpo en una postura o posición horizontal. Nos acostamos de noche y nos levantamos por la mañana.

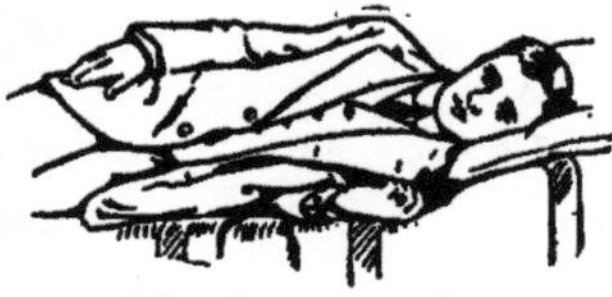

Hombre acostado

Señorita, ¿tiene Vd. un anillo o sortija en el dedo? — Sí, señor.

Póngaselo en el mismo dedo de la otra mano. Estaba en el dedo anular de la mano derecha; ahora está en el mismo dedo de la mano izquierda. Vd. lo cambió de un dedo a otro.

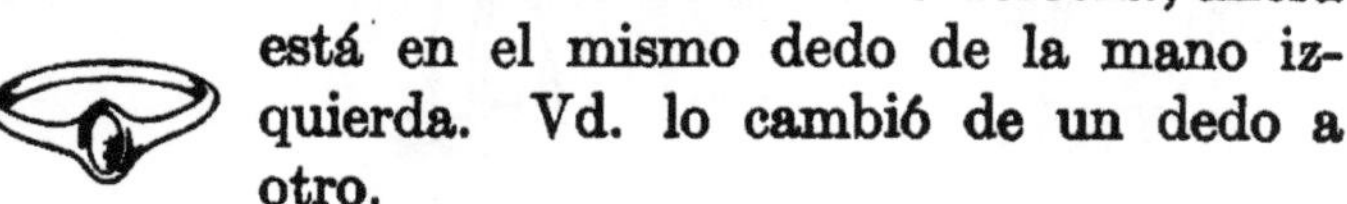

Una sortija

El anillo estaba en la mano derecha y lo puso Vd. en la izquierda.

Juan, vuelva Vd. la cara hacia el norte. Ahora Vd. ve o mira en la dirección de la estrella polar o del norte. Extienda Vd. los brazos. ¿Qué mano

porque era tarde; temía que me sorprendiese la noche y además estaba muy cansado.

NOTA: Para el uso del condicional véanse lecciónes 35 y 36.

D. VOCABULARIO

NOTA : Para que el estudiante vaya aprendiendo el manejo del diccionario, en adelante no explicaremos en las notas más que las formas que no se encuentren en él o que no se puedan reconocer fácilmente.

hacia: preposición que significa en dirección de. Hay que notar que no lleva acento escrito. *Hacía,* imperfecto de *hacer,* sin embargo, lo tiene.

sepa: presente de subjuntivo de *saber,* después de *a menos que.*

se lastiman: de *lastimarse,* dañarse, herirse.

doler: padecer dolor; por ejemplo: *si me lastimo con un golpe de martillo en el dedo pulgar, después me duele el dedo machucado* (golpeado con contusión).

herir: ocasionar lesión; se conjuga como *sentir.* El substantivo es *herida.*

agarrar: tomar en la mano con fuerza.

pegar: castigar, dar golpes.

vuela: de *volar;* presente de indicativo: *vuelo, vuela, volamos, vuelan.* Los pájaros vuelan por el aire.

carece: no tiene.

E. FRASES ÚTILES

Vamos a ver.

No le haga Vd. caso: se dice a una persona cuando está molesta con otra para que no le ponga atención.

Al pie de la letra: literalmente.

El comerciante mete las uñas: cobra demasiado.

De corazón: sinceramente.

El reloj no anda bien.

El reloj anda atrasado o adelantado.

Andar a gatas: andar una persona con manos y pies en el suelo.

Andar a tientas: en la obscuridad, tentando con las manos para encontrar el camino.

¿Cómo andan los negocios?

A más andar: }
A toda máquina: } a toda prisa.

Corre que vuela: corre muy de prisa.

Corre la voz: se dice, es la opinión común.

Corre la sangre.

El marinero corre mucho peligro.

A paso de caracol: muy despacio.

Me duele la cabeza (106, *G*).

Le saltaron las lágrimas a los ojos.

En la tierra de los ciegos el tuerto es rey.

En la casa del ahorcado no se habla de la soga: *soga*, cuerda, cordon, cable.

103. EJERCICIO

A. Dígase de memoria la reseña siguiente. (Véase 99, *A*, Nota.)

El tronco

- partes (la parte de arriba se forma de los dos hombros, uno a cada lado del cuello)
  - anterior y superior, el pecho; inferior, el abdomen o vientre
  - posterior, la espalda; verbo, *dar la espalda* a una persona
  - lateral, los lados o costados
  - interior, la caja formada por las costillas (veinticuatro en número)

alrededor y en medio, la cintura
órganos
los pulmones; verbos, *respirar*, *suspirar*, *exhalar*
el corazón; verbos, *latir*, *palpitar*
las arterias y las venas (conductos para la sangre)
el hígado (secreta la bilis)
los riñones (que secretan la orina)
el estómago y los intestinos o tripas; verbo, *digerir*
Las extremidades
superiores
partes
el brazo y el antebrazo
las manos; verbos, *agarrar* (coger o tomar con fuerza en la mano), *pegar* (dar golpes), *golpear*
la derecha y la izquierda (la mano cerrada es el puño)
la palma
los dedos
el pulgar
el índice
el de en medio
el anular
el meñique

LOS NUDILLOS
EL PUÑO
Mano cerrada

articulaciones
el hombro (arriba)
el codo (entre el brazo y el antebrazo)
la muñeca (entre el antebrazo y la mano)
los nudillos (de los dedos)
inferiores
partes
el muslo (arriba)
la pierna (abajo)

el pie
- los dedos (el dedo gordo y los demás)
- el empeine (la parte de arriba)
- la planta (la parte de abajo)
- el talón (la parte posterior)

articulaciones
- la cadera (entre el tronco y el muslo)
- la rodilla (entre el muslo y la pierna)
- el tobillo (entre la pierna y el pie)

Las enfermedades
- de la cabeza y sus órganos: dolor de cabeza o jaqueca, neuralgia, dolor de muela, difteria, catarro, resfriado, tos ferina (como ladrido del perro)
- de los órganos de respiración: la tisis o tuberculosis, asma, pulmonía

Hombre jorobado

- de la sangre: fiebre, escalofrío, calentura, escrófula
- de los órganos de digestión: dispepsia, indigestión, cólico, tifo, estreñimiento (constipación), diarrea, enteritis
- del hígado, ictericia (en que el enfermo se pone muy amarillo)
- de los riñones: diabetes, albuminuria
- de la piel: sarampión (cuando se pone rojo), viruela (la piel se cubre con pústulas), úlcera, granos (tienen materia), sarna (gran irritación o comezón de la piel), escarlatina

Hombre cojo

- de las articulaciones o coyunturas: reuma o reumatismo

Los defectos del cuerpo
- jorobado (con deformidad de la espalda)
- cojo (que al andar se inclina más a un lado que al otro)

barrigón (con el abdomen o estómago muy grande)
ciego (que no puede ver)
tuerto (con un solo ojo)
bizco (con la vista cruzada)
sordo (que no puede oir)
mudo (que no puede hablar)
calvo (que no tiene pelo)
manco (que ha perdido una mano o un brazo)
mocho (que ha perdido algún miembro, como el brazo o la pierna)
desmolado (que no tiene muelas)

Hombre calvo

Hombre inclinado

Hombre embozado

Joven que hace reverencia

Las sensaciones físicas.
el hambre (el deseo de comer). (74, *B.*)
la sed (el deseo de beber)
el frío (el deseo de calentarse)
el calor (el deseo de enfriarse o refrescarse)
el sueño (el deseo de dormir)
Las actividades corporales
moverse en el lugar en donde está
sentarse, pararse, acostarse, doblarse o *inclinarse, hin-*

carse o *arrodillarse, acurrucarse, agacharse* o *ponerse en cuclillas, hacer reverencia*

Muchacho agachado

moverse de un lugar a otro
- *andar* (moverse lentamente a pie)
- *correr* (moverse rápidamente a pie)
- *brincar* o *saltar* (pasar por encima de un obstáculo o de una parte a otra)
- *bailar* (moverse al compás de la música)
- *nadar* (moverse en el agua)
- *trabajar* (laborar, ocuparse en el ejercicio de un oficio o de una industria)

Joven brincando

El cansancio o la fatiga; verbos, *cansarse, fatigarse*

El descanso; verbos, *descansar, reposar, cesar de trabajar, dejar el trabajo*
- *dormir* (descansar en el sueño)
- *morir* (cesar de vivir)
  - de causas naturales
    - de enfermedad
    - de vejez (por anciano o viejo)
  - de causas violentas
    - asesinado; verbos, *asesinar* o *matar*
      - a cuchilladas o puñaladas (heridas o lesiones hechas con cuchillo)
      - a balazos (herida de la bala de un arma de fuego)
    - degollado (cortada la garganta)

Saltando de gusto

Hombre nadando

a golpes; verbo, *golpear*
por suicidio; verbo, *suicidarse*
ajusticiado por sentencia de algún tribunal
fusilado; verbo, *fusilar* (con rifle o carabina)
ahorcado; verbo, *ahorcar* (colgar por el cuello)

Hombre trabajando

de accidente
triturado o machucado (*triturar* o *machucar* por un tren o un automóvil)
ahogado; verbo, *ahogarse* (en el agua)

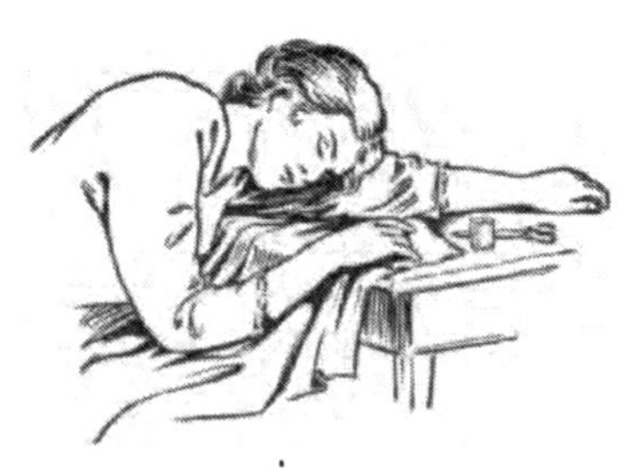
Mujer cansada

Trabajador descansando

fulminado (por la electricidad o por un rayo)
de caídas; verbo, *caerse*
de explosiones; verbo, *reventar*
de descarga accidental de un arma; verbo, *descargar*
envenenado (por un veneno, como el arsénico o el ácido fénico); verbo *envenenarse.*

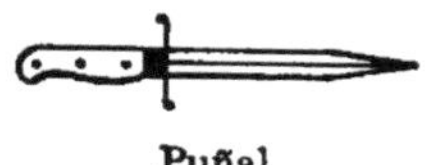
Puñal

B. Complete las siguientes oraciones:

1. El cuello está ----- la cabeza y los -------. 2. El ---- es la articulación entre el brazo y el antebrazo. 3. La persona devota se ----- cuando ----. 4. La muñeca está entre el ---------- y la ----. 5. La parte superior de la pierna se llama -----. 6. La parte posterior del pie se llama el -----. 7. La parte superior del pie se llama -------. 8. La parte posterior del tronco se llama --------. 9. Los órganos de la circulación son el -------, las ----- y las --------. 10. ----------- por medio de los pulmones. 11. El corazón ---- setenta veces por minuto poco más o menos. 12. La pulsación de la sangre por las arterias de la ------- se llama el pulso. 13. El ------- es el aire expelido de los --------. 14. El hombre que no puede ----- tiene miedo de ahogarse. 15. La --------- es una inflamación de los pulmones. 16. En la ---- el alimento está ------- y mezclado con saliva. 17. Una tos mala es síntoma (6, *A*) de -----------. 18. El dolor de -------- es síntoma de indigestión. 19. El buen alimento es ----------. 20. Una persona está ---- cuando no padece ninguna enfermedad.

104. PREGUNTAS

A. 1. ¿Qué es lo que sostiene la cabeza? 2. ¿Qué son los hombros? 3. ¿Cuáles son las articulaciones entre el brazo y la mano? 4. ¿Cuáles son las articulaciones entre la pierna y el pie? 5. ¿Qué son las uñas? 6. ¿Tienen dedos los pies? 7. ¿Cuál es mayor, el dedo gordo del pie o el dedo pulgar de la mano? 8. ¿Tiene Vd. un empeine alto? 9. ¿Puede

Vd. correr aprisa? 10. ¿Está Vd. de pie o está Vd. sentado? 11. ¿Se puso Sara su anillo en el dedo pulgar? 12. ¿Cuál de las manos usa Vd. más, la derecha o la izquierda? 13. Si se para Vd. mirando al norte, ¿hacia dónde señalará su mano derecha? 14. ¿Tiene Vd. dolor de cabeza? 15. ¿Sabe Vd. nadar? 16. ¿Tiene Vd. un resfriado? (o ¿está Vd. resfriado?) 17. ¿Qué prefiere Vd., estar sentado o estar de pie durante la lección? 18. ¿A qué hora se acuesta Vd. por la noche? 19. ¿A qué hora se levanta Vd. por la mañana? 20. ¿Come Vd. a su hora (a la hora acostumbrada)?

B. Para Repaso

1. ¿A qué edad salen las arrugas en la cara? 2. Cuando uno tiene comezón (irritación del cutis), ¿qué hace? (99, *A*.) 3. Cuando una cosa pasa violentamente cerca de los ojos, ¿qué se hace? 4. ¿Qué hace uno cuando le entra polvo en un ojo? 5. ¿Cuáles son las varias formas del ojo humano? ¿De la nariz? 6. ¿Es contagioso el bostezo? ¿Y el estornudo? 7. Cuando una muchacha tiene vergüenza o pudor, ¿qué hace? 8. ¿Qué hace una persona que tiene mucho dolor? 9. ¿Sollozan los hombres cuando se lastiman? 10. ¿Hacen caso los médicos cirujanos de los gemidos o quejidos de los pacientes a quienes están operando? 11. ¿Refunfuña Vd. cuando las cosas no andan bien en casa? 12. ¿Qué sonido hacen con el aliento los enamorados? 13. Cuando dos muchachos riñen (combaten), ¿con qué pegan los golpes? (Véase 103, *A*.) 14. ¿Cuáles son los

defectos más comunes del cuerpo humano? 15. ¿Qué enfermedades ha padecido Vd.? 16. ¿Qué verbos expresan movimiento en un solo lugar? 17. ¿Qué verbos expresan movimiento de un lugar a otro? 18. ¿Cómo se llama asfixiarse en el agua? 19. ¿Cómo matan a los criminales condenados a muerte? 20. ¿En qué condición se encuentra el cadáver de una persona muerta por un tren? 21. ¿Qué hace Vd. cuando tiene sueño? 22. ¿Por qué bebemos agua? 23. ¿Tiene Vd. hambre? 24. Hace mucho frío hoy, ¿lo siente Vd.? 25. ¿Cómo se siente Vd. durante los días calurosos?

LECCIÓN VIGÉSIMA SÉPTIMA

105. CONVERSACIÓN

La substancia dura del cuerpo se llama hueso. El cuerpo se compone de la carne, que es blanda, y del hueso, que es duro. Colectivamente los huesos forman el esqueleto. Los huesos principales del cuerpo son: los de las caderas, los de los muslos, los del pecho, que son las costillas y el esternón, y el espinazo, las paletas y el cráneo. Las costillas son veinticuatro en número y forman la cavidad del pe-

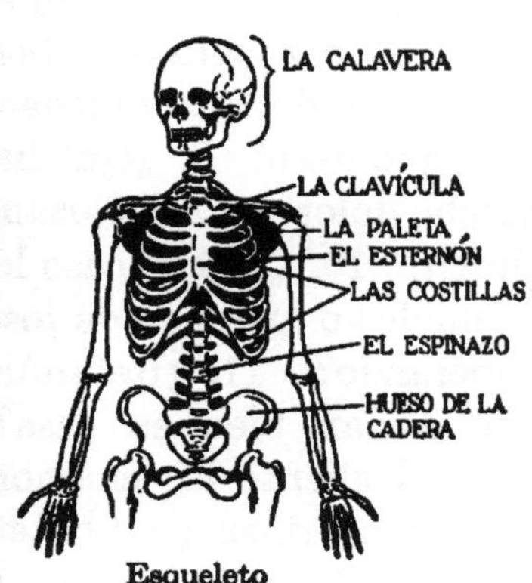

Esqueleto

cho o tórax para la protección del corazón, los pulmones y otros órganos vitales. Están unidas por detrás al espinazo y por delante al hueso del pecho o esternón. ¿Cuáles son las paletas o espaldillas? — Las paletas son los huesos planos en la espalda. Los brazos están unidos a ellas.

La clavícula y las paletas forman la base sólida para los hombros. El esqueleto es el armazón sólido del cuerpo y está cubierto de la carne, que se compone de los músculos, y que da forma al cuerpo. La carne está cubierta con la piel o cutis. Para mantener o conservar limpia la piel es necesario bañarse con frecuencia. Es mejor tomar baños que medicinas. El baño más higiénico es el de agua tibia y jabón de Castilla puro, seguido por una fricción con toalla. Nos lavamos o bañamos la cara y las manos varias veces al día. La frecuencia del baño depende del gusto del individuo. Señor Stein, ¿Se baña Vd. todos los días en invierno? — Sí, señor; tomo un baño frío todas las mañanas y, en el verano, con frecuencia tomo también otro por la tarde.

Algunos toman un baño diario, otros un baño semanal y otros un baño mensual o se bañan solamente a largos intervalos. Éstos son sucios en su persona. *Sucio* es lo contrario de *limpio*. A propósito de gente sucia, me acuerdo de cierto vagabundo, que escribió a los fabricantes de un jabón acreditado, una carta de recomendación en estos términos:

"En camino, 2 de marzo de 1913.

"Señores Fulano, Mengano y Zutano,
"Londres, Inglaterra.

"Muy señores míos:

"Hace más de un año que probé el jabón fabricado por Vds. y desde entonces no he usado ningún otro.

"Sin más por el momento y poniéndome a sus órdenes, quedo de Vds.

"S. S., Q. B. S. M.
"Félix Hóoligan."

Un lavado de la cabeza se llama *shampoo*. Limpiamos los dientes con algún polvo o líquido dentí-

Cepillo para el pelo

Un peine

frico y un cepillo, que se llama cepillo de dientes. Se cepilla uno el pelo con un cepillo de cabeza y se peina uno con un peine. La toalla se usa para secar el cuerpo después del baño. Después de lavarnos la cara, ésta queda mojada. La enjugamos o secamos con una toalla. El que está expuesto a la lluvia, se moja. En los trópicos hay la estación de las lluvias y la de la sequía. Cuando no hay agua en un río o arroyo, se dice que está *seco*.

Secándose con una toalla

La piel es el órgano del tacto; por medio del tacto podemos, con los ojos cerrados, percibir la forma y algo de la naturaleza o carácter de los objetos. El tacto es uno de los cinco sentidos. ¿Cuáles son los cinco sentidos? — Son la vista, el olfato, el oído, el sabor y el tacto.

¿Cuáles son los órganos de la vista? — Los ojos.

¿Cuál es el órgano del olfato? — La nariz.

¿Y el del oído? — La oreja.

¿Y cuáles son los órganos del sabor? — La lengua y el paladar.

¿Y el del tacto? — La piel, principalmente la de las manos.

Uno oye con los oídos; gusta o prueba con la lengua y el paladar; ve con los ojos; huele con la nariz y toca con las manos. La piel de las manos contiene las extremidades de muchos pequeños nervios que sirven para transmitir las sensaciones del tacto al cerebro. El sonido es producido por cuerpos sonoros y transmitido por las vibraciones de las partículas del aire. Los sonidos son fuertes o leves según su intensidad. Un ruido es un sonido desagradable y fuerte. *Escuchar* es fijar la atención del oído en cualquier sonido. Uno escucha con atención cuando oye la voz de un amigo. *Mirar* es fijar la vista con atención. Uno mira los objetos que quiere ver. ¿Qué está haciendo la señorita Cárdenas? — Está mirando una rosa. — Estoy mirando para ver si puedo encontrar el origen del perfume.

¿Cómo sabe Vd. que hay perfume en la rosa? — Lo puedo oler; es muy fragante.

Si una rata ha estado muerta varios días, ¿exhala un olor agradable? — No, señor; por lo contrario, apesta; esto es, tiene un olor muy desagradable.

Se dice de un olor fétido, que es una peste; pero vamos a hablar de cosas más amenas y agradables. Gustamos por medio de la lengua; el alimento bueno tiene un gusto o sabor agradable y nos causa placer comerlo. ¿Le gusta a Vd. el te y el café con azúcar? — Tomo el café sin azúcar, pero me gusta el te endulzado o dulce.

Nos gusta el alimento que causa una sensación agradable a la lengua y al paladar. ¿Le gusta a Vd. la quinina? — No, señor; por lo contrario, me disgusta mucho, la aborrezco.

Es muy amarga. El alimento que contiene un exceso de sal es demasiado salado; si contiene demasiada pimienta o ají, que se llama chile en Méjico, es picante. La miel es producto de la abeja. La abeja es un insecto. ¿Es dulce la miel? — Sí, señor; es muy dulce.

Por medio del tacto conocemos el carácter de la superficie de las cosas y también su forma y dureza o blandura. Este pedazo de mineral o piedra es muy rugoso. El vidrio es liso. Una superficie rugosa presenta elevaciones y depresiones cuando la tocamos con la mano. Una superficie lisa, por lo contrario, permite que pase la mano sobre ella fácilmente. Señorita, cierre Vd. los ojos y tome en la mano este pedazo de piedra; descríbamelo. — Es rugoso y duro. También es frío. En su forma es muy irregular y además es muy pesado.

Bueno, ¿pero cómo sabe Vd. todo eso? — Por el sentido del tacto.

¿Qué quiere decir la palabra *pesado* que Vd. acaba de usar? — Explíquele al señor Moore la palabra, señorita. — Temo no poder hacerlo, profesor.

La tierra ejerce atracción sobre todos los objetos que están en su superficie. ¿Sabe Vd. por qué no nos caemos al espacio? — Por la fuerza atractiva de la tierra sobre nuestros cuerpos.

La atracción de la tierra depende de la cantidad de materia que contiene el objeto. Para saber cuánta es la atracción, pesamos el objeto. El peso se expresa generalmente en kilogramos o kilos, gramos y centigramos, o en libras y onzas en los países donde se habla el inglés. La libra tiene dieciséis onzas, el quintal tiene cien libras y la tonelada tiene dos mil libras, en los países ingleses, y mil kilos en los países que emplean el sistema métrico decimal. Un objeto que pesa mucho es pesado y uno que pesa poco es ligero. Entre los metales el hierro es pesado y el aluminio es ligero o liviano.

106. NOTAS

A. Terminaciones de la primera Conjugación Verbos Terminados en **-ar**:

Infinitivo	*Participio Pasivo*	*Gerundio*
-ar	-ado	-ando

Indicativo

Presente		*Imperfecto*		*Pretérito*	
-o	-amos	-aba	-ábamos	-é	-amos
-a	-an	-aba	-aban	-ó	-aron

SUBJUNTIVO

Presente		*Imperfecto (dos Formas)*			
–e	–emos	–ara	–áramos	–ase	–ásemos
–e	–en	–ara	–aran	–ase	–asen

B. TERMINACIONES DE LA SEGUNDA CONJUGACIÓN
VERBOS TERMINADOS EN **–er**:

Infinitivo	*Participio Pasivo*	*Gerundio*
–er	–ido	–iendo

INDICATIVO

Presente		*Imperfecto*		*Pretérito*	
–o	–emos	–ía	–íamos	–í	–imos
–e	–en	–ía	–ían	–ió	–ieron

SUBJUNTIVO

Presente		*Imperfecto (dos Formas)*			
–a	–amos	–iera	–iéramos	–iese	–iésemos
–a	–an	–iera	–ieran	–iese	–iesen

C. TERMINACIONES DE LA TERCERA CONJUGACIÓN
VERBOS EN **–ir**:

Infinitivo	*Participio Pasivo*	*Gerundio*
–ir	–ido	–iendo

INDICATIVO

Presente		*Imperfecto*		*Pretérito*	
–o	–imos	–ía	–íamos	–í	–imos
–e	–en	–ía	–ían	–ió	–ieron

SUBJUNTIVO

Presente		*Imperfecto (dos Formas)*			
–a	–amos	–iera	–iéramos	–iese	–iésemos
–a	–an	–iera	–ieran	–iese	–iesen

Es de notar que las desinencias de esta conjugación son las mismas que las de la segunda, a excepción de la primera persona del plural del presente de indicativo y, como se verá más adelante, dos formas del tratamiento familiar. (Véase 158.)

D. Terminaciones del Futuro y del Condicional

1. Las terminaciones del futuro y del condicional son las mismas en las tres conjugaciones, y sólo hay que fijarse en la regla de que en los verbos regulares estas formas se hacen añadiendo al infinitivo íntegro las terminaciones siguientes:

Futuro		*Condicional*	
–é	–emos	–ía	–íamos
–á	–án	–ía	–ían

Como veremos más adelante, algunos verbos cambian levemente las letras radicales (véase 147) del infinitivo antes de agregar las desinencias del futuro y del condicional. (Véanse 150 y 151, 4.)

2. Es de advertir que se forma el imperfecto de la segunda y de la tercera conjugación con las mismas terminaciones que el condicional, con esta diferencia: el imperfecto se forma añadiendo las desinencias a la raíz (véase 134, *A*, 2 y 150) y el condicional, añadiéndolas al infinitivo íntegro de los verbos regulares o, en el caso de unos pocos verbos que tienen su futuro y su condicional irregulares, añadiéndolas al infinitivo después de que éste se modifique levemente. (Véase 151, 3.)

E. Tiempos compuestos

Los tiempos compuestos son los que necesitan dos o más verbos para expresar completamente su significación; como, *he dado*. Se componen del auxiliar *haber* en cualquiera de sus tiempos y personas y del participio pasivo del verbo que se conjuga.

INDICATIVO

Perfecto		*Pluscuamperfecto*	
he ——	hemos ——	había ——	habíamos ——
ha ——	han ——	había ——	habían ——

Pretérito anterior		*Futuro anterior*	
hube ——	hubimos ——	habré ——	habremos ——
hubo ——	hubieron ——	habrá ——	habrán ——

CONDICIONAL ANTERIOR

habría ——	habríamos ——
habría ——	habrían ——

SUBJUNTIVO

Perfecto		*Pluscuamperfecto: primera forma*	
haya ——	hayamos ——	hubiera ——	hubiéramos ——
haya ——	hayan ——	hubiera ——	hubieran ——

Pluscuamperfecto: Segunda Forma

hubiese ——	hubiésemos ——
hubiese ——	hubiesen ——

F. LOS IMPERATIVOS

Siendo esencialmente subjuntivos en terminación, los imperativos del tratamiento formal, no es necesario dar sus formas aquí. Los del tratamiento familiar, como las demás formas de este tratamiento, se encontrarán en la Parte II de esta obra.

G. VOCABULARIO

el armazón: 74, *B*.
acreditado: afamado, bien conocido.
en camino: en viaje.
Fulano, Mengano y Zutano: palabras inventadas para suplir el nombre de alguno, cuando éste se ignora o no se quiere expresar.

muy señor(es) mío(s): el saludo más usual en cartas formales.

probé: de *probar;* usar, examinar una cosa para ver si es buena o a propósito para algún fin; presente de indicativo: *pruebo, prueba, probamos, prueban.*

S. S., Q. B. S. M.: seguro servidor que besa (toca con los labios) sus manos; frase cortés de despedida que se usa a menudo al terminar una carta formal; actualmente se concluyen las cartas ordinarias de la manera siguiente: *Atto. y S. S., atento y seguro servidor.*

shampoo: aunque palabra inglesa, se usa mucho en los países donde se habla español y se pronuncia *shampó.*

expuesto: los compuestos de *poner* tienen las mismas irregularidades que él; son, *anteponer, componer, contraponer, deponer, descomponer, disponer, exponer, imponer, indisponer, interponer, oponer, posponer, predisponer, presuponer, proponer, recomponer, sobreponer, suponer, transponer.*

oler: el presente de indicativo es: *huelo, huele olemos huelen;* imperativo: *huela Vd., huelan Vds.*

aborrezco: los verbos que terminan en *–acer, –ecer, –ocer* toman una *z* delante de la *c* cuando le sigue *a* u *o*, como *conocer.*

temo no poder hacerlo: se notará que la persona que *teme* es la misma que la que *no puede;* por esto el segundo verbo está en infinitivo. Si fueran distintas personas, después de un verbo que expresa emoción, el segundo estaría en subjuntivo; por ejemplo: *temo que María no pueda hacerlo.*

encontrar: como *acordar, acostar, almorzar, contar, costar, probar, recordar, sonar, soñar, tronar, volar,* de la primera conjugación y *devolver, doler, llover, mover, soler* y *volver,* de la segunda, cambia la *o* en *ue,* en varios tiempos y personas, a saber, cuando recibe el acento (la fuerza de la voz) la sílaba en que ocurre la *o*.

nos lavamos las manos: en español no se emplea el pronombre posesivo para designar las partes del cuerpo, sino el pronombre personal en dativo y el artículo determinado.

perder: lo contrario de *conservar*.

se echan a perder: se pierden, se destruyen.

H. Frases útiles

El pañuelo huele a perfume.

La comida sabe a ajo: tiene sabor de ajo; el *ajo* es una planta que se usa para dar sabor a la comida; tiene un olor fuerte.

Quien adelante no mira, atras se queda.

Me prueba bien el clima de aquí: el clima es bueno para mi salud.

Es para probar la paciencia.

¿Cuánto pesa?

El hombre es muy pesado: muy sin gracia.

Se encogió de hombros: movimiento de los hombros para expresar duda, indiferencia, incredulidad, etc.

Me lo dijo sin pestañear: sin mover un ojo.

Pruébelo: se dice para que una persona pruebe el sabor de alguna cosa.

107. EJERCICIO

A. Apréndase de memoria: ejercicio sobre **lavar(se)** y **bañar(se)**.

El hombre se lava el pelo. ¿Qué hace el hombre? — Se lava el pelo.

¿Quién se lava el pelo? — El hombre.

¿Qué se lava el hombre? — El pelo.

¿Por qué se lo lava? — Porque está sucio.

¿Con qué se lava el pelo? — Con agua y jabón.

El agua le deja el pelo mojado, ¿con qué lo seca? — Con una toalla.

¿De qué material es la toalla? — Es de lino o de algodón.

¿Cuáles cuestan más, las toallas de lino o las de algodón? — Las de lino cuestan más.

¿Cómo estaba la toalla antes de secar el pelo? — Estaba seca.

¿Cómo estaba la toalla después de secar el pelo? — Estaba húmeda.

¿Cómo estaba el pelo antes de lavarlo? — Sucio.

¿Cómo estaba despúes? — Limpio.

¿Cómo se limpió? — Lavándolo con agua y jabón.

¿Qué hacemos con la ropa que está sucia? — La enviamos a la lavandería o la lavan las criadas.

Después de seca ¿qué hace la lavandera con la ropa? — La plancha.

¿Con qué? — Con una plancha.

¿Está fría la plancha? — No, señor; debe estar caliente para quitar las arrugas de la ropa.

¿Qué es lo que se pone en los cuellos y en los puños para hacerlos duros y tiesos? — Se les pone almidón.

¿Qué color se pone en el agua para que no salga amarilla la ropa? — Azul, que se llama *añil*, generalmente en forma líquida.

¿Nos lavamos las manos y la cara? — Sí, señor; y nos bañamos el cuerpo.

¿En qué se baña Vd.? — Me baño en la bañera o tina de baño.

¿A que hora se baña Vd.? — Por la mañana, temprano.

B. Apréndase de memoria la conversación siguiente para poder contestar las preguntas sin ayuda del libro:

¿Qué hace el niño? — Se limpia los dientes.

¿Con qué se los limpia? — Con un cepillo.

¿Por qué? — Para conservarlos.

¿Qué sucede (pasa) con los dientes que no se limpian? — Se echan a perder.

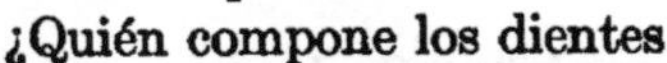

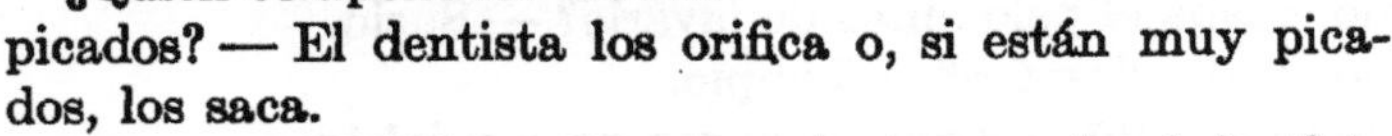

Limpiándose los dientes

¿Quién compone los dientes picados? — El dentista los orifica o, si están muy picados, los saca.

¿Es grande el dolor que uno siente cuando el dentista le saca un diente o una muela? — Sin duda, duele mucho.

C. Complétense las siguientes:

1. La ---- cubre los músculos. 2. Es mejor tomar ----- que medicina. 3. Nos lavamos las manos y la ---- varias veces todos los ----. 4. La frecuencia del baño depende del ----- individual. 5. Un lavado de la cabeza se llama un --------. 6. Uno --- con los oídos, ----- con la nariz y gusta con la ------. 7. Es fácil oir un ruido ------. 8. Una ----- u ---- fétido es muy desagradable. 9. El azúcar es -----, el vinagre es ----- y la quinina es ------. 10. Se emplea la quinina en la ---------. 11. Alimento que contiene un exceso de sal es ---------- salado. 12. La superficie de la piedra es ------. 13. La superficie del vidrio es ----. 14. La carne está cubierta con la ----. 15. Las personas que no se bañan son ------. 16. Nos limpiamos los dientes con un

------- y un polvo o líquido dentífrico. 17. Uno se cepilla el pelo con un ------- y se lo peina con un -----. 18. El que está expuesto a la lluvia se ----. 19. Una toalla ---- no contiene agua. 20. El hierro es un metal muy pesado, el aluminio es ------.

108. PREGUNTAS

A. 1. ¿Qué es el esqueleto? 2. ¿Qué cubre el esqueleto? 3. ¿Le gusta a Vd. agua tibia o agua fría para bañarse? 4. ¿Es higiénico tomar un baño frío diariamente? 5. ¿Son aseados o limpios los que solamente se bañan cada dos semanas? 6. ¿Cuál es el órgano del tacto? ¿Y el de la vista? ¿Y el del oído? ¿Y el del olfato? ¿Y el del gusto? 7. ¿Escucha Vd. atentamente durante la hora de clase? 8. ¿Hacia dónde mira Vd. cuando el profesor habla de una piedra? 9. ¿Cómo sabe Vd. que es fragante la rosa? 10. ¿Cómo le gusta a Vd. el te, dulce o sin azúcar? 11. ¿Toma Vd. el café con azúcar? 12. ¿Cuántas libras tiene una tonelada? 13. Describa Vd. un pedazo de mineral. 14. ¿Cómo puede Vd. describir la piedra con los ojos cerrados? 15. ¿Cuánto pesa Vd.? 16. ¿Cuántas onzas tiene una libra? 17. ¿Es dulce el limón? 18. ¿Por qué no caemos de la tierra al espacio? 19. ¿Cuál es la diferencia entre una superficie rugosa y una lisa? 20. ¿Para qué se usa la toalla?

B. PARA REPASO

1. ¿Cuáles son los cinco sentidos del ser humano? 2. ¿Cuáles son los órganos de cada cual (de cada

uno)? 3. ¿Qué partes del cuerpo no tienen tacto? 4. ¿Dónde están las uñas? 5. ¿Causa dolor cortarse la piel o cutis? 6. ¿Es sensible el pelo? 7. ¿Pueden oír los sordos? 8. ¿Pueden ver los ciegos? 9. ¿Pueden andar bien los cojos? 10. ¿Para qué sirve el tacto? 11. ¿Con qué órgano se oye? 12. ¿Oye Vd. bien? 13. ¿Cómo se llaman los animales que vuelan por el aire? 14. ¿Es tan pesado el hierro como el plomo? 15. ¿Qué clima es menos húmedo, el de El Paso o el de Gálveston? 16. ¿Cómo le gusta a Vd. el agua para bañarse? 17. ¿Cómo se saben los colores de los objetos? 18. ¿Cómo huele un animal muerto desde hace varios días? 19. ¿Cuáles son los colores nacionales de los Estados Unidos? 20. Mencione Vd. los colores más comunes. 21. ¿Qué gusto tienen las substancias siguientes: el azúcar, el vinagre, la miel, la quinina, el ají (chile)? 22. ¿Qué instrumento toca Vd.? 23. ¿Canta Vd.? 24. ¿Por qué está Vd. triste hoy? 25. ¿Quiere Vd. mucho a sus amigos?

LECCIÓN VIGÉSIMA OCTAVA

109. CONVERSACIÓN

Hoy vamos a repasar algunas cosas y a la vez estudiar otras nuevas. Señor Stein, ¿dónde tiene su padre su despacho u oficina? — En el tercer piso del edificio de la American Trust Company.

Señorita Villaverde, el padre de Vd. tiene su despacho en el mismo edificio, ¿no es verdad? — Sí, señor; en el mismo edificio, pero en diferente piso; su oficina está en el quinto piso.

¿Es alto el despacho de su padre? — No es muy alto, tiene unos catorce pies de altura.

Y la oficina de su padre, señor Stein, ¿es alta? — Sí, señor; tiene más de dieciséis pies.

El despacho del padre del señor Stein *es* más alto que el despacho del padre de la señorita Villaverde. — Sí; pero el despacho del padre de la señorita *está* más alto que el de mi padre.

Precisamente; *está más alto* se refiere a la localidad o posición relativa en el edificio; *es más alto* se refiere únicamente a la altura interior del cuarto. Todavía tenemos que hacer otra distinción en el uso de esos dos verbos.

El vino es un licor alcohólico. Hay muchas clases: el oporto, el jerez, el tinto y, como vino fino, el champaña. El tinto es el vino más usado para la mesa. ¿De qué color es el tinto? — Es rojo o colorado.

Se dice que el tinto *es agrio* cuando es agrio de naturaleza, y que *está agrio* cuando ya no sirve por estar avinagrado. ¿Cómo es la señorita Villaverde? — Es muy buena.

Sí; es una señorita muy buena. Si un día se enferma, se dice, *está mala*. Señor Moore, ¿cómo está Vd? — Estoy un poco malo.

Lo siento mucho; ¿qué tiene Vd.? — No sé lo que tengo, pero hay una sensación desagradable en la cabeza que me molesta mucho.

¡Ah! Vd. tiene dolor de cabeza o jaqueca. Aquí

tiene Vd. una pastilla; tómela con agua; es un remedio muy bueno para la jaqueca. — Gracias, profesor.

¿Qué significa *lo siento mucho?* — Es una expresión de simpatía; lo contrario es *me alegro mucho*. ¿Cómo está Vd., señorita Cárdenas? — Estoy muy buena, gracias.

Y su señora madre, ¿cómo está? — Está muy aliviada.

Me alegro de saberlo. ¿Cómo se llama el médico que le está curando? — El Dr. Sánchez.

Es buen médico. El médico cura al paciente por medio de medicinas que receta o prescribe. La receta es el papel que el médico escribe. El boticario prepara los remedios en su botica. El médico no puede curar a todos sus pacientes; algunos están en tan mal estado de salud que mueren y no es culpa de él. ¿Señor Moore, se siente Vd. mejor ahora? — Me siento mucho mejor, gracias; ya no tengo ningún dolor.

¿Padece Vd. de insomnio? — No, señor; por lo contrario, duermo perfectamente.

Me acuerdo de cierto individuo que fué a consultar a un médico, y le dijo:

"Padezco mucho de insomnio, doctor; mi sueño es tan leve que cualquier ruido, como, por ejemplo, el de los gatos de los vecinos, me despierta y ya no puedo dormir hasta la madrugada."

"Le daré unos polvos," dijo el doctor, yendo a su botiquín. Volvió al cabo de unos minutos con una cajita de polvos.

"¿Cuánto le debo a Vd., doctor?"

"Cobro sólo un peso por las consultas en mi casa."

"Aquí está, y muchas gracias. Adiós."

"Adiós. Vd. sabe que aquí me tiene a sus órdenes a cualquier hora del día y de la noche."

De repente se acordó de que el médico no le había dado ninguna dirección para tomar la medicina y le dijo:

"¡Ah doctor! ¿Cómo tomaré estos polvos? Vd. no me lo ha dicho."

"¡Hombre! no los tome Vd.; son para los gatos!"

Señora de Gómez, ¿cómo tiene Vd. la vista? — La tengo muy mala. No puedo ver sin anteojos o lentes.

Vd. es corta de vista; si una persona es miope como Vd., se corrige la vista con anteojos. Aquí está mi lápiz. Señorita, desde donde está Vd. sentada, ¿ve Vd. la punta? — Sí, señor; la veo; pues tengo los ojos buenos y veo muy bien.

Anteojos

Para proteger los ojos tenemos los párpados. En el borde del párpado hay unos pelos que se llaman *pestañas*. ¿Quién las tiene muy largas y curvas? — La señorita Villaverde las tiene muy bonitas. — Gracias, por la flor, caballero.

Encima de los ojos hay dos arcos de pelo, que se llaman *cejas*. Encima de las cejas está la *frente*. ¿Quién la tiene amplia y blanca? — El señor Stein. ¡Oh, señorita! — Ya está Vd. pagado, caballero.

A los lados de la nariz están las mejillas. Cuando las señoritas reciben cumplidos (cumplimientos) se ruborizan (sus mejillas se ponen coloradas o de un color encendido).

A los lados de la cabeza están las orejas; el órgano interior es el oído. ¿Vds. oyen el ruido del tren que pasa? — Sí, señor; lo oímos.

Yo no oigo muy bien, soy algo sordo. Un hombre sordo es uno que no oye, ¿qué es uno que no ve? — Es ciego.

Y si no habla, es mudo. Un sordomudo ni oye ni habla. Por el oído percibimos los sonidos. ¿Qué es un sonido desagradable? — Es un ruido.

Y si es agradable es música. Hay muchas canciones españolas muy bonitas. ¿Canta Vd., señor Stein? — Yo canto como el burro o la mula, no mucho, sino fuerte.

Vd. habla de broma y no seriamente (con seriedad o de veras). *Fuerte* o *recio* significa con mucha fuerza. ¿Cuál es más fuerte, el hombre o la mujer? — El hombre es más fuerte, la mujer no tiene mucha fuerza; es débil.

Debajo de la nariz están los labios: el labio superior y el inferior, respectivamente. En el labio superior está el bigote del hombre. ¿Tienen bigotes las mujeres? — Algunas, pero son muy contadas.

Los labios son muy flexibles y forman la boca. ¿Para qué sirve la boca? — Sirve para hablar y para comer.

Para masticar los alimentos tenemos los dientes. Los dientes de atrás se llaman muelas; el dolor de muelas es muy molesto. ¿Qué es la lengua? — La lengua es un órgano muscular y flexible situado en la boca. ¿La usamos para hablar? — Sí; y muchas veces se dice de un idioma que es una lengua; por ejemplo: ¿Vds. hablan la lengua castellana? — No muy bien, pero la hablamos un poco.

Los labios ayudan a los dientes y a la lengua a formar los sonidos de la voz. La voz humana es el sonido producido con el aliento al pasar por la laringe. ¿Por qué partes de la boca se modifica este sonido? — Por el paladar, la lengua, los dientes y los labios.

Cuando uno está alegre o de buen humor los labios forman una curva que se llama *sonrisa*, siendo el verbo *sonreirse*. Señorita, ¿Vd. se sonríe cuando tiene dolor de cabeza? — No, señor; no me sonrío; por lo contrario, cuando me duele la cabeza, lloro.

Cuando una persona llora, las lágrimas corren de los ojos por las mejillas. Cuando está tan alegre que dice: "¡ja, ja, ja!" ya no es sonrisa, sino risa. El verbo es *reirse*. ¿Qué hacen Vds. cuando oyen contar o decir una broma o chiste bueno? — Nos reímos.

Si es muy fuerte la risa, se llama carcajada. Uno se ríe cuando está alegre; cuando está triste, llora. La alegría causa la risa; la tristeza, el llanto (las lágrimas).

110. NOTAS

A. EL VERBO REFLEXIVO **reirse**: (**sonreirse** se conjuga del mismo modo)

reirse **riéndose** **reído**

INDICATIVO

Presente		*Pretérito*	
me río	**nos reímos**	**me reí**	**nos reímos**
se ríe	**se ríen**	**se rió**	**se rieron**

B. Vocabulario

a la vez: al mismo tiempo.
unos catorce pies: catorce pies aproximadamente.
la flor: el cumplido o cumplimiento.
pagado: retribuído; la señorita le paga un cumplido con otro.
muy contadas: muy pocas o raras.
ayudan: asisten.
chillante: participio presente de *chillar;* dar o emitir sonidos agudos o penetrantes.
frito: participio pasivo irregular de *freír*.
a la parrilla: la *parrilla* es un utensilio de cocina que sirve para tostar el pan o para asar la carne; está formado de barras o alambres de hierro.
pide: presente de *pedir;* demandar, rogar.
me hago el sordo: aparento no oir; *hago*, de *hacer*.
loro: un pájaro que habla; un animal que vuela por el aire y que tiene plumas en lugar de pelo es un ave o pájaro.
revuelto: participio pasivo de *revolver;* en revolución.
ahorita: en seguida, pronto; diminutivo vulgar de *ahora;* se usa mucho en América.

C. Frases útiles

Me alegro mucho.
Lo siento mucho.
Siento no poder ayudarle.

No dejes para mañana lo que puedas hacer hoy: *dejes*, segunda persona de presente de subjuntivo de *dejar;* mandato negativo en estilo familiar; *puedas*, segunda persona de presente de subjuntivo, después de un relativo con antecedente indefinido.

Se rió a carcajadas *o* soltó la carcajada.
Se ríe de nada.

Vd. se ríe de mí.

El público se rió de las bromas del payaso: el *payaso* es el cómico del circo.

Suéltelo: del verbo *soltar;* desatar, dar libertad a.

Suba o súbase Vd.: ascienda Vd. la escalera o el coche.

Baje o bájese Vd.: baje o descienda Vd. de la escalera, etc.

La muchacha alzó los ojos: levantó la vista.

Tengo basca: deseo vomitar.

¡Cómo no!: }
Por supuesto: } ¿cómo podría ser de otro modo? (expresión de asentimento).

111. EJERCICIO

A. ADJETIVOS. Complétense las oraciones siguientes con estos adjetivos:

mismo	malo	ovalado	despacio	feo	triste
diferente	mejor	redondo	suave	oloroso	chillante
distinto	peor	cuadrado	blando	fragante	estridente
alto	enfermo	grueso	duro	apestoso	sordo
bajo	aliviado	delgado	fino	fuerte	mudo
ácido	sano	gordo	regular	débil	ciego
dulce	alguno	flaco	corriente	agradable	todo
bueno	ninguno	rápido	bonito	alegre	fresco

1. ¿Viven Juan y Pedro en la ----- casa? — No; viven en ---------- casas. 2. ¿Es lo ----- el clima de Tejas que el de California? — No, señor; es muy dis-----. 3. ¿Es la torre de la iglesia Protestante tan ---- como la de la iglesia Católica? — No, señor; es mucho más ----. 4. ¿Es ----- el vinagre? — No, señor; es -----. 5. ¿Es ----- el reo[1] (criminal)? — No, señor; es muy ----. 6. ¿Es ----- el biftec frito? — Sí; pero es m---- a la parrilla. 7. ¿Está el enfermo

[1] Es de género común y puede decirse igualmente *el reo* o *la reo*.

a--------? — No, señor; está p---. 8. ¿Siente Vd. a---- dolor? — No, señor; no siento n------. 9. ¿Es cuadrada la cara? — No; es o------ y la cabeza es r------. 10. ¿Es f---- el hombre? — No, señor; es g----. 11. ¿Hay un tren r----- para Méjico? — No; no hay más que un tren que anda muy d-------. 12. ¿Es g----- el papel? — No, señor; es d------. 13. ¿Es blanda la fruta verde? — No; es d---, solamente la madura es ------. 14. ¿Es f--- o corriente su reloj? — No es ni uno ni otro; es r------. 15. ¿Cuántas costillas hay a ---- lado del cuerpo?—Hay doce. 16. ¿Es b----- la mujer calva, con facciones (partes de la cara) irregulares, nariz prominente, orejas grandes y ojos bizcos?—No, señor; tal mujer es muy f--. 17. ¿Puede Vd. oir, hablar y ver? — Sí, señor; no soy s----, m---- ni c----. 18. ¿Es la mujer tan f----- como el hombre? — No; es más d----. 19. ¿Tiene la Sra. de Martínez la voz agr------? — No; la tiene muy chillante. 20. ¿Por qué está Vd. tan tr----? — No estoy t-----, estoy ------.

B. Verbos. Pónganse los verbos en las formas apropiadas:

tener que	llamarse	pararse	moverse	sufrir	doler	hablar
tomar	curar	sentarse	dormir	oir	llorar	cantar
sentirse	poder	andar	despertar	ver	reirse	tocar
alegrarse	morir	correr	padecer	oler	sonreirse	sonar

1. ¿Tiene Vd. que estudiar? — Sí; t----- --- estudiar mucho. 2. ¿Qué remedio ---- Vd. para la indigestión? — T--- un purgante. 3. ¿Cómo -- ------ Vd. hoy? --- ------ mucho mejor, gracias. 4. Mi padre está muy aliviado. — Me ------ mucho. 5. Mi madre está muy grave. — Lo ------ mucho.

6. ¿Cómo se ------ los hombres que curan las enfermedades? — Se ------- médicos. 7. ¿P---- el médico salvar la vida de todos sus pacientes? — No, señor; no ------; algunos m-----. 8. ¿Se p--- el tren en todas las estaciones? — No; solamente en las principales. 9. ¿En dónde se s------ uno para comer? —S- ------- a la mesa. 10. ¿Quién p---- a ---- más de prisa? — Pedro. 11. ¿A---- bien los negocios? — Sí; regular. 12. ¿Cómo a--- el reloj? — A veces adelantado, otras veces, atrasado; está descompuesto; el reloj ya no sirve. 13. ¿Quién compone el -----? — El relojero -- compone. 14. La señora está muy mala; c---- Vd. por el médico. 15. ¿Se muev- Vd. cuando duerm-? — Sí, señor; soy muy inquieto y me muev- mucho cuando duerm-. 16. ¿Pad--- Vd. de insomnio? — Sí; padezco mucho; cualquier ruido me despiert- y ya no pued- dor---. 17. ¿P---- v-- un hombre ciego? ¿Un tuerto? — Un ciego no ------ ---; un tuerto, sí; algo, pero no muy bien. 18. ¿Qué dice uno para llamar la atención de una persona en la calle? — Oig- Vd., caballero (o señora). 19. ¿Vd. o-- la voz de la persona que le pide un peso prestado hasta el día siguiente? — No, señor; no la o---; me hago el sordo. 20. ¿No h---- Vd. la peste de animal muerto? — No; tengo un catarro fuerte y no h---- nada. 21. ¿Le d---- a Vd. la cabeza? — Sí; -- ----- mucho. 22. ¿Vd. ll--- cuando encuentra un billete de veinte pesos tirado en la calle? — No, señor; me r-- de gusto. 23. ¿Sue-- bien la guitarra que está desafinada? — S---- muy mal y hay que afinarla. 24. ¿Vd. c---- y t--- el piano? — Sí, señor; ----- y ----. 25. ¿Vd. se son--- cuando un amigo le habla con seriedad? — No, señor; presto atención.

C. Complétense las siguientes oraciones:

1. ¿Qué hace uno cuando está triste? — Ll – – –. 2. ¿Se ríe Vd. cuando está triste? — No, señor; no me – – –. 3. ¿Causa l – – – – – – – – la alegría? — A veces, pero son .... de alegría. 4. ¿Tiene Vd. lágrimas en los ojos cuando se – – –? — Sí; cuando me r – – a carcajadas. 5. ¿Les duelen los costados cuando se r – – – Vds. mucho? — Sí, señor; si nos – – – – – – mucho. 6. ¿Qué hacen Vds. cuando muere un amigo? — Ll – – – – – –. 7. ¿Causa risa la tristeza? — No, señor; nos hace ll – – – –. 8. ¿Ll – – – mucho el niño chico? — Sí; .... mucho cuando – – – – – cólico. 9. ¿No huele Vd. algo? — Sí; – – – – – un aroma de rosas. 10. ¿Cómo h – – – – la rosa? — .... fragante. 11. ¿Qué oye Vd.? — O – – – el ruido del tren que está pasando. 12. ¿Vds. o – – – el tictac de mi reloj? — Sí, señor; lo o – – – – distintamente. 13. O – – – Vd., Señor Moore, ¿quién canta? — Parece la voz de la señorita Villaverde. 14. ¿Suen– bien la voz del burro? — No, señor; el burro tiene una voz muy estridente. 15. ¿Habla bien el loro? — No, señor; .... poco, pero con voz fuerte. 16. ¿Cómo s – – – – – – las voces de los loros? — .... muy chillantes; los loros chillan mucho. 17. Vea Vd., señor Stein, cuántos tranvías pasan. — Los – – –; son muchos. 18. – – – – – – (*imperativo*) la carne, ¿está buena? — No, señor; no sirve, huele muy mal. 19. ¿Cómo sabe Vd. si la carne está buena o no? — La puedo – – – –. Si tiene mal olor, ya no sirve. 20. ¿Está buena la fruta? — No, señor; está podrida y no – – – – –.

D. Complétense las siguientes oraciones:

1. ¿Cómo es – – Vd.? — Es – – – muy bueno, gracias. 2. ¿Cómo se sient– Vd.? — Algo alivia – –, gracias. — Me aleg – – mucho. 3. Mi madre .... muy mala. —

Lo .... mucho. 4. ¿Cómo se sien--- los enfermos? —Todos .... 5. ¿Vd. .... aleg-- cuando tiene vacaciones? — Sí, señor; -- .... mucho. 6. ¿Sient- Vd. algún do---? — Sí, señor; .... un dolor terrible. 7. ¿.... sien-- Vd. peor? — Sí; mucho peor. 8. ¿Palpita mucho el corazón? — Sí, señor; y hay mucha presión de la ------ en las venas y las arterias. 9. Tome Vd. estas píldoras al acostar--. — Muy bien, gracias. 10. ¿Tiene Vd. el estó---- revuelto? — Sí, señor; y algunas veces ten-- basca. 11. ¿Cuántos kilómetros por hora puede Vd. and--? — Pue-- .... cuatro. 12. And- (*imperativo*), prepár--- (*imperativo*) una taza de buen café. — Ahorita (en seguida), señor. 13. ¿Cuántas millas por hora and- el tren? — And- unas cuarenta. 14. ¿Podem-- entrar? — Sí, señores; con mucho -----; entr-- Vds. 15. ¿Se puede pasar? — ¡Cómo no! pas- Vd. 16. ¿Cómo .... Juan? — .... algo aliviado. 17. ¿.... dulce el limón? — No, señor; .... -----. 18. ¿.... el despacho en el primer piso? — No, señor; .... en el segundo. 19. ¿.... muerto el animal? — No; todavía .... 20. ¿.... buena la comida en el hotel? — No, señor; no .... más que regular.

112. PREGUNTAS

A. 1. ¿En dónde tiene Vd. su despacho? 2. *¿Es* alto el despacho o *está* alto? 3. ¿Cómo se dice de un vino agrio (avinagrado)? 4. ¿Cómo se dice de un vino agrio de naturaleza? 5. ¿Cómo está Vd.? 6. ¿Se siente Vd. mejor? 7. ¿Cómo se siente una persona mareada (con mal de mar)? 8. Cuando Vd. tiene dolor de cabeza, ¿qué toma? 9. ¿Cómo se siente el enfermo esta mañana? 10. ¿Cómo se siente

Vd.? 11. ¿Tiene Vd. calenturas? 12. ¿Está bilioso un hombre que sufre de la malaria (paludismo)? 13. ¿Es fatal respirar gas carbónico? 14. ¿Se mueren las personas que padecen de dispepsia? 15. ¿Está grave el paciente que tiene la pierna rota? 16. ¿Qué hace el médico? ¿Y el boticario? 17. ¿Qué es la cabeza? 18. ¿Cómo se llama la parte que está entre la cabeza y el tronco? 19. ¿Cuáles son las coyunturas del brazo? 20. ¿Cuáles son las coyunturas de la pierna?

B. Para Repaso

1. ¿Cómo se siente Vd. hoy? 2. ¿Durmió Vd. bien anoche? 3. ¿Cómo tiene Vd. la dentadura? 4. ¿Qué hace el dentista? 5. ¿Le duele a Vd. alguna muela? 6. ¿Quién va temprano a ver al dentista? 7. ¿Tiene Vd. un médico por vecino? 8. ¿Cuánto reciben los médicos como honorarios por visitas a domicilio? 9. ¿Cuánto cobra el doctor por una consulta en su despacho. 10. Cuando el médico le reconoce a Vd., ¿le enseña Vd. la lengua? 11. ¿Tiene el boticario en su botica todos los remedios que el médico receta? 12. ¿Quién prepara las drogas prescritas en la receta por el médico? 13. ¿Cuáles son las partes del cuerpo humano? 14. ¿En dónde está situada la nariz? 15. ¿Cuáles son las partes de la cara? 16. ¿Para qué sirve el pelo? 17. ¿Tiene Vd. el pelo negro o de color castaño? 18. ¿Qué pelos protegen el ojo? 19. ¿Cómo se llama la parte posterior del tronco? 20. ¿Es Vd. propenso a la dispepsia? 21. ¿Qué es el cuello? 22. ¿Cuáles son las articula-

ciones principales? 23. ¿Padece Vd. algunas veces de dolor de cabeza? 24. ¿En dónde está situado el hígado? 25. ¿Qué son venas y qué son arterias?

LECCIÓN VIGÉSIMA NONA

113. CONVERSACIÓN

En una de las lecciones anteriores hemos hablado de la ropa o vestido del hombre. Toda la ropa se hace de tela o género. Las telas se hacen de varios

Tijeras

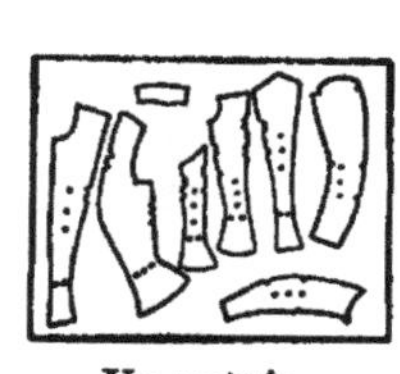

Un patrón

Un chaleco

materiales. ¿Cuáles son? — Son el algodón, el lino, la lana, la seda y la alpaca.

¿Cómo se llama el que hace vestidos para hombre? — Sastre.

¿Quién hace los vestidos para mujer? — La modista y sus costureras.

Al cortar la ropa nos servimos de un par de tijeras de acero y un molde o patrón. El molde se hace a la medida de la persona. Señor Stein, ¿compra Vd. sus vestidos hechos o los manda hacer a la medida? —La ropa interior la compro hecha; tengo un sastre muy bueno, que me hace vestidos que me vienen muy bien.

¿De qué piezas se compone un traje de hombre? — De chaqueta o americana (saco en Méjico), chaleco y pantalón.

Prendas de vestir del hombre

La americana es para uso ordinario. La levita nos sirve para cuando vestimos de etiqueta durante el día, y el frac lo usamos para las tertulias, reuniones y bailes. Los bolsillos nos sirven para poner en ellos nuestro dinero y objetos de uso diario, como las llaves, el cortaplumas o navaja y el reloj. ¿Cuántos bolsillos tiene Vd.? — El traje que llevo ahora tiene solamente doce bolsillos, pero tengo uno con quince.

Y su vestido de Vd., señorita, ¿cuántos bolsillos tiene? — Ninguno. Las mujeres no somos tan afortunadas como los hombres en materia de bolsillos.

EL CUELLO
LA PECHERA
LA MANGA
LOS PUÑOS
LAS MANCUERNILLAS

Camisa de hombre

La ropa interior del hombre se compone de camiseta y calzoncillos de punto de algodon o de lana. Aquélla sirve para cubrir el tronco y éstos para cubrir las piernas. Señor Moore, ¿qué llevamos encima de la camiseta? — La camisa, hecha generalmente de percalina o de lino.

La camisa tiene sus correspondientes puños y

cuello. Los puños cubren las muñecas y se sujetan con dos botones de oro que se llaman gemelos o, en Méjico, mancuernillas. Como adorno del cuello usamos corbatas de varios materiales y colores. La

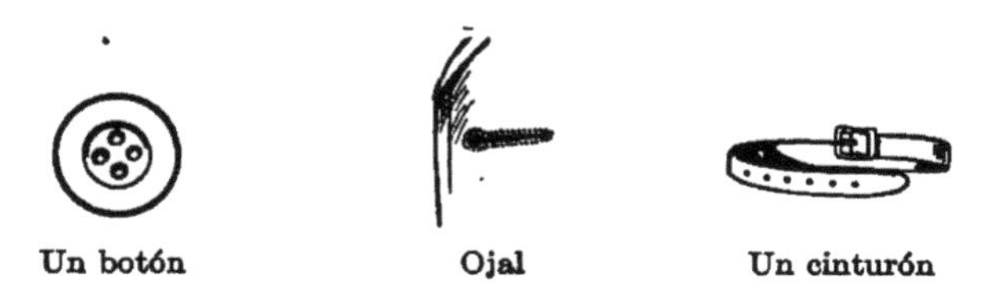

Un botón Ojal Un cinturón

ropa se abrocha o abotona por medio de botones con sus correspondientes ojales. Para mantener en su lugar los pantalones usamos tirantes o cinturones. ¿Con qué cubrimos los pies? — Para cubrir los pies llevamos los calcetines y sobre éstos los zapatos.

¿De qué materiales son los zapatos? — De vaqueta y de cabritilla.

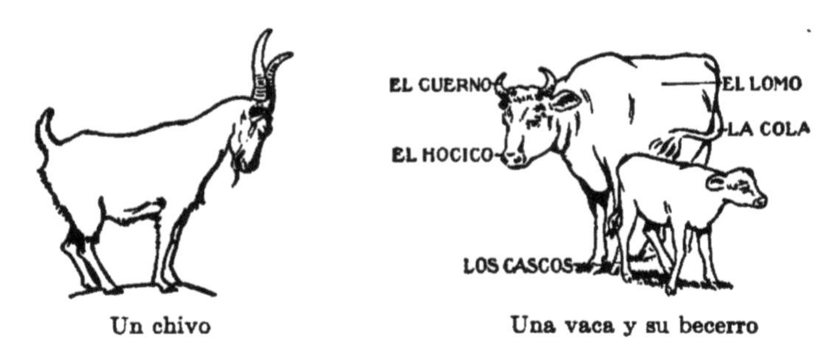

Un chivo Una vaca y su becerro

¿Qué es la cabritilla? — Es el cuero o piel del chivo o cabra, que es un animal doméstico, parecido (o semejante) a la oveja. También se hacen guantes de esta piel.

¿Qué son los guantes? — Los guantes los usamos para cubrirnos las manos.

¿Duran para siempre los zapatos? — No, señor; según el uso que tienen se acaban más o menos pronto.

Tirantes

Calcetines

Un zapato

Un par de guantes

¿Qué parte se acaba primero? — La suela, pero hay gente que gasta también mucho los tacones.

Se dice además que se gasta el dinero; ¿cuánto dinero gasta Vd. al año en zapatos? — Gasto unos quince pesos al año.

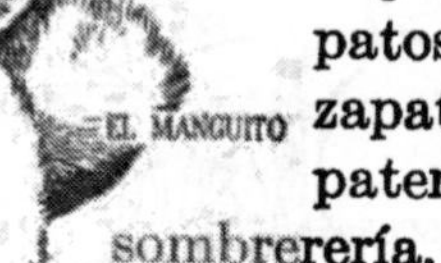

Un abrigo de invierno

¿Quién hace y compone los zapatos? — El zapatero.

¿Dónde se compran los zapatos y los sombreros? — Los zapatos se compran en una zapatería y los sombreros, en una sombrerería.

¿Llevamos zapatos puestos en las manos? — No, señor; en las manos llevamos guantes de cabritilla.

¿Dónde se compran las camisas, corbatas y calcetines? — En la camisería venden esas cosas, como también tirantes, cinturones, guantes, pañuelos y perfumes. En las joyerías venden los relojes, los alfileres de corbata (fistoles en Méjico), y los gemelos para los puños.

¿Cómo se llama la prenda de vestir que nos sirve de abrigo contra el frío? — Para hombre se llama sobretodo o abrigo; para mujer abrigo o capa; también, como abrigo ligero, las mujeres llevan chales.

¿Qué llevamos en la cabeza? — El sombrero.

¿Por qué llevan los carboneros sombreros negros y los molineros sombreros blancos? — Es por el color de las substancias con que trabajan. El carbón es negro y la harina es blanca. — No; no es por esto; los llevan para cubrir la cabeza.

1 Sombrero hongo de fieltro

2 Sombrero de jipijapa

Los sombreros son de fieltro o de paja. Los hay de paja corriente y los finos de jipijapa, que vienen de Panamá.

¿Cuáles son las prendas de ropa de la mujer? — La ropa interior se compone de camisa, camiseta, calzones y medias, correspondiendo las últimas a los calcetines de los hombres. Por encima de esta ropa la mujer lleva faldilla o enaguas, que son generalmente de tela blanca, con sus encajes y entredós o embutidos. Los encajes son adornos hechos de hilo, algunas veces a mano. El hilo es una fibra hecha de lino o de algodón, que nos sirve principalmente para coser o unir unas a otras las piezas de género o tela de que se hace la ropa. Algunas mujeres cosen a mano, pero la mayor parte de la ropa se hace a máquina.

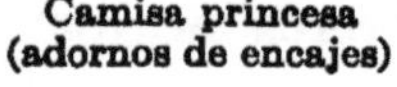

Camisa princesa
(adornos de encajes)

Enaguas
(adornos de bordados)

¿Cómo se llama el artículo de acero que se usa con el hilo para hacer las costuras? — Es la aguja. La máquina de coser también tiene aguja, pero ésta tiene el ojillo en la punta.

Olvidé decir que muchas mujeres llevan corsé para mejorar su forma y disminuir el tamaño de la cintura.

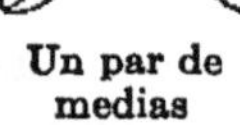

Un par de medias

La ropa exterior de las mujeres se compone del corpiño o blusa y de la falda. En la cintura generalmente llevan un cinturón, hecho de cuero fino o de cinta. El listón o cinta es una tira de seda (algunas veces también de algodón), que se usa para adornar los sombreros de las mujeres, lo mismo que otras partes de su ropa.

Carrete de hilo

Las mujeres usan ligas para mantener las medias en su lugar. Algunas veces son de listón y otras de elástico o resorte. Los hombres también las usan para sostenerse los calcetines.

¿Cuáles son los nombres de las diferentes clases de tela que entran en la manufactura de los vestidos? — Los vestidos de hombre se hacen generalmente de casimir, cheviot o paño. Los de mujer se hacen de materiales muy diversos. De seda hay telas como el *foulard*, tafetán, piel de seda, seda acordonada, raso o satén y terciopelo. El raso es una tela de seda muy lisa y muy brillante o lustrosa. El terciopelo es una tela gruesa y blanda, que sirve más bien para adornos que para vestidos enteros. De algodón, las telas principales son: el calicó, el nansú, la muselina, el percal, la indiana, el cambray y la manta. La manta es la tela blanca corriente de algodón, empleada para varios usos domésticos.

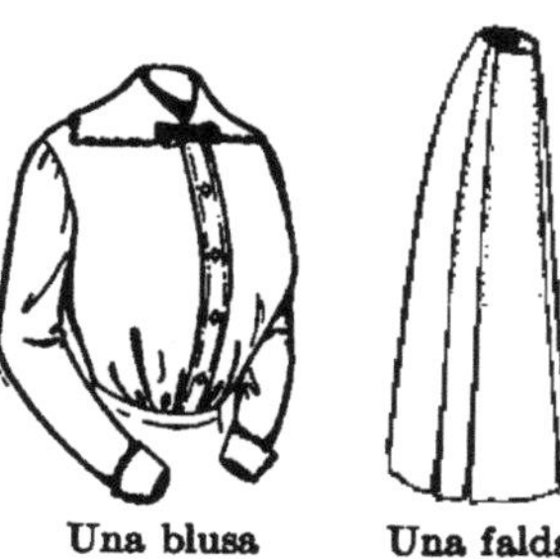

Una blusa   Una falda

Cuando se rompen las medias o calcetines, ¿qué se hace para componerlas? — Hay que remendarlas. Esto se hace con hilo o, más bien, con hilaza del mismo color que las medias.

¿Le gusta a Vd. zurcir medias y calcetines? — No, señor; soy muy perezosa.

Alfiler de seguridad

Cuando las señoras pierden un botón y no tienen tiempo para poner otro ¿qué hacen? — Prenden con un alfiler, lo que no puede abotonarse por falta de botones.

Precisamente acabo de perder uno de los botones de mi americana. No lo puedo encontrar, pero debe estar aquí en el cuarto. — ¿Ninguno de Vds. lo ve? — ¿Es éste el botón? — Sí; ése es, ¿dónde lo encontró Vd.? — Aquí, tirado en el suelo.

Ahora tendré que recurrir al sastre para que me lo pegue. — Si Vd. gusta, yo puedo pegárselo en un momento. Afortunadamente, en mi portamonedas traigo una aguja e hilo. — Gracias, señora, es Vd. muy amable. Acepto el servicio que me ofrece, para evitarme así la molestia de ir a la sastrería. Sin embargo, temo sea demasiado molesto para Vd. — No, señor; no es ninguna molestia.

Muchas gracias. — No hay por qué dármelas.

Creo que hemos terminado lo que se refiere al vestido de hombres y de mujeres, así como a los materiales que entran en su fabricación, a excepción tal vez de su hechura y de las joyas, que, ya por adorno, ya por necesidad, usa la gente. ¿Qué llevamos en los dedos? — Anillos o sortijas.

¿De qué se forman generalmente esas sortijas? — De oro, con piedras preciosas, tales como el diamante, la perla, la esmeralda, el rubí, la turquesa, el zafiro y el ópalo.

¿De qué se sirven las mujeres para prenderse el cuello de los vestidos? — De broches o alfileres de oro, más o menos adornados.

Señorita, ¿qué llevan las mujeres en las muñecas y en las orejas? — En las muñecas llevamos pulseras o brazaletes y en las orejas pendientes o aretes.

¿Qué usan los hombres en la corbata para que no

se deshaga el nudo? — Fistoles o alfileres de corbata.

Para terminar con las joyas, falto decir que los hombres se aseguran el reloj por medio de una cadena de oro, o con una leopoldina, hecha de un listón, con hebilla de oro.

De la hechura de la ropa, podemos decir que un sastre inexperto o una modista sin gusto puede echar a perder el efecto de los mejores materiales. Por esto, siempre que tengo un traje en manos del sastre, voy a probármelo no una vez, sino dos veces. Creo que las mujeres hacen lo mismo. Después de mandar hacer el vestido ¿no va la dueña para probárselo? — Sí; y cuando no queda contenta con la prueba, hay que descoser el vestido y volverlo a coser. A ninguna mujer le gusta la ropa que no le viene bien ni los colores que no le están.

Y tiene razón, porque, siendo la mujer la que nos da nuestras ideas de lo bello y lo bonito en este mundo, sería una lástima que ella escondiera su propia belleza con ropa que no le viene bien y que la ofuscase con colores que no le están. — Gracias por el cumplido a nuestro sexo, profesor. Yo también soy de su parecer y creo que la mujer debe cultivar lo estético en su ser y que es su deber vestirse siempre con buen gusto.

Hablando del bello sexo, me acuerdo de un refrán o proverbio mejicano que dice: "La mujer o la gata es de quien la trata." ¿Qué piensa Vd. de ese refrán? — Digo que no es la verdad, especialmente respecto de la mujer. Es claro que este refrán fué hecho por algún hombre.

114. NOTAS

A. El Verbo irregular **vestir**, conjugado como reflexivo

vestirse — **vistiéndose** — **vestido**

Indicativo

Presente		*Imperfecto*	
me visto	**nos vestimos**	**me vestía**	**nos vestíamos**
se viste	**se visten**	**se vestía**	**se vestían**

Pretérito

me vestí	**nos vestimos**
se vistió	**se vistieron**

Futuro		*Perfecto*	
me vestiré	**nos vestiremos**	**me he vestido**	**nos hemos vestido**
se vestirá	**se vestirán**	**se ha vestido**	**se han vestido**

Subjuntivo

Presente		*Imperfecto: Primera Forma*	
me vista	**nos vistamos**	**me vistiera**	**nos vistiéramos**
se vista	**se vistan**	**se vistiera**	**se vistieran**

Imperativo		*Imperfecto: Segunda Forma*	
vístase Vd.	**vístanse Vds.**	**me vistiese**	**nos vistiésemos**
		se vistiese	**se vistiesen**

B. Vocabulario

aquélla sirve, etc.: *aquélla* se refiere a *camiseta, éstos* a *calzoncillos.*

perezosa: holgazana, poco enérgica.

se sirven: que emplean.

deshaga: subjuntivo de *deshacer.*

calicó: tela blanca, que se usa para hacer sábanas, fundas y demás ropa de cama.

indiana: calicó con figura pintada por un solo lado mediante la estampación.

Compro: de *comprar;* obtener una cosa pagando dinero por ella. *Vender* es lo contrario de de *comprar.*

terciopelo: tela de seda velluda o con pelo corto y blando.

cuero: pellejo (piel) que cubre la carne de los animales; también este mismo pellejo después de curtido y preparado para los diferentes usos.

vaqueta: cuero o piel de buey o vaca, curtido y adobado (preparado).

charol: cuero barnizado, de apariencia brillante, usado para hacer zapatos finos.

escondiera: de *esconder;* encubrir, retirar una cosa de la vista.

ofuscase: de *ofuscar;* obscurecer y hacer sombra.

holán: volante con que se adornan los vestidos de mujer; generalmente cortado al sesgo (oblicuamente). Las enaguas tienen holanes abajo.

embutido *o* **entredós:** encaje que se pone entre dos telas.

bordado: labor hecha sobre tela con hilaza de algodón o hilo de seda; figuras o flores hechas con hilo sobre tela.

plegar: hacer dobleces o pliegues a alguna ropa. *Pliegue:* doblez hecho artificialmente por adorno o para otro fin en la ropa u otra cosa flexible.

alforza: porción de tela que se coge en forma de pliegue como adorno en los vestidos de mujer, a la parte inferior de la falda o en la pechera de las camisas de hombre.

dobladillo: borde que se hace a la falda en el borde de abajo, doblando la tela dos veces hacia dentro para coserla.

broches: los broches son dos, uno en cada borde; son de latón.

alfiler: pedacito de alambre con cabeza y punta; sirve para juntar la ropa, cuando se cae un botón.

compone: de *componer;* reparar, enmendar, restaurar.

medidora: para medir; la cinta tiene números a cada pulgada o centímetro.

escoger: tomar o elegir una cosa entre varias.

medida: substantivo de *medir.*

forro: tela que se pone por la parte interior de cualquier vestido o ropa.

puntada: paso de aguja con hilo por la tela que se va cosiendo. La unión de las dos piezas es la costura.

bastillar: hacer bastilla en una tela; se llama bastilla el doblez que se hace y cose a las orillas cortadas de la tela para que no se deshilache, es decir, para que no salgan hilachas o fibras de la tela.

fruncir: recoger la orilla de cualquier tela haciendo en ella frunce o arrugas pequeñas.

planchar: pasar la plancha (de hierro) caliente sobre la ropa algo húmeda para estirarla, asentarla, quitarle las arrugas y darle brillo.

puestos: participio pasivo de *poner;* los zapatos están puestos en los pies.

aprietan: presente de *apretar,* dar presión; se conjuga, *aprieto, aprieta, apretamos, aprietan.* Los zapatos pequeños aprietan los pies y los lastiman.

flojos: lo contrario de *apretados;* un zapato flojo es grande y no aprieta el pie. En Méjico se dice de los perezosos que son *flojos.*

lila: una flor; su color es violáceo.

lleva: de *llevar;* llevar ropa significa tenerla puesta.

¿a cómo?: ¿a qué precio?

carrete: cilindro perforado de madera que contiene hilo.

ajustado: algo apretado, pero no mucho.

luto: traje negro que se viste en señal de duelo (dolor) por la muerte de alguna persona.

herradura: hierro semi-circular que se clava a las caballerías en los cascos, para que no se los maltraten con el piso.

suelta: floja.

C. Frases útiles

No me viene bien la chaqueta.
No me está el color.
Me aprieta el zapato izquierdo.
Está muy suelto de talle el vestido: grande en la cintura.
El cielo se viste de nubes.
La muchacha se deshace en lágrimas: llora mucho.
No llevo dinero encima: no tengo dinero en el bolsillo.
Le llevo dos años: tengo dos años más que Vd.
Llevó buen chasco: recibió una sorpresa desagradable.

115. EJERCICIO

A. Escriba de memoria:

El Cuerpo

La protección: la ropa
- las partes
  - para hombre
    - la ropa exterior
      - el traje
        - la americana o saco (ordinario), el frac (de etiqueta), la levita (profesional)
        - el chaleco (encima de la camisa)
        - el pantalón
      - el sobretodo o abrigo (contra el frío)
      - el impermeable, abrigo (contra la lluvia)
      - el sombrero (para cubrir la cabeza)
      - los guantes (para las manos)
      - los zapatos o el calzado (protección exterior para los pies)

la ropa interior

la camisa, el cuello y los puños

la corbata

la camiseta (debajo de la camisa)

los calzoncillos (debajo del pantalón)

los calcetines (para los pies)

los tirantes, el cinturón (que sirven para sostener los pantalones

Un delantal

para mujer

la ropa exterior

el vestido

la blusa

la falda

el cinturón (de cuero, cinta o elástico) para la cintura

el sombrero

el abrigo (protección contra el frío)

el chal

los guantes

los zapatos o botas

la bata (vestido sencillo de una pieza para llevar en casa)

el delantal (para la protección del vestido en los trabajos de casa)

la ropa interior

la camisa

la camiseta

el corsé

el cubrecorsé

los calzoncillos

las enaguas (falda interior de tela blanca)

el refajo (falda interior de tela de color)
las medias (para los pies)
las ligas (cintas o tiras de seda, algodón o goma elástica, que se usan para sostener las medias)

Un refajo

el carácter
le está a uno, cuando los colores son apropiados
le viene bien a uno, cuando está hecha a la figura
los verbos:

	Presente	*Pretérito*
vestirse: (ponerse la ropa)	me visto	me vestí
llevar: (tener puesta alguna ropa)	llevo	llevé
desnudarse: (quitar toda la ropa)	me desnudo	me desnudé

los materiales de la ropa
la tela o género
de algodón: manta (tela corriente de color blanco), calicó (tela blanca más fina), muselina, cambray, gasa, cretona, indiana, percal, céfiro, piqué, holanda o batista
de lino: (la fibra de una planta; más fino que el algodón)
de lana: (el pelo de un animal doméstico), casimir, cachemir, paño, franela, alpaca
de seda: (producto del gusano de seda, que es la larva de un insecto), gro, tafetán, raso, terciopelo, piel de seda, china, brocado
los materiales de los zapatos: cuero, vaqueta, cordobán, cabritilla, charol
los materiales de los sombreros: el fieltro y la paja
los adornos
el listón o cinta de seda (para hacer moños, etc.)

el holán o volante
el encaje, el embutido o entredós
el bordado
los pliegues: verbo, *plegar*
las alforzas

Alforzas

las partes del vestido
de un saco o de una blusa
el delantero
la espalda
las mangas (para los brazos)
de una falda o saya
los cuchillos (pedazos de tela cortados sesgados o al sesgo u oblicuamente)
la pretina (en la cintura)
la manera (abertura de la falda por detrás)
el holán o volante
el dobladillo
modos de sujetar: con botón y ojal, broches, alfileres
la hechura
los trabajadores
el sastre (hace y compone la ropa de hombre)
la modista o costurera (hace y componela ropa de mujer)
el zapatero (hace y compone zapatos en la zapatería)
el sombrerero (hace sombreros en la sombrerería)
los útiles
la aguja (para coser)
el dedal (para empujar la aguja sin riesgo de herirse); protección de metal para el dedo
las tijeras (para cortar la tela), tijeritas (tijeras chicas)

la máquina de coser
los moldes o patrones
la cinta medidora (para tomar la medida de la persona)
el hilo (hebra larga y delgada de lino, lana, seda, algodón, etc., que sirve para unir las piezas en la costura)

el procedimiento:
escoger la tela o género
escoger la moda o estilo
tomar la medida
hacer el molde o patrón de papel según la medida
cortar el género y el forro (si requiere forro)
hilvanar (juntar las piezas provisionalmente con puntadas largas)
probar (poner el vestido para saber si viene bien a la figura)
coser (si está bien; si no, hay que descoser)
bastillar
fruncir
quitar el hilván
planchar

Cinta de medir

buena hechura (el vestido está bien cosido y le viene bien a uno)
mala hechura (el vestido está mal hecho y no le viene bien a uno)

la compostura
coser (cualquier parte que esté rota)
zurcir (componer los calcetines y las medias)

B. Complétense las siguientes oraciones:

1. El ------ hace los vestidos del hombre. 2. La ------- hace los vestidos de la mujer. 3. Un traje

de hombre se compone de ----------, -------- y --------. 4. El vestido de mujer se compone de la ----- o -------- y la -----. 5. La ------- y el ---- nos sirven para cuando nos vestimos de etiqueta. 6. Los hombres llevan una ------ encima de la camiseta. 7. Los puños se sujetan con los ------- o -------------. 8. Los --------- sirven para mantener en su lugar el pantalón. 9. Los zapatos se hacen de ----- de res o de cabritilla. 10. La oveja nos proporciona ----, ----- y su piel. 11. El sobretodo nos ----- de abrigo contra el frío. 12. Algunas mujeres ----- a mano, pero la mayor parte tienen máquinas de coser. 13. En la ------- las mujeres llevan un cinturón. 14. El ------ es una tira de seda. 15. No le gusta a la señorita ------ las medias. 16. Una persona que no quiere trabajar es --------. 17. He perdido un botón de mi saco y no lo puedo ------. 18. Hay que recurrir al sastre para que me lo -----. 19. No es nunca una --------- servir a nuestros amigos. 20. Se prende con --------- la ropa que no tiene botones.

C. Háganse oraciones con las siguientes palabras y frases, usándose el presente de los verbos:

Sujetos	*Verbos*	*Objetos*	*Frases Adverbiales*
el sastre	hacer	los remedios	en la carnicería
el panadero	vender	la tina de baño	en la sombrerería
el zapatero	componer	las últimas novelas	en la costurería
la modista	arreglar	la carne	en la zapatería
el sombrerero	preparar	la herradura	en la sastrería
el carnicero		el traje	en la plomería
el librero		los sombreros	en la panadería
el plomero		el vestido	en la herrería
el boticario		los zapatos	en la librería
el herrero		el pan	en la botica

D. Hágase lo mismo que arriba, pero con el pretérito de los verbos.

E. Hágase lo mismo con el imperfecto de los verbos.

F. Háganse oraciones en pasiva empleándose la preposición *por;* v. gr.: *el cocido es hecho en la cocina por el cocinero.*

G. Háganse oraciones usando la pasiva idiomática; v. gr.: *se hacen los vestidos en la costurería.*

(Nota: Esta pasiva no admite mención de la persona que es sujeto en la activa.)

H. Háganse oraciones con las siguientes palabras:

Se adornan	los sombreros		charol, cambray, lino, calicó, cabritilla, seda de china, casimir, gro, céfiro, vaqueta, indiana, alpaca, manta, tafetán, gasa, listón, muselina, fieltro, piqué, raso, pluma de avestruz, lino, brocado, franela, paño, terciopelo, paja, cachemir, percal, goma elástica.
	las blusas		
Se hacen	los sacos		
	los cinturones		
Se componen	las camisas	de	
	los puños	o	
Se arreglan	las batas	con	
	las enaguas		
	las faldas		
	los zapatos		

I. Apréndase de memoria esta conversación acerca de la pluma:

¿De qué animales son las plumas? — Son de las aves.

¿De qué animal es esta pluma? — Es de avestruz.

¿Para qué sirve? — Sirve para adorno de sombrero.

Pluma de avestruz

116. PREGUNTAS

A. 1. ¿Cuáles son las partes de un traje de hombre? 2. ¿Qué partes hay en el vestido de mujer? 3. ¿Quién hace el vestido de hombre? ¿Y el de mujer? 4. ¿Cuáles son las ropas interiores de hombre? 5. ¿Qué clases de materiales entran en la fabricación de la ropa de mujer? 6. ¿Cuáles son los géneros de algodón? ¿Y los de seda? 7. ¿Cuál es la medida de Vd.? 8. ¿Qué tamaño de zapato lleva Vd.? 9. ¿Le vienen bien los zapatos que Vd. tiene puestos? ¿Le aprietan mucho? ¿Están muy flojos? ¿Le lastiman? 10. ¿Le está bien el color lila? ¿Y el color guinda (rojo obscuro)? 11. ¿Cuántos bolsillos hay en un traje de hombre? 12. ¿Está viejo o nuevo el traje o vestido que Vd. lleva actualmente? 13. Cuando se caen los botones, ¿con qué se prende la ropa provisionalmente? 14. ¿A cómo se venden los carretes de hilo de seda? 15. ¿Le gusta a Vd. la ropa ajustada o la prefiere algo suelta? 16. ¿Cuánto dinero gasta Vd. anualmente en ropa? 17. Cuando la prueba resulta satisfactoria, ¿acepta Vd. el vestido? 18. ¿Qué se hace con las medias y los calcetines cuando están rotos? 19. ¿Para qué sirven los listones o cintas? 20. ¿Qué útiles emplea la costurera y qué uso tiene cada cual? 21. ¿Lleva Vd. luto? 22. ¿Vistió la criada al niño esta mañana o se vistió él solo? 23. ¿Qué hace uno antes de bañarse? ¿Y después? 24. ¿Qué se pone la señora de la casa para proteger su vestido cuando va a la cocina? 25. ¿Le gusta a Vd. el calzado de charol? ¿Le lastiman los pies?

B. PARA REPASO.

1. ¿Por qué no necesitan ropa los animales? 2. ¿Qué es un traje de hombre? 3. ¿Qué ropa interior llevan los hombres? 4. ¿Cómo se llaman las partes de la americana y de la blusa que cubren los brazos? 5. ¿Cuál es la mano derecha? 6. Cuando se caen los botones, ¿con qué prenden la ropa las perezosas? 7. ¿Cómo se llama una persona que no tiene energía? 8. ¿Cuántos bolsillos hay en un vestido de hombre? 9. ¿De qué materiales se hacen los zapatos? 10. ¿Cuánto dinero gasta Vd. anualmente en zapatos? 11. ¿Le viene a Vd. bien el vestido o traje que lleva ahora? 12. ¿Cuáles son las ropas de mujer? 13. ¿Le gusta a Vd. el vestido ajustado o lo prefiere Vd. algo suelto o flojo? 14. ¿Le vienen bien los zapatos que lleva Vd. actualmente o son demasiado apretados? 15. ¿Para qué sirven las batas? 16. ¿Por qué van las señoras a probarse los vestidos? 17. ¿Qué colores le están bien a Vd.? 18. ¿Quién hace los vestidos de mujer y quien hace los trajes de hombre? 19. ¿Para qué sirven los alfileres? 20. ¿Qué utiles emplea la costurera para hacer la ropa? 21. ¿Cuáles son los tejidos o telas de seda? ¿Y los de lana? ¿Y los de algodón? 22. Al comprar moldes, ¿qué medida de busto y de cintura pide Vd.? 23. ¿Para qué sirven las cintas? 24. ¿Cuáles son las prendas de joyería que más se usan? 25. ¿Qué quieren decir *colores obscuros?*

LECCIÓN TRIGÉSIMA

117. CONVERSACIÓN

Ya conocemos la casa y los cuartos o piezas de ella. Hay que aprender ahora algo acerca de los muebles con que está amueblada. ¿En qué nos sentamos? — En las sillas.

Un sillón

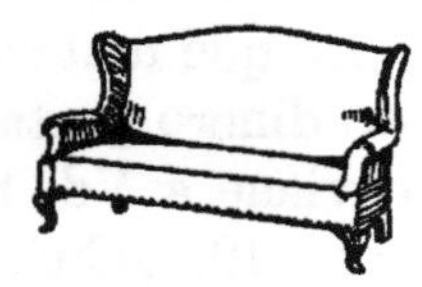
Canapé o sofá

Mecedora

Y también en el sofá o canapé, en los sillones o sillas grandes y en las mecedoras. La mecedora es una silla cuyos pies descansan sobre dos arcos. ¿Con qué está cubierto el suelo? — Con una alfombra o con un tapete o varios tapetes. Cuando las alfombras no cubren enteramente el suelo, se llaman tapetes.

En el comedor tenemos una mesa grande, en la cual se sirven las comidas. En la sala y en las demás piezas de la casa tenemos mesitas o mesas pequeñas para poner los libros, las lámparas y los objetos de arte. También hay mesas para escribir, llamadas escritorios, pero aquéllas tienen una forma distinta de la de las demás. Además, hay mesas para planchar y para

Un tapete

cortar vestidos. ¿Qué instrumento de música se acostumbra tener en la sala? — El piano.

¿Toca Vd. el piano, señorita? — No, señor; pero tengo una hermana que lo toca a perfección.

¿En qué se sienta el que toca el piano? — En un taburete o banquillo.

Señora, ¿toca Vd. la guitarra? — No, señor; pero toco la mandolina y el violín.

Señor Moore, ¿qué instrumento toca Vd.? — Ninguno, desgraciadamente; pero el señor Stein toca muy bien la corneta. — El señor Moore es muy fino (cortés, urbano); es cierto que toco algunos ejercicios, pero nada más.

Colgados o suspendidos en las paredes de la sala se ven generalmente cuadros con pinturas, grabados

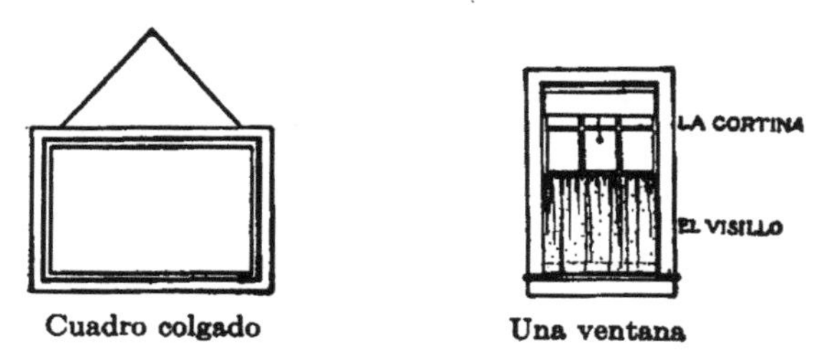

Cuadro colgado — Una ventana

o retratos. Éstos tienen marcos de varias clases. Colgadas de los marcos de las puertas de la sala y de las ventanas, hay generalmente cortinas de seda ó de otro material más o menos fino. La seda es un producto animal, que nos suministra o proporciona el gusano de seda. Algunas veces, sólo hay transparentes o visillos, que cubren las vidrieras para impedir que se vea desde fuera. Señor Stein, ¿sabe

Vd. cuáles son los muebles de los dormitorios? — Sí, señor. En el dormitorio hay la cama, el tocador, el ropero, una mesita y varias sillas. Algunas veces hay un clavijero o percha para colgar la ropa.

Un ropero

La cama nos sirve para dormir o descansar durante la noche. La cama puede ser de madera o de metal. Tiene un colchón de muelles, o tambor, como se llama en Méjico, sobre el cual hay un colchón de cerda, crin, lana, algodón u otros materiales blandos. Sobre este colchón hay sábanas de algodón o de lino y sobre las sábanas, mantas o frazadas y cobertores.

Un colchón

Una frazada

Un cobertor

¿De qué se hacen las mantas? — De la lana, que es el pelo de la oveja.

Encima de todo está la sobrecama o colcha. Bajo nuestras cabezas usamos al dormir una almohada, hecha generalmente de plumas de ganso (ave doméstica). El tocador es un mueble que tiene cajones movibles para acomodar la ropa. El espejo es una lámina o plancha de cristal azogada por la parte posterior para que se reflejen y se representen en él los objetos que se

Una colcha

tenga delante. ¿Qué artículos se acostumbran poner sobre el tocador? — Los cepillos, los peines, las bo-

Espejo de mano

Una borla

Una escobilla

tellas de perfume, el polvo con su borla, el limpiauñas y los demás artículos necesarios para el tocado.

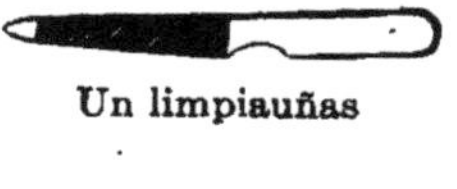

Un limpiauñas

Tijeras de rizar

En el ropero o guardarropa guardamos la ropa, para impedir que se empolve. También hay en algunos dormitorios un lavabo; sobre éste se pone una palangana o jofaina, con su correspondiente jarra de agua, su jabonera con jabón y un portatoallas, en que colgamos las toallas. También se tiene encima del lavabo el polvo dentífrico y el cepillo de dientes.

Pasamos aproximadamente la tercera parte de nuestra vida en la cama. ¿Cuántas horas suele dormir la gente cada noche? — De ocho a nueve horas.

¿Cuántas horas durmió Vd. anoche?—Dormí muy poco. Padezco a veces de insomnio.

¿A qué hora acostumbra Vd. acostarse?—Me acuesto, como regla general, o por lo regular, a las diez y me levanto a las seis y media.

En el comedor hay una mesa, varias sillas y un aparador. ¿Qué es lo que guardamos en el aparador?—La cristalería, los platos y el servicio de plata para la mesa. La mesa está cubierta con un mantel de lino; a cada cual de los que se sientan a la mesa para tomar una comida formal se le pone una servilleta, un plato liso, un plato sopero, una cuchara, un tenedor y un cuchillo, un vaso, una copa y una taza, con su correspondiente platillo. La servilleta es del mismo material que el mantel y a veces tiene un anillo para guardarla. El cuchillo sirve para cortar la carne y para untar con manteca (o mantequilla, como se dice en América) las rebanadas de pan. Tomamos

Cepillo de dientes

Aparador

Pan y cuchillo

1. Servilleta.
2. Plato.
3. Tenedores.
4. Cuchillo.
5. Cuchara.
6. Cucharita.

la sopa con la cuchara y las substancias sólidas con el tenedor. La comida se sirve en fuentes o platones y platos grandes, los cuales se ponen en el centro de la mesa. Allí también se pone el azucarero, el florero y,

Azucarero

Taza con su platillo

en algunos casos, el convoy. Éste tiene botellas para aceite de oliva, vinagre, pimienta, mostaza y sal. En muchas mesas estas botellas no se ven juntas en un convoy, sino arregladas en el centro de la mesa, habiendo una botella con aceite de oliva y una con vinagre, y, para cada persona, un salero y un pimentero. Tomamos el te y el café en la taza y la cu-

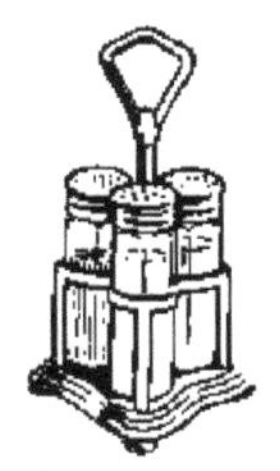
Un convoy

charita o cuchara pequeña sirve para menearlo y así disolver el azúcar.

¿Qué es el pan, profesor? — El pan es el artículo más útil de la comida. Se hace de la harina, que obtenemos del trigo. Para hacer la harina molemos o pulverizamos los granos de trigo. La mantequilla

Trigo

(manteca en España) se hace de la crema o nata de la leche. La leche es un alimento líquido, que nos proporciona o suministra la vaca. La carne de vaca se llama carne de res; la del becerro o ternero, que es la cría de la vaca, se llama ternera o carne de ternero; la de la oveja o borrego se llama carne de carnero y la del cerdo o puerco se llama carne de puerco. Del muslo del cerdo se hace el jamón y de la carne del abdomen, el tocino. Los jamones y el tocino son de carne salada y algunas veces de la ahumada o sea carne curada al humo. También hacemos con carne de puerco, chorizos o salchichas y de la gordura o grasa tenemos la manteca. El pez es un animal que habita en el agua; su carne es el pescado; en el agua se llama *pez*, sobre la mesa, *pescado*.

Rebaño de ovejas

¿Cómo prefiere Vd. el biftec? ¿Le gusta jugoso o bien asado? — A mí no me gusta ninguna carne jugosa; la prefiero bien asada.

Un pez

Un puerco o cerdo

Profesor, ¿cómo se llaman los pedazos de carne de oveja que comemos fritos? — Como les he dicho, el animal para comer no se llama oveja, sino carnero, y, si es muy joven, cordero. Las partes que comemos fritas son las chuletas, pero tanto éstas como el biftec son mejores a la parrilla; porque preparados así tienen sabor más delicado. Las carnes a la parrilla son más sabrosas que las fritas.

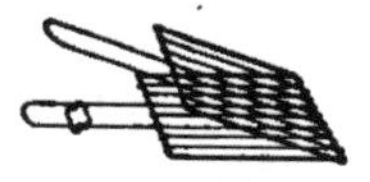
Una parrilla

Entre las substancias alimenticias más apreciadas hay el rosbif, que es carne de res asada, y el pollo. Eso del "pollo" es a veces un engaño o decepción. El pollo debe ser joven y tierno, pero a menudo en los hoteles resulta un gallo viejo y duro. El gallo es el macho de un ave doméstica; la gallina es el ave hembra, que pone los huevos; y el pollo es la cría o animal joven. Hay otra ave doméstica que es muy sabrosa para comer: ésta es el pavo (guajalote o guajolote, como se llama en Méjico), que es más grande que la gallina. Todas las aves están cubiertas de plumas. Toda ave o pájaro tiene alas con que volar por el aire. La carne de los pollos es más tierna que la de las gallinas.

EL GALLO. LA GALLINA

El pavo

¿De qué partes se compone el huevo de las aves? — De yema y clara, encerradas en un cascarón.

¿Cómo se preparan los huevos? — Cocidos enteros en agua, fritos, estrellados, revueltos y rancheros. Hay huevos pasados por agua, que están muy poco cocidos, y los cocidos, que son más duros; pero si uno quiere los huevos muy duros hay que insistir en que estén muy bien cocidos. Si uno quiere los huevos fritos a los dos lados, los pide volteados y bien fritos. Los huevos estrellados se abren y dejan caer en una grasa caliente como la manteca o la mantequilla. Los huevos revueltos se baten antes de ponerlos a freir. Los huevos rancheros se fríen con tomate y chile. También hay tortilla de huevos.

Muy bien explicado, señorita. Vd. debe ser una cocinera excelente. — Gracias, es que mi madre me ha enseñado mucho del manejo doméstico. Ella es muy experta en todos los quehaceres de casa.

Su madre hace bien en enseñarle estas cosas; son parte esencial de la educación de toda mujer. ¿Sabe Vd. guisar en persona o no más que dirigir a la cocinera y demás criadas?—Sé guisar y me gusta hacerlo, pero no me gusta lavar los trastos (utensilios) ni la loza de porcelana, después de la comida.

Se lavan los platos con agua caliente y jabón y se secan con un trapo o con una toalla. Señorita,

Una sartén Una olla Una cacerola

¿sabe Vd. los nombres de los utensilios más usados en la cocina? — Sí, señor; de algunos de ellos: la sartén, para freir carne y huevos; la olla, para cocer los alimentos; la parrilla, para asar carne y tostar pan sobre la lumbre; y la cacerola para guisar o cocinar otras viandas.

Al fin de la comida y como postre, se sirven dulces de varias clases, y fruta. Con los vasos tomamos el agua y con las copas, los vinos. El vino ordinario de mesa es de color rojo y se llama vino tinto o rojo. Los vinos generosos o dulces son: oporto, jerez, moscatel, málaga y madera.

¿De dónde conseguimos el agua para nuestros usos domésticos? — Sírvase Vd. explicarme qué significa *conseguimos*. No lo entiendo.

Conseguir significa lo mismo que *obtener*. —Muchas gracias. Obtenemos de los ríos el agua para nuestros usos domésticos.

La tomamos no solamente de los ríos, sino también de los pozos y de los manantiales. Con más frecuencia la conseguimos de los pozos. En las ciudades obtenemos el agua de tubos de hierro o cañerías y la sacamos por medio de llaves de latón. Estos tubos sirven para conducir el agua del tanque o receptáculo general a nuestras residencias. ¿Qué color tiene el hierro? — El hierro es gris.

El hierro recién quebrado es gris, pero oxidado tiene una superficie roja.

¿Qué es un pozo? — Un pozo es un hoyo excavado (ahondado) en la tierra para obtener agua. Para conseguir agua es necesario algunas veces llegar a una gran profundidad. El agua de los océanos es de gran profundidad. ¿Qué entendemos por *manantial*? — No sé qué quiere decir manantial.

¿Ignora Vd. lo que es un manantial? Un manantial es un ojo brotante de agua o una corriente de agua que sale espontáneamente de la tierra. El agua de manantial es pura, por lo general, límpida y cristalina o clara; es dulce, inodora e incolora. ¿Cómo extraemos el agua de los pozos? — Extraemos el agua de los pozos por medio de una bomba.

Correcto. La bomba es un aparato de hierro o latón, que sirve para subir o elevar el agua de las profundidades del pozo a la superficie de la tierra. Algunas veces es preciso o necesario bombear el agua a un tanque o receptáculo que está distante del pozo. ¿Obtenemos agua para usos caseros o domésticos de los ríos y de las cañadas o arroyos? — Sí; algunas veces, pero el agua no puede ser muy buena, a menos que la corriente sea sumamente rápida.

118. NOTAS

A. Los Verbos **moler, volar, colgar**

Presente de Indicativo

muelo	molemos	**vuelo**	volamos	**cuelgo**	colgamos
muele	**muelen**	**vuela**	**vuelan**	**cuelga**	**cuelgan**

Presente de Subjuntivo

muela	molamos	**vuele**	volemos	**cuelgue**	colguemos
muela	**muelan**	**vuele**	**vuelen**	**cuelgue**	**cuelguen**

Nota : Los demás tiempos son regulares.

B. Vocabulario

impedir que vean: subjuntivo de prohibición.
conseguir: se conjuga como *seguir, vestir* (114, *A*), *freir, medir, pedir, reir* (110, *A*), etc.
obtener: siendo compuesto de *tener*, se conjuga como éste.

cerda, crin: pelo duro del cerdo o del caballo.
sea rápida: subjuntivo, después de *a menos que.*
el brasero: en ciertas partes de los Estados Unidos se sirven de un brasero para calentar las planchas y para otros usos.
hervir: como *herir, divertir, sentir,* etc. (Véase 86, *C.*)
fijos: lo contrario de *movibles.*
raspar: hacer pedazos finos por la fricción del raspador.
extender, tender, encender: véase *entender* (26, *A.*)

C. Frases útiles

Haga la cama.
Ponga la mesa.
Levante la mesa.
Levante mi cuarto.
Barra el suelo (o el piso).
Sacuda bien después de barrer.
Lave la loza.
Tire esta agua y ponga otra limpia. Tienda la ropa.
Le felicito: *felicito,* de *felicitar;* congratular
Escoba nueva barre limpio.

Menea la cola el can, no por ti, sino por el pan: *can* es el nombre que antiguamente se daba al perro. El perro es el animal que acompaña al hombre en sus paseos.

119. EJERCICIO

A. Repítase de memoria:

La Cocina
  la lumbre
    de leña (de los troncos y ramos de los árboles)
    de carbón
      vegetal
      de piedra (mineral)

la estufa
el brasero (para la lumbre de carbón vegetal, generalmente movible)

Cazuela sin tapa

Cazuela con tapa

el pretil (se compone de varios braseros fijos en la pared)
los utensilios (para preparar la comida)
la sartén (de hierro para freir carne, etc.)

Un cucharón

Tirabuzón

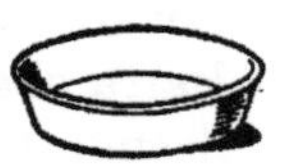
Bandeja

la cacerola (para guisar)
la olla (para hervir agua y cocer legumbres)
la cazuela (para guisar)
el comal (para hacer tortillas de maíz)

Colador

Cedazo

Cedazo

el cucharón (cuchara grande)
el colador (para colar líquidos)
el cedazo (para colar líquidos y harina)
el tirabuzón o sacacorchos (para sacar los corchos)
el raspador (para raspar queso, etc.)

el rodillo (para extender la masa de harina)
el molinillo (para moler el café, etc.)

Un molinillo

Un balde

el metate (piedra para moler el maíz para las tortillas)
la canasta (para traer las legumbres, etc. del mercado)
la alacena (para contener los trastos de cocina)
la tina (para lavar la ropa)
la plancha (hierro para planchar la ropa)
la escoba (para limpiar o barrer el piso)
las toallas o trapos (piezas de género o tela para secar la loza y los trastos)

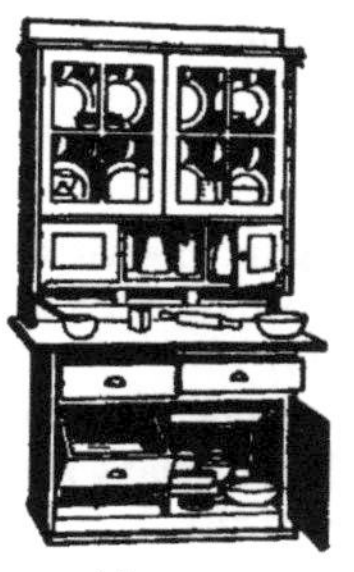
Alacena

Verbos:

	Presente	*Pretérito*	*Perfecto*
cocer (preparar con lumbre, hervir)	cuezo	cocí	he cocido
guisar (preparar y sazonar comida)	guiso	guisé	he guisado
freir (hervir con manteca o aceite)	frío	freí	he frito
asar (poner carne a la lumbre)	aso	asé	he asado
colar (separar lo fino de lo grueso)	cuelo	colé	he colado
batir (revolver los huevos)	bato	batí	he batido
raspar (quitar la superficie)	raspo	raspé	he raspado

moler (hacer polvo de una substancia)	muelo	molí	he molido
amasar (preparar la masa de pan)	amaso	amasé	he amasado
limpiar (purificar)	limpio	limpié	he limpiado
barrer (limpiar el suelo)	barro	barrí	he barrido
lavar (limpiar la ropa, la loza)	lavo	lavé	he lavado
enjuagar (quitar con agua limpia el jabón de la ropa etc.)	enjuago	enjuagué	he enjuagado
planchar (asentar la ropa con una plancha)	plancho	planché	he planchado
encender (poner fuego o lumbre)	enciendo	encendí	he encendido
prender (encender)	prendo	prendí	he prendido
apagar (extinguir la luz o el fuego)	apago	apagué	he apagado
arreglar	arreglo	arreglé	he arreglado
preparar	preparo	preparé	he preparado
hervir (el agua hierve a 212 grados, Fahrenheit o a 100, centígrado)	hiervo	herví	he hervido
almidonar (poner almidón en la ropa lavada para hacerla más dura y tiesa)	almidono	almidoné	he almidonado
menear (agitar o mover alguna cosa con una cuchara o cucharón)	meneo	meneé	he meneado

El Dormitorio o Recámara

- la cama
  - las partes
    - la cabecera
    - el tambor (colchón de muelles)
    - el colchón (de algodón, cerda, crin (pelo de caballo) o lana)
    - las almohadas (de plumas o lana; para la cabeza)
    - las cobijas (para cubrir)
      - la frazada (de lana)

el cobertor
la colcha
la ropa blanca
las fundas (para las almohadas)
las sábanas (para dormir entre ellas)
verbos
dormir (50, *A*)
soñar (tener visiones mientras se duerme: se conjuga como *sonar* (102, *A*))
roncar (hacer ruido con la nariz cuando se duerme)
dormitar (estar medio dormido)
despertar (quitar el sueño o dejar de dormir (109))
acostarse (tenderse para descansar o dormir (60, *A*))
levantarse (ponerse en posición vertical después de estar tendido)
el tocador
las partes
el espejo (que refleja imágenes)
los cajones (partes movibles del tocador para contener ropa)
los objetos del tocado
los cepillos (para los dientes, el pelo y la ropa)
el peine (para peinar el pelo)
la brocha (para jabonar la cara antes de rasurarse)
la navaja (para afeitarse o rasurarse)
el polvo y la borla (para ponerlo en la cara)
el limpiauñas (para limpiar las uñas)
el alfiletero (cojín para los alfileres)
verbos: *arreglarse, polvorearse, peinarse, rasurarse* o *afeitarse, cepillar, anudar* (la corbata)
el lavabo (mesa para lavarse)
los objetos: la palangana (para lavarse), la jarra (para contener el agua), el jabón con su jabonera,

los cepillos (para los dientes), el polvo dentífrico, la toalla (para secarse o quitar el agua de la cara y de las manos)

verbos: *lavarse, secarse, limpiar*

verbos del dormitorio: *arreglar* (el cuarto), *barrer* (el piso), *sacudir* (quitar el polvo de los muebles), *levantar* (el cuarto), *hacer* (la cama), *cambiar* (la ropa de la cama o de la persona)

B. Complétense las siguientes oraciones:

1. La mecedora es una silla ----- pies descansan en dos arcos. 2. En el comedor hay una mesa para s----- la comida en ella. 3. La ropa y las fr------ son los artículos que nos sirven para ------ el cuerpo. 4. El que toca el piano se sienta en un --------. 5. Los cuadros están --------- o suspendidos en las paredes de la ----. 6. Las cortinas impiden que se --- desde fuera lo que o----- o sucede en la habitación. 7. La cama nos sirve para ------ de noche. 8. Las frazadas se hacen de ----. 9. El espejo ------- las imágenes. 10. Anoche no ----- bien. 11. Me levanté ayer a las ..... 12. Me acosté anoche a las ..... 13. Guardamos la ---- en el ropero. 14. En el centro de la mesa se ven una botella de aceite y otra de -------. 15. El pan se hace de ------ de trigo. 16. La vaca nos proporciona la -----, la -----, la -----------, la -----, y el queso. 17. El -------, la ----, el ------ y la ------- nos proporcionan carne. 18. El pescado ----- es un plato muy sabroso. 19. Todas las aves están cubiertas de ------. 20. Me ----- el biftec a la parrilla.

C. Háganse oraciones usándo el imperativo de los verbos.

NOTA: Para este ejercicio y los que siguen, véanse 106, 157, 158.

freir	asar	colar	batir	moler
limpiar	barrer	lavar	planchar	apagar
encender	prender	arreglar	hervir	menear
voltear	despertarse	acostarse	levantarse	acepillar
sacudir	levantar	hacer	cambiar	quitar

D. Háganse oraciones haciendo uso del pretérito de los siguientes:

dormir	soñar	roncar	dormitar	barrer
arreglar	sacudir	cambiar	hervir	entender
apagar	planchar	lavar	moler	cocer
guisar	freir	asar	batir	prender
despertarse	colar	raspar	limpiar	preparar

E. Háganse oraciones empleando el perfecto de los siguientes:

apagar	amasar	asar	apagar	arreglar
almidonar	acostarse	barrer	batir	cambiar
cocer	colar	cepillar	dormir	dormitar
despertar	encender	freir	guisar	hervir
hacer	levantar	lavar	limpiar	levantarse

F. Háganse oraciones empleando los tiempos indicados: imperfecto (*i.*); futuro (*f.*).

menear (*i.*)	moler (*i.*)	preparar (*i.*)	dormir (*i.*)	lavar (*i.*)
levantarse (*i.*)	soñar (*i.*)	roncar (*i.*)	hervir (*i.*)	lavarse (*i.*)
limpiar (*i.*)	barrer (*i.*)	sacudir (*i.*)	secar (*i.*)	rasurarse (*i.*)
peinarse (*f.*)	apagar (*f.*)	hervir (*f.*)	batir (*f.*)	freir (*f.*)
dormir (*f.*)	barrer (*f.*)	hacer (*f.*)	prender (*f.*)	arreglar (*f.*)

120. PREGUNTAS

A. 1. ¿Cuáles son los muebles principales de la casa? 2. ¿En qué nos sentamos? 3. ¿Qué es una alfombra? 4. ¿Qué es un tapete? 5. ¿Qué se hace con la ropa después de lavada? 6. ¿Qué es una plancha? 7. ¿Qué instrumento toca Vd.? 8. ¿Cómo se llama el insecto que nos proporciona la seda? 9. ¿Cuáles son los muebles del dormitorio o alcoba? 10. ¿Qué es el clavijero? 11. Describa Vd. el arreglo de la cama. 12. ¿A qué hora se acuesta Vd.? 13. ¿A qué hora se levanta Vd.? 14. ¿Cuáles son los platos del servicio de la mesa? 15. ¿Qué es el pan? 16. ¿Qué es el jamón? 17 ¿Cómo le gusta a Vd. el biftec? 18. ¿Cómo toma Vd. los huevos? 19. ¿Cuáles. son los útiles más usados en la cocina? 20. ¿Con qué vuelan los pájaros?

B. Para Repaso

1. ¿Con qué lumbre se prepara la comida? 2. ¿Cuáles son los utensilios que se usan para preparar la comida? 3. ¿Para qué son los siguientes: la alacena, la tina, la plancha, la escoba, las toallas y trapos, el rodillo y la canasta? 4. ¿Cuáles son los artículos de la cama? 5. ¿Qué partes tiene el tocador? 6. ¿Cuáles son los objetos del tocador? 7. ¿Qué es el lavabo? ¿el espejo? 8. ¿Cuáles son los objetos que se hallan en el lavabo? 9. ¿Para qué sirven la palangana, el espejo, la toalla y la navaja? 10. ¿Qué son el cepillo, el peine, el jarro, la jabonera y la brocha? 11. ¿Para qué es la

lumbre? 12. ¿Para qué sirven los siguientes: la sartén, la cacerola, la olla? 13. ¿Cuáles son los objetos de la cama que se cambian con frecuencia? 14. ¿Qué son el comal, el cucharón, el colador, el cedazo y el molino? 15. ¿Qué uso tienen el metate y el brasero? 16. ¿Con qué se lava la ropa? 17. ¿Para qué se tiende (de *tender*) la ropa al sol? 18. ¿Qué color se pone en el agua cuando se va a enjuagar la ropa? 19. ¿Con qué hacemos dura la ropa? 20. ¿Qué hacemos con la ropa después de lavada? 21. ¿En qué dormimos? 22. ¿Se despierta Vd. fácilmente? 23. ¿A qué hora se despertó Vd. hoy? 24. ¿Tiene Vd. sueños agradables o tiene pesadillas? 25. ¿Suelen los niños dormir tranquilos o agitados durante la noche?

LECCIÓN TRIGÉSIMA PRIMERA

121. CONVERSACIÓN

Hemos hablado ya de los varios artículos de vestir del hombre, y de sus alimentos. Hoy vamos a saber de dónde vienen o dónde se consiguen los materiales para la fabricación de la ropa y de las substancias que entran en la preparación de los alimentos. Casi todos son productos del campo. Fuera de las grandes ciudades se encuentran las tierras de cultivo. ¿Cómo se llama la propiedad de un agricultor? — Si es pequeña, se llama granja o, en América, rancho. Las propiedades extensas se llaman haciendas. En América se da el nombre de ingenio a terrenos en que se cultiva la caña de azúcar.

Hay ranchos dedicados a diversos ramos de la agricultura. Hay otros en los cuales sólo se cría ganado. El ganado es el conjunto de bestias mansas de una misma especie o clase que andan juntas. Los animales mansos son los domésticos. Los animales salvajes son las fieras, tales como el león, el tigre, la pantera, etc. Un animal que nunca se amansa, como la cebra, se dice que es bronco. ¿Cuáles son los animales domésticos? — Entre los animales domésticos se cuentan los toros y las vacas, los becerros, los caballos y las yeguas, las mulas, los burros, los puercos, los borregos y las ovejas, los perros, los gatos, los gallos y las gallinas y los pavos, que en Méjico se llaman guajolotes, y en Cuba, guanajos.

El toro, la vaca y el becerro, en general, se llaman reses. El toro es el macho, la vaca es la hembra y el becerro es la cría. ¿Cómo se llama el toro manso, que empleamos en el cultivo de los terrenos? — Se llama buey.

La cría de la oveja es el cordero. La hembra del caballo es la yegua, y su cría, el potro. Las aves domésticas se llaman aves de corral. ¿Cuánto vale un buen caballo? — Mi padre acaba de comprar uno de raza fina, que le costó más de mil duros, pero el hacendado que se lo vendió tiene muchos caballos ordinarios y baratos, que vende a precios más bajos.

¿No cree Vd. que es demasiado, pagar mil pesos por

un caballo? — Depende de su raza y de sus cualidades. No es excesivo pagar tanto por un caballo como el que ha comprado mi padre. Además, hay que tomar en cuenta el flete de ferrocarril y los derechos de importación. — Tengo un caballo de silla o de montar, que compré en cincuenta pesos y es un caballo regular.

Eso sí, me parece muy barato. ¿Cuesta mucho mantener un tronco de caballos en la ciudad? — ¡Ya lo creo! Cuesta mucho alimentarlos, además del salario para el cochero.

La paja es el tallo seco de los granos. La cebada es un grano corriente, que se usa mucho como alimento para los caballos. Las guarniciones o arneses y la compostura de ellos es otro gasto de importancia. ¿Cuáles son las partes esenciales de las guarniciones? — La brida, que se compone del freno para la boca, la cabezada para mantener aquél en su lugar; los tirantes para tirar los vehículos, etc., que son la parte más fuerte de las guarniciones; y las riendas, que sirven para dirigir el animal.

Silla de montar

¿Cuánto cuesta una buena silla de montar? — Depende de la clase de la silla. Las sillas mejicanas o vaqueras, bien acabadas y con adornos de plata, pueden valer hasta mil pesos. Los albardones o sillas inglesas son más baratas que las sillas vaqueras, porque son más sencillas.

¿Cómo se llama la silla de montar para mujer? — También se llama albardón.

¿Cuáles son las partes esenciales de la montura? — La cabeza de la silla, que sirve para apoyar o descansar la mano; al lazar, sirve al jinete para amarrar en ella la reata, soga o lazo y poder ofrecer más resistencia a los tirones (en Méjico, jalones) de los animales lazados. Los estribos penden de tirantes de cuero que pueden acortarse o alargarse a gusto del jinete. Los estribos sirven para apoyar los pies.

¿Qué quiere decir *jinete*, Pedro? — *Jinete* es el hombre que monta bien a caballo.

Entre los animales domésticos hemos olvidado de hablar del perro y del gato. El perro es el amigo más fiel y desinteresado del hombre. No puede hablar, pero es bastante inteligente y, en lugar de hablar, ladra para avisarnos de los peligros. En tiempo de calor, el perro padece a veces de una enfermedad mortal, que se llama hidrofobia o rabia. Cuando un perro está rabioso, es muy peligroso, porque muerde a la gente. Esta enfermedad, cuando ataca al hombre es curable únicamente con el suero de Pasteur. El perro bravo también muerde, pero sus mordeduras no son necesariamente fatales. ¿Qué es el gato? — El gato, de la familia de los felinos, es animal cuadrúpedo, más pequeño que el perro; es menos fiel y menos doméstico que el perro, pero también es útil al hombre, porque se dedica a cazar o

Un perro

Un gato

coger ratas y ratones. Es un animal muy traidor y muchas veces, cuando los niños juegan con él, los araña o rasguña con las uñas largas y puntiagudas que tiene. Es un animal muy semejante al tigre.

Volvamos al asunto de la agricultura. Ayer nos olvidamos de mencionar, entre los alimentos, el queso, que es un artículo muy apreciado, y de gran valor. Se hace de la leche de vaca o de cabra. Se come muchas veces con galletas, a manera de merienda o comida ligera. Las galletas se hacen de harina y son de varias formas, pero generalmente cuadradas y muy delgadas. ¿Qué comemos con la carne? — Las patatas, o papas, como se llaman en América; comemos además varias legumbres o verduras, tales como los guisantes o chícharos, la lechuga, los pepinos, los betabeles o remolachas, las habas, los ejotes o frijoles tiernos, los tomates, las calabazas, los nabos y los elotes.

Galletas

El hortelano cultiva todas esas legumbres en un huerto. Antes de sembrar las semillas de las legumbres y de los granos, se prepara el terreno o tierra, pulverizándola con un instrumento que se llama arado. [illegible]lo es tirado por caballos, mulas o bueyes y [illegible] surco en la tierra. Esta operación se llama [illegible]és de arada la tierra el agricultor la

Un arado

pulveriza todavía más con un rastrillo. Entonces se usan varios instrumentos para sembrar o plantar la semilla, y ésta, después de unos días, brota y aparecen las hojas verdes sobre la superficie.—No entiendo los nombres de las legumbres.

Guisantes o chícharos

El guisante o chícharo es una semilla verde de forma esférica. De estas semillas se encuentran varias en una vaina. ¿Para qué sirve la lechuga?—De la lechuga y del tomate, en combinación con aceite, vinagre, sal y pimienta, hacemos ensalada.

La calabaza es de la misma familia que el melón, aunque no es dulce. El pepino se come en rebanadas con sal, aceite y vinagre, y muchas veces entra en la composición de una ensalada. Es de la misma

El tomate

La calabaza

El pepino

familia que la calabaza, pero es más pequeño. ¿Cuáles son las partes principales de la planta?—La raíz, el tallo y las hojas.

La lechuga es una hoja; el tomate, la calabaza y el pepino son frutas: el chícharo, el haba y el frijol son semillas, y la papa, el betabel y el nabo son raíces.

El betabel es de color rojo obscuro y a veces blanco y el nabo es de color blanco o amarillento. El haba es de la misma familia que el frijol, pero es más grande. Hay frijoles de varios tamaños y colores;

El haba

Patata o papa

Frijoles o judías

se desarrollan de la misma manera que los chícharos; pero la semilla es más grande y no es redonda sino ovalada. El elote es la mazorca tierna del maíz. Bien cocído es delicioso y alimenticio. El maíz es

Una remolacha

Un nabo

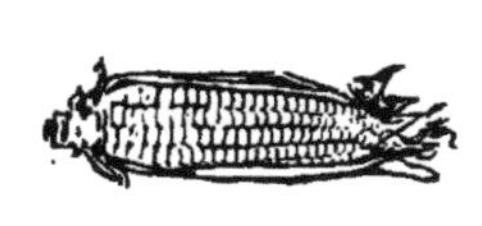

Mazorca verde o elote

uno de los granos más útiles que tenemos, puesto que sirve de alimento al hombre y a las bestias.

Hemos hablado ya de las legumbres. Nos queda tratar de las frutas. La mayor parte de éstas son frutos de árbol. Las uvas, los melones, las sandías, las fresas y las frambuesas son excepciones. Las uvas, que se dan en racimos, son fruto de la vid. Las frambuesas y las zarzamoras son frutos de arbustos o árboles pequeños, que tienen espinas como el rosal, que da la rosa. En su forma las fresas son algo parecidas a las frambuesas y zarzamoras, pero son de una forma más cónica y de un color rojo claro. ¿Qué hacemos de las uvas? — Del zumo de

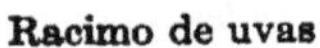

Racimo de uvas

Pastel de fresas

Plato de zarzamoras

las uvas hacemos varias clases de vino y, destilando éste, producimos el coñac.

¿Qué hacemos con la manzana? — Del zumo de la manzana hacemos una bebida muy agradable, llamada sidra.

¿Qué es la pera? — La pera es una fruta parecida a la manzana, pero más elongada que ésta. El mem-

Una pera

Una manzana

brillo pertenece a la misma familia que la manzana y la pera, pero no es tan bueno para comerlo crudo: sirve más bien para conservas y jaleas.

Hay varias frutas que tienen dentro una parte dura, que se llama hueso. De éstas, la cereza es la más pequeña; parecida a ella, pero más grande, es la ciruela y todavía más grande, el durazno o melocotón. ¿Cuál es la diferencia entre el durazno y la

Unas cerezas

Unas ciruelas

Durazno o melocotón

ciruela? — El hueso del durazno es rugoso, mientras que el de la ciruela y el de la cereza son lisos.

¿Qué conserva hacemos de la naranja? — La mermelada.

¿Y qué bebida se hace del limón? — La limonada.

¿Qué es el higo? — Es una fruta que contiene muchas semillas, y que se come seca en las demás partes del mundo. Los mejores higos vienen de Smirna. ¿Cómo se llama el lugar poblado de árboles frutales? — Se llama huerta. Si los árboles son silvestres, se llama bosque.

Unos higos

Los nombres de algunos de los árboles frutales son: el manzano, el peral, el cerezo, el ciruelo, el durazno o melocotonero, el naranjo y el limonero. Para terminar con las frutas, hagamos mención del plátano o banana y de la granada, que es una fruta llena de granos de color carmín, transparentes, jugosos y de sabor agradable.

122. NOTAS

A. Uso de **por** y **para**

Por

Úsase para expresar duración de tiempo: *Juan se ausenta por tres meses.*

Mandados: *vaya a la tienda por café.*

Precio: *¿cuánto quiere Vd. por el caballo? —Quiero cien pesos por él.*

Cambio: *le doy mi reloj por su caballo.*

Rumbo o vía: *el tren pasa por Laredo.*

Agente: *la carta fué escrita por el señor de la Torre.*

Modo: *lo hace por fuerza.*

En lugar de otra persona: *escribiré la carta por Vd., si quiere.*

En beneficio de otra persona: *hablaré con el juez por el prisionero.*

Se usa en lugar de *sin: la carta está por escribir.*

Para

Se usa para indicar destino: *el libro es para Vd.*

Dirección: *el viajero salió para Nueva York.*

Fin: *comemos para vivir.*

Tiempo determinado: *el traje estará listo para el domingo.*

Relación de unas cosas con otras: *para un muchacho, Juan trabaja muy bien.*

Intención de una persona: *estoy para salir.*

Proximidad de una suceso: *está para llover.*

B. Presente de los Verbos **morder** y **jugar**

Indicativo

muerdo	**mordemos**	**juego**	**jugamos**
muerde	**muerden**	**juega**	**juegan**

Subjuntivo

muerda	**mordamos**	**juegue**	**juguemos**
muerda	**muerdan**	**juegue**	**jueguen**

C. VOCABULARIO

sencilla: sin adorno.

las legumbres: los nombres varían mucho en los diferentes países en donde se habla español; por ejemplo:

las habichuelas, las judías, los frijoles
las judías tiernas, los ejotes, las vainas, las vainillas
la col, el repollo
la remolacha, el betabel
la patata, la papa
la batata, el camote, el boniato, la raíz
el tomate, el jitomate
los guisantes, los chícharos

amarillento: que tira (tiende) a amarillo.

puesto que: porque, pues.

café cargado: café fuerte.

cucharada: porción que cabe en una cuchara.

batidos: se dice de los huevos que se revuelven repetidas veces hasta que estén muy bien mezcladas las claras con las yemas.

revueltos: participio pasivo de *revolver*.

carne molida: carne hecha pedazos; también se dice *carne picada*.

pelota: juego con bola; **damas:** juego parecido al ajedrez; **baraja:** conjunto de cuarenta y ocho cartas (la americana de cincuenta y dos); **billar:** juego de tres bolas sobre una mesa.

cuando se le soba: cuando se le pasa la mano por el pelo del lomo (parte del espinazo de un animal).

mandado: orden, comisión que se da a otra persona.

D. FRASES ÚTILES

Me da asco: me ocasiona repugnancia; se dice de los alimentos repugnantes.

La leche se cuajó: se cortó, se acedó, está cuajada, está aceda, etc., que significa que la leche se ha puesto agria.

La manzana podrida pierde a su compañía.

Se muerde la lengua: se queda callado o en silencio.

El perro con rabia a su amo muerde.

Si no puedes morder, no enseñes los dientes: *enseñar*, exhibir.

Perro que ladra no muerde.

El gato halaga con la cola y araña con las manos: hablando de una persona de dos caras; *halagar*, adular.

Mientras la hierba crece, el caballo muere: se dice cuando es mucho el tiempo que tiene uno que esperar.

La tela no alcanza: no es suficiente.

E. Lo que hacen los animales:

Animal	*Sonido que hace*	*Modo de defenderse*
el hombre	habla, grita, canta, llora	pega, da balazo, da puñalada
el perro	ladra, aulla	muerde
el gato	maulla	muerde, araña
el caballo	relincha	muerde, da coces o patadas
la mula y el burro	rebuznan	muerden, dan coces o patadas
el toro y la vaca	braman, mugen	cornean
la oveja	bala	topa, da topes, topetadas o topetones
el puerco	gruñe	da trompazos o golpes con la trompa
el gallo	canta, cacarea	pica, da espolazos, o golpes con las espuelas
la gallina	cacarea	pica
el pollo	pía	corre
el león	ruge	muerde, araña, rasguña, mata

123. EJERCICIO

A. Repítase de memoria:

La Mesa

el mantel (de tela o género de lino para cubrir la mesa)
las servilletas (del mismo material)
los cubiertos
  el cuchillo (para partir el alimento)
  el tenedor (para llevar la comida a la boca)
  la cuchara (para la sopa)
  la cucharita o cuchara pequeña (para el te y el café)
los platos (la loza)
  el plato individual (uno para cada persona)
  el plato sopero (para la sopa)
  la taza con su platillo (para el te, el café, el chocolate)
  la fuente (plato ovalado y hondo para servir legumbres, guisados, etc.)
  el platón (plato grande y ovalado para servir la carne, etc.)
  el salero (contiene la sal)
  el pimentero (contiene la pimienta)
  la cafetera (contiene el café)
  la tetera (contiene el te)
  el azucarero (contiene el azúcar)

Un jarrito   Cafetera

el jarrito o pichel (contiene la leche o la crema)
el vaso (para el agua)
la copa (para el vino o los licores)
la botella de vino o el botellón de agua

verbos

comer	**tomar**	**poner**	**servir**	**pasar**
beber	**tragar**	**levantar**	**cortar**	**quitar**

El Desayuno

el café
- caliente, tibio, frío, etc.
- con crema, sin crema
- con leche caliente
- con leche, sin leche
- con mucha leche o con poca
- con azúcar (una o dos cucharadas o dos o tres terrones)
- sin azúcar

el chocolate
- a la francesa (con mucha leche o agua: aguado)
- a la española (con poca leche o agua: espeso)

el pan
- pan francés
- birote o bolillo (usanza mejicana)
- bizcochos
- pan dulce
- pan de huevo
- pan blanco (americano)
- galletas

El Almuerzo

el café

los huevos
- crudos (en el estado natural: sin cocer)
- tibios
- pasados por agua (calentados)
- cocidos blandos
- bien cocidos
- duros, muy duros
- fritos
  - estrellados (fritos enteros en manteca o grasa)

- volteados (fritos a los dos lados)
- revueltos (movidos o meneados mientras se fríen)
- tortilla
  - sencilla
  - con jamón
  - con tomate, cebolla y chile

- el pan
- la mantequilla (en América)
- la carne
  - clases
    - el biftec
    - la chuleta
    - el jamón y el tocino
    - la salchicha o chorizo (carne molida y puesta en tripas)
  - manera de preparar
    - frita
      - a la inglesa (frita muy poco, media cruda)
      - bien frita
    - a la parrilla
    - con huevos

La Comida

Plato de ostras

- las ostras (crudas o cocidas)
- el caldo (sopa sin legumbres)
- la sopa
  - el puchero (con varias legumbres)
  - de queso
  - con arroz o con pasta de macarrones o de fideos
  - de arroz, de macarrones o de fideos (sin líquido)
- la ensalada (como la que se hace de la lechuga con aceite de oliva y vinagre)
- el pescado (frito, asado o guisado)
- el pollo (frito, asado o guisado)

la carne
  de res (de vaca, etc.)
    el rosbif
      bien asado
      poco asado, o sea jugoso
    el guisado (cocido)
    el hígado, los riñones, la lengua, el corazón
  de ternera (carne de becerro o ternero de un año o menos)
  de carnero (del borrego)
  de puerco
  el carácter de la carne
    dura (difícil de masticar)
    tierna (fácil de masticar)
el pan (en Méjico, las tortillas)
  las legumbres (plantas para comer)

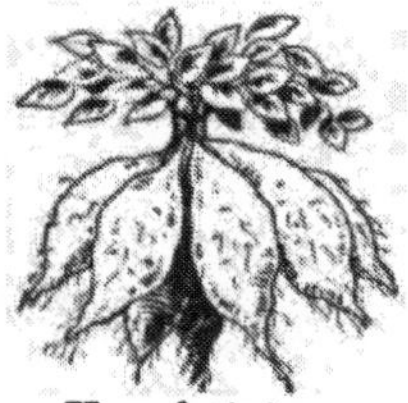

Unas batatas

    la patata (en América, papa)
    la batata (en Cuba, el boniato; en Méjico, el camote o la raíz; parecida a la papa, pero dulce)
    el tomate (en algunas partes de Méjico, jitomate)
    la cebolla (tiene un olor fuerte)
    el ajo (de la misma familia que la cebolla, pero de olor más fuerte)

Una cebolla

Los ajos

La coliflor

    la col (tiene las hojas en forma de cabeza; en algunas partes de Méjico, repollo)
    la coliflor

el espárrago
el guisante o chícharo
la lechuga
el apio

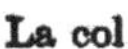

La col El espárrago El apio

el nabo (raíz de color blanco o amarillento)
la remolacha o betabel (raíz de color encarnado, rojo o blanco)
la zanahoria (raíz de color amarillo rojizo o anaranjado)
el rábano (raíz redonda o larga que se come cruda con sal)

Las zanahorias Rábanos redondos Rábanos largos

la acelga y la espinaca (se comen las hojas cocidas)
el elote (maíz tierno cocido)
el pepino (se come en rebanadas con sal y vinagre)
la calabaza (los niños hacen linternas de calabazas la noche del 31 de octubre)

la judía, frijol o habichuela
el ejote (frijol tierno)
el haba (frijol grande y de forma aplanada)
el chile (un pimiento de mucho consumo en Méjico)
el garbanzo (guisante grande de mucho consumo entre los españoles)
el aguacate (para ensalada: fruto de árbol; no se produce en los Estados Unidos)

Chiles o ajíes

las frutas
la manzana (la fruta que, según una antigua tradición, comió Eva en el Paraíso)
la pera (de la familia de la manzana)
el membrillo (de la misma familia) (para jalea)
el durazno (de hueso rugoso o áspero)
la ciruela (de hueso liso)
la cereza (de hueso redondo y liso)
el albaricoque, o chabacano (en Méjico)
} Frutas que tienen hueso por dentro
el limón
la naranja (la flor del naranjo y del limonero es el azahar)
el higo (tiene muchísimas semillas por dentro)
la fresa (de color rojo y de forma cónica, con semillas por fuera)
la zarzamora (pequeña, de color negro)
la frambuesa (pequeña, de color rojo, negro o amarillo)
la uva (del zumo o jugo se hace el vino)
el melón
la sandía
la aceituna u oliva

frutas tropicales
la lima (limón dulce)
plátano o banana
la piña — el coco
el mango — la papaya o melón zapote
la chirimoya — la guanábana
el zapote — la anona y el anón
el mamey — la guayaba

La piña

los postres
el dulce (conserva)
el mantecado (leche o crema endulzada y congelada)
el helado (zumo de fruta endulzado y congelado)
las bebidas
el café, el te, el chocolate, la leche, etc.
agua helada
la limonada y otros refrescos
el vino (tinto, blanco, jerez, oporto, champaña, etc.)
la cerveza (la bebida predilecta de los alemanes)
el coñac, el aguardiente, etc.
el whiskey (escocés, canadiense, americano, etc.)
la sidra (del zumo de la manzana)
el tabaco
el puro o tabaco (rollo de tabaco sin papel)
el cigarro o cigarrillo (rollo de tabaco en papel); se enciende el tabaco con un fósforo o cerilla (cerillo en Méjico)

B. Póngase **por** o **para** donde sea necesario en las siguientes oraciones:

1. Pasaremos .... la calle de la Independencia. 2. Será necesario sujetar al prisionero .... la fuerza. 3. Trabajamos .... comer. 4. Voy a España .... dos años. 5. Mañana saldré .... Méjico. 6. Esta carta es .... el

correo. 7. No hay tiempo hoy; deje Vd. eso .... mañana. 8. Venderá la casa .... muy poco dinero. 9. Los animales andan .... las montañas. 10. El joven estudia .... médico. 11. El cuarto está .... arreglar. 12. .... Navidad saldré .... Europa. 13. El mundo fué hecho ... Dios. 14. Le hablé .... teléfono. 15. Vaya Vd. .... la correspondencia. 16. ¿.... qué calle vino Vd.? 17. .... americano, habla muy bien el español. 18. Ojo .... ojo y diente .... diente. 19. Andaba gritando .... toda la casa. 20. .... ahora dejamos el asunto de *por* y *para*.

C. Complétense las siguientes:

1. Fuera de las ciudades se encuentra el -----. 2. Crían --------- en los ranchos. 3. El ------- es la cría de la vaca. 4. El cordero es la cría de la -----. 5. El ----- es la cría de la yegua. 6. La gallina y el ---- o guajolote son aves de ------. 7. Con ----- de ferrocarril y --------- de importación un tronco de caballos ------ mil quinientos pesos. 8. Los --------- son la parte más fuerte de las guarniciones. 9. Las riendas sirven para ------- el caballo. 10. La silla de montar para mujer se llama ---------. 11. Los estribos sirven para ------ los pies. 12. El ------ es el hombre que monta bien a caballo. 13. El ----- es el amigo más ---- del hombre. 14. El gato ----- a los niños. 15. Se come el queso con ---------. 16. Comemos ----- o ------- con la carne. 17. Las legumbres se plantan en un ------. 18. Las mulas y los bueyes sirven para ----- el arado. 19. ------- significa plantar las semillas. 20. La planta se compone de ----, ----- y -----.

D. En las siguientes oraciones póngase la forma del verbo indicada, siendo *p*. abreviatura de presente; *i*., de imperfecto; *pt*., de pretérito; *pf*., de perfecto; e *im*., de imperativo.

1. ¿Qué (comer, *i*.) Vd. cuando (estar, *i*.) enfermo? — (Comer, *i*.) huevos pasados por agua y pan tostado. 2. ¿Y qué (beber, *i*.) Vd.? — (Beber, *i*.) limonada y agua heladas. 3. ¿Ya (comer, *pf*.) Vds.? — Todavía no (comer, *pf*.); (ir, *p*.) a comer dentro de un momento. 4. ¿(Tomar, *pf*.) Vd. cerveza siempre? — No; antes (tomar, *i*.) vino tinto. 5. ¿Vd. (comer, *p*.) pan con mantequilla? — No; lo (comer, *p*.) sin ella. 6. (Permitir, *im*.) me servirle una copa de vino. — Gracias, no; antes lo (tomar, *i*.) mucho, pero ya no lo (tomar, *p*.) nunca. 7. (Poner, *im*.) la mesa, Carmen, y (avisar, *im*.) me cuando ya esté servida la comida. 8. Carmen, (levantar, *im*.) la mesa y (ayudar, *im*.) le a Lola a lavar la loza. 9. (Hacer, *im*.) Vd. el favor de pasarme el pan. — Con mucho gusto. 10. (Rebanar, *im*.) el pan y (poner, *im*.) las rebanadas en un plato con una servilleta limpia debajo de él. 11. (Servir, *im*.) el café y (poner, *im*.) una cucharada de azúcar en mi taza y dos en la del caballero. 12. (Arreglar, *im*.) la mesa, (servir, *im*.) la comida y (llamar, *im*.) al caballero. 13. (Ir, *im*.) a su casa a bañarse y (volver, *im*.) a tiempo para la cena. 14. (Sentarse, *im*.) Vds., caballeros: Vd., Sr. Martínez, a este lado de mi esposa y Vd., caballero, a mi derecha. 15. Con permiso de Vds. (esto se dice al levantarse de la mesa). — Vd. lo

Sirviendo la mesa

(tener, *p.*). 16. María, (pasar, *im.*) la mantequilla al Sr. Bravo.—Muchas gracias, señora, no (molestarse, *im.*) Vd. —No es molestia alguna, caballero. 17. Carmen, (servir, *im.*)le al caballero un pedazo de carne. 18. ¿Cómo le (gustar, *p.*) el café? — No muy cargado y con bastante leche caliente y dos cucharadas de azúcar. 19. ¿Ya (poner, *pf.*) Vd. la mesa? — Sí, señora; acabo de ponerla. 20. ¿(Tomar, *pf.*) Vd. el café? — Sí; hace una hora lo (tomar, *pt.*).

124. PREGUNTAS

A. 1. ¿De dónde vienen los alimentos? 2. ¿Dónde están las tierras de cultivo? 3. ¿Qué es el ganado? 4. ¿Cuáles son los animales mansos? 5. ¿Cuáles son los animales salvajes? 6. ¿Qué son las reses? 7. ¿Cómo se llaman respectivamente las crías de la oveja, de la yegua, de la vaca y de la gallina? 8. ¿Cuánto vale un buen caballo? 9. ¿Son baratos ó caros aquí los caballos? 10. ¿Qué salario gana el cochero? 11. ¿Cuánto cuesta una buena silla de montar? 12. ¿Para qué nos sirven el gato y el perro? 13. ¿De qué se hace el queso? 14. Mencione Vd. las legumbres más usadas. 15. ¿Cuántas veces al día come Vd.? 16. ¿Qué es un huerto? 17. ¿Cómo se prepara el terreno para la siembra? 18. ¿Cómo se prepara una ensalada? 19. ¿Cuáles son las raíces que comemos? 20. ¿Qué es la lechuga?

B. Para Repaso

1. ¿Con qué se corta el pan, la carne, etc.? 2. ¿Con qué está cubierta la mesa? 3. ¿De qué material son las servilletas? 4. ¿Cuáles son los platos

de loza para la mesa? 5. ¿De qué se compone el desayuno? ¿y el almuerzo? 6. ¿Cuáles son los platos principales de la comida? 7. ¿Cómo toma Vd. el cafe? ¿y el te? ¿y el chocolate? 8. ¿Qué clase de pan le gusta a Vd.? 9. ¿Cómo quiere Vd. los huevos? 10. ¿Le gusta la carne bien asada? 11. ¿Cómo le gusta el biftec? 12. ¿Qué carne hay para la comida? 13. ¿Prefiere Vd. pollo o pescado? ¿Cómo lo guisa-

Juego de ajedres

Una herradura

mos? 14. ¿Cuáles son las legumbres principales? 15. ¿De qué se hace la ensalada? 16. ¿Cuáles son las frutas más comunes? 17. ¿Qué hay de postres? 18. ¿Qué toma Vd., cerveza o vino tinto? 19. ¿Qué fuma Vd., puros o cigarros? 20. ¿Cuáles son las legumbres que tienen un nombre en España y otro en Méjico? 21. ¿Qué hacen el gato, el perro, la vaca y los demás animales que hemos mencionado? 22. De los siguientes juegos, ¿cuál es el predilecto de Vd.: la pelota, el ajedrez, las damas, la baraja, el billar, etc.? 23. ¿Qué hace Vd. cuando su caballo pierde una herradura o la tiene suelta o floja? 24.

Acariciando el gato

¿Qué es bueno hacer cuando los caballos se asustan y corren desbocados? 25. ¿Qué hace el perro con la cola, cuando se le acaricia? (*Verbo*, menear.) ¿Qué hace el gato cuando se le soba? (*Verbo*, hilar.)

LECCIÓN TRIGÉSIMA SEGUNDA

125. CONVERSACIÓN

El cerebro es el órgano de la mente. Se piensa con la mente y lo que se piensa es un pensamiento. No debemos pensar nada malo de otros, ni debemos sospechar nada de ellos sin causa o sin motivo. Debemos evitar la sospecha, los celos, la envidia, la ira y el coraje. Un hombre iracundo, irritado o enojado no sabe lo que hace. Sin embargo, es moralmente responsable por sus actos, porque debe refrenar o gobernar siempre sus pasiones. Es malo dejar que nos dominen nuestras pasiones. Para vivir rectamente es necesario pensar y hacer como se debe. Para vivir así, debemos amar a nuestros semejantes como a nosotros mismos; debemos amar a toda la humanidad. El amor es el afecto que existe entre los individuos. ¿Qué es lo contrario del amor? — El odio es lo contrario del amor. Siento tener que decir que amamos a nuestros amigos y odiamos a nuestros enemigos. Pero debemos amar a nuestros enemigos también. Esto, sin embargo, es muy difícil. Lo más que casi todos nosotros podemos hacer es no hacerles mal. Es malo odiar. Tal vez lo peor del odio es que perjudica, no a la persona odiada, sino a la que odia.

Debemos vivir contentos con nuestra suerte. A un hombre que vive feliz o contento no le importa mucho ser rico o ser pobre. ¿Son las riquezas necesarias para la felicidad? — No, señor; por lo contrario, muchas personas ricas son muy desgraciadas o infelices. Y muchas pobres son muy felices, porque saben hacer uso de su inteligencia para dirigir o regularizar su vida. Las facultades principales de la inteligencia son la percepción, el entendimiento, el juicio, la razón, la imaginación, la voluntad y la memoria. En los tribunales de justicia, el funcionario que preside es el juez. Él decide las causas, de acuerdo con la ley y la evidencia o testimonio de los testigos. Su decisión es el fallo dictado por el tribunal. Para decidir con justicia debe ser un hombre de buen juicio. Las leyes están ordenadas o arregladas en códigos. Hay un código penal y un código civil. Un argumento razonable es aprobado por nuestra razón. Si no es aprobado, se dice que es falso o infundado. Una persona inteligente puede razonar bien. Por medio de la imaginación, uno imagina o forma una imagen mental de las cosas que no ve con sus ojos.

El preso pendiente del fallo del jurado

Los movimientos de los músculos del cuerpo son voluntarios o son involuntarios. El corazón es un músculo involuntario, porque no puede ser movido por un esfuerzo de la voluntad. Por medio de la memoria se puede reproducir una imagen mental de lo que haya existido ya en la mente. Esto se olvida, si no puede formarse tal imagen mental. ¿Ha olvidado Vd. la lección de ayer? — No, señor; la recuerdo perfectamente.

¿Qué es un loco? — Una persona demente o sea una cuyas facultades intelectuales están trastornadas.

Un idiota es una persona de inteligencia débil, cuyas facultades no se han desarrollado normalmente. Un necio es una persona culpablemente ignorante, que no sabe lo que puede y debe saber.

Un hombre de ideas liberales es tolerante. Un buen hombre tiene ideales y aspiraciones elevadas, pero un hombre malo, malvado o perverso tiene deseos bajos o ruines. Descríbase un hombre fuerte. — Hombre fuerte es el que tiene fuerza y desarrollo muscular.

Está bien; y hombre de voluntad fuerte es el que sabe resistir las tentaciones, y tiene energía suficiente para cumplir sus deberes. ¿Qué es un hombre débil? — Hombre físicamente débil es el que tiene pocas fuerzas musculares. Un hombre moralmente débil es uno que fácilmente cede a las tentaciones.

La fuerza y la debilidad son dos atributos, tanto del cuerpo como de la mente. ¿Qué es un hombre vicioso? — Hombre vicioso es el que tiene vicios.

Un hombre vicioso tiene pocas virtudes; un hombre virtuoso es uno que no tiene vicios serios y que procura hacer bien a todos. Las virtudes principales son la honradez, la veracidad, la sinceridad, la caridad, la pureza, la justicia, la energía, la amabilidad y la paciencia. ¿Qué es un hombre honrado? — Uno que tiene sentido elevado del honor personal.

¡Muy bien! Lo contrario de *honradez*, es *falta de honor*. Un hombre que roba, estafa o defrauda no es hombre honrado u hombre de bien; por lo contrario, es malvado. ¿Qué es un hombre veraz? — Uno que no miente ni engaña.

La *verdad* es lo contrario de la *mentira*. La mentira o falsedad es un engaño. La verdad o veracidad es una virtud muy estimada. Uno debe decir siempre la verdad. Un hombre sincero es necesariamente un hombre veraz. Un hombre caritativo ayuda a los que son menos afortunados que él. Un hombre honrado, veraz, sincero, caritativo, justo y enérgico es estimado de todos. Tal hombre ganará amigos en cualquier parte. Creemos lo que es cierto. Creemos a una persona veraz, porque tenemos confianza en ella. ¿Creemos al hombre que miente?—No, seseñor; siempre sospechamos de él. Tememos que nos esté engañando.

¿Qué clase de hombre es el hipócrita? — Él que no es sincero.

Y si le falta energía, se dice de él que es perezoso o flojo. La hipocresía, la falta de caridad, la injusticia y la pereza o flojera son vicios muy comunes.

126. NOTAS

A. El Verbo irregular **querer**

Indicativo

Presente		*Imperfecto*		*Pretérito*	
quiero	queremos	quería	queríamos	quise	quisimos
quiere	quieren	quería	querían	quiso	quisieron

Perfecto		*Futuro*		Condicional	
he querido	hemos querido	querré	querremos	querría	querríamos
ha querido	han querido	querrá	querrán	querría	querrían

Subjuntivo

Presente

quiera	queramos
quiera	quieran

Imperfecto: Primera Forma		*Imperfecto: Segunda Forma*	
quisiera	quisiéramos	quisiese	quisiésemos
quisiera	quisieran	quisiese	quisiesen

B. Verbos irregulares de la Lección

pensar	como *sentar* (86, *C*)	**acordarse**,	como *acostarse* (50, *A*)
tentar	" "	**recordar**	" "
acertar	" "	**suponer**	" *poner* (86, *B*)
enmendar	" "	**soñar**	" *sonar* (102, *A*)
arrepentirse	" *sentirse* (86, *C*)	**atender**	" *entender* (26, *A*)
divertirse	" "	**resolver**	" *volver* (86, *B*)
mentir	" "	**creer**, gerundio *creyendo*, pretérito *creyó*	

C. Vocabulario

voluntad: libre determinación, deseo, propósito, intención.
ordenada: en orden.
juicio: facultad de juzgar.
el gozo: el deleite, el júbilo, la alegría.

agrado: gusto.
admiración: en este caso, sorpresa.
esperanza: confianza de lograr u obtener algo.
el desmayo, vahido o desvanecimiento: privación del sentido.
ley: estatuto establecido por la autoridad; regla de conducta.
fe: confianza, creencia.
prójimo: cualquier hombre respecto de otro, considerados bajo el concepto de los oficios de benevolencia.
procurar: hacer las diligencias para conseguir u obtener lo que se desea.
dar contra: tropezar o encontrarse violentamente con alguna cosa.
admitir pago a plazos: recibir pagos parciales, como tanto por semana o por mes.
trate: subjuntivo de *tratar;* intencionar; después de frases impersonales como *puede ser, es probable, es posible,* etc., se usa el subjuntivo.
dejemos: imperativo de *dejar;* omitir.
dé: presente de subjuntivo de *dar.*
torero: persona que lidia los toros en la plaza.
según: conformemente, con arreglo a.
rebaja: de *rebajar;* disminuir.
sea: subjuntivo de *ser,* después de verbo que expresa duda.
haya: subjuntivo de *haber,* después de verbo que expresa emoción o temor.
portazo: acción de cerrar con violencia la puerta haciendo ruido.
obra: del verbo *obrar;* hacer.
genio: disposición, índole.
almorcé: pretérito de *almorzar;* se cambia la *z* en *c* delante de *e.*

he cambiado de intención: he hecho otro plan.
en vez de: en lugar de.
se casa: contrae matrimonio.
sujeto: individuo o persona.
ala: el ave vuela por el aire sosteniéndose con las *alas.*
¿qué tal?: ¿qué clase?
tiene fama de: es famoso por.
vilmente: con vileza.
embustero: mentiroso, engañador.
chisme: murmuración o cuento que se dice de otra persona no estando ésta presente.
novelista: autor de novela.
tiene ganas: tiene deseos o apetito.
abogado: el que defiende a otro en los tribunales.
novia: mujer que está tratada de casarse.
tener éxito: tener buen resultado.
carrera: profesión a que se dedica.
trastornadas: perturbadas o desordenadas.
ladrón: persona que roba.
deber: substantivo; obligación moral.
haber de: con algún infinitivo expresa lo que sucederá o lo que va a ser. (66, *A.*)

D. Frases Útiles

Sin pensar.

Piensa el ladrón que todos son de su condición.

Supuesto que yo lo tuviera, no se lo daría a Vd.

Para mentir y comer pescado es menester mucho cuidado: *menester,* necesario.

Quien siempre miente nunca engaña.

Quien espera, desespera.

Al espantado la sombra le espanta.

El ruido de los carros me espanta el sueño.

Quien al diablo ha de engañar, de mañana se ha de levantar (126, *C:* sobre *haber de*).

La costumbre hace ley.

Estoy pendiente: estoy esperando.

A medida del deseo: }
A pedir de boca: } las cosas salen como uno quiere.

Voy a llevar el paraguas por si acaso llueve.

Las cosas no se arreglan de por sí: de por sí solas, sin ayuda.

Lo echo de menos: noto la ausencia de una persona o la falta de una cosa.

127. EJERCICIO

A. Repita de memoria:

LA MENTE (Reseña General)
- facultades normales
  - la intuición
  - la inteligencia
  - el sentimiento
  - la voluntad
- las facultades en estado anormal
  - la demencia
  - la enfermedad
- la experiencia
  - la costumbre
  - el hábito
  - el instinto
  - el carácter
- el descanso

LA MENTE (Reseña en Detalle)
- facultades normales
  - la intuición

- la inteligencia: verbo, *saber*
  - la sensación (los sentidos)
    - la vista: verbo, *ver;* órgano, el ojo
    - el olfato: verbo, *oler;* órgano, la nariz
    - el oído: verbo, *oír;* órgano, el oído
    - el sabor: verbos, *saber, gustar;* órganos, el paladar y la lengua
    - el tacto: verbos, *tentar, tocar; sentir;* órgano, el cutis
  - la percepción: verbo, *percibir*
  - el entendimiento: verbos, *entender, comprender*
    - el contenido: la idea
    - la operación: el pensamiento: verbos, *pensar, considerar*
  - la memoria
    - tener presente en la memoria: verbos, *acordarse* o *recordar*
    - perder de la memoria: verbo, *olvidar*
  - la imaginación: verbos, *imaginar, figurarse*
    - ordenada
      - suposición, *suponer*
      - adivinación, *adivinar* o *acertar*
    - desordenada
      - sueños: verbo, *soñar;* los sueños malos se llaman pesadillas
      - ilusión
      - alucinación
      - locura o imaginación de los locos
  - la atención: verbo, *atender*
  - el juicio: verbos, *juzgar, distinguir*
  - la razón: verbos, *raciocinar* o *razonar*
- los sentimientos: verbo, *sentir*
  - las emociones: verbo, *emocionarse*

las emociones: verbo, *emocionarse*

constructoras: verbos	destructoras: verbos
el amor: *amar, querer*	el odio: *odiar*
el cariño: *amar, querer*	la aversión: *contrariar*
la confianza: *confiar*	desconfianza: *desconfiar* sospecha: *sospechar*
amistad: *amar, querer*	enemistad: *odiar*
gozo: *gozar* gusto: *gustar* { *dar* o / *tener* } *gusto*	disgusto: *disgustar*
placer: *complacer*	pena: *tener pena* vergüenza: *avergonzar*
deleite: *deleitar*	contrariedad: *contrariar*
contento: *contentar*	descontento: *descontentar*
agrado: *agradar*	desagrado: *desagradar* enojo: *enojar* rabia: *rabiar* coraje: *tener coraje*
simpatía: *simpatizar*	antipatía: *tener antipatía*
alegría: *alegrar*	tristeza: *entristecer* melancolía: *entristecer*
entusiasmo: *entusiasmar*	frialdad: *entibiar, enfriar*
curiosidad: *curiosear*	indiferencia: *ver con indiferencia*
sorpresa: *sorprender*	indiferencia, estólidez: *estar impasible*
admiración: *admirar*	desprecio: *menospreciar*
esperanza: *esperar*	desesperación: *desesperar*
animación: *animar*	desanimación: *desanimar*
ánimo: *tener ánimo*	desaliento: *desalentar*
comodidad: *estar a gusto*	incomodidad: *incomodar*
serenidad: *serenar*	congoja: *acongojar*
encanto: *encantar*	desencanto: *desencantar*
valor: *tener valor*	miedo: *tener miedo, temer, espantar* susto: *asustar* terror: *aterrorizar* horror: *horrorizar*

los deseos: verbos, *desear, querer, tener ganas de*

la voluntad
la determinación: verbos, *determinar, tener firmeza*
la decisión: verbo, *decidir*
la resolución: verbo, *resolverse*
intento o intención: verbos, *intentar, procurar*
designio: verbo, *designar*
las facultades en estado anormal
las enfermedades permanentes
la demencía, locura: adjetivos, *demente, loco;* verbos, *dementarse, enloquecerse, volverse loco*
la imbecilidad, la estupidez: adjetivos, *imbécil, estúpido*
la tontería: adjetivo, *tonto*
transitorias
delirio: verbo, *delirar*
desmayo: verbo, *desmayarse*
vahido: verbo, *desmayarse*
desvanecimiento: verbo, *desmayarse*
la experiencia
hábito, costumbre: verbos, *habituar, acostumbrarse*
virtudes
el altruísmo: adjetivo, *altruísta*
la caridad: adjetivo, *caritativo*
la generosidad: adjetivo, *generoso*
la verdad: adjetivo, *verdadero*
el honor: adjetivo, *honrado*
la formalidad: adjetivo, *formal*
la fidelidad: adjetivo, *fiel*
la humildad: adjetivo, *humilde*
la energía: adjetivo, *enérgico*
vicios
el egoísmo: adjetivo, *egoísta*
la avaricia: adjetivos, *avaro, avariento*
la envidia: adjetivo, *envidioso:* verbo, *envidiar*

la mentira: adjetivo, *mentiroso:* verbo, *mentir*
el engaño: adjetivo, *engañoso:* verbo, *engañar*
la vileza: adjetivo, *vil*
la obstinación: adjetivo, *obstinado*
el orgullo: adjetivo, *orgulloso* (arrogante)
la pereza, la flojera: adjetivos, *perezoso*, *flojo* (contrario de *enérgico*)
resultado de los vicios
falta (a los deberes para con el prójimo)
pecado (ofensa contra la ley de Dios)
crimen (ofensa grave contra la ley de los hombres)
inocente
culpable
el castigo: verbo, *castigar* (imponer pena al que ha cometido un crimen o una falta)
multa (pago de dinero): verbo, *multar*
encarcelación: verbo, *encarcelar*
muerte judicial (castigo de los asesinos): verbo, *ajusticiar*
instinto
la fe: verbo, *creer* (lo contrario de *la fe* es *la duda:* verbo, *dudar*)
la conciencia: verbo, *picarse* (la conciencia)
carácter
el descanso de la mente
el juego: verbo, *jugar*
la diversión: verbo, *divertirse*

B. Aprenda de memoria:

perder, buscar y hallar

Juan, ¿dónde está Vd.? — Estoy en otro cuarto.
¿Qué está haciendo ahí? — Busco mi diccionario.

¿No lo halla Vd.? — Todavía no.

María, ¿qué hace Juan? — Busca un diccionario.

¿De quién? — El suyo (de él).

¿No lo puede hallar? — Parece que no.

María, hágame Vd. el favor de venir a ayudarme. — No puedo; tengo que acabar este ejercicio.

Vaya a ayudarle a buscar su libro; después le ayudaré a Vd. con su ejercicio. — No se moleste; ya lo he hallado.

¿Dónde estaba? — En el suelo, detrás del piano.

María, ¿halló Vd. el libro? — No, Juan lo halló.

Pedro, ¿qué halló Vd.? — Hallé mi diccionario.

María, ¿fué Vd. a ayudar a Juan a buscar su libro? — No, señor; no fuí.

¿Quién fué? — Nadie.

Juan, ¿quién le ayudó a buscar el libro? — Nadie; estaba yo solo y lo busqué hasta hallarlo

¿Qué hacemos cuando perdemos alguna cosa? — La buscamos.

¿Y si no la hallamos? — Decimos que está perdida.

¿Quién perdió un libro? — Yo.

¿Qué perdió Vd.? — Un diccionario.

¿Dónde lo perdió Vd.? — Lo perdí en el otro cuarto.

¿Qué hizo Vd. cuando lo echó de menos? — Fuí allá a buscarlo.

¿Qué hizo Vd. cuando lo halló? — Volví acá.

C. ¿Cuáles son los contrarios de los verbos siguientes?

ignorar	recordar	amar	desconfiar	gozar
acordarse	confiar	serenar	disgustar	entristecer
odiar	complacer	agradar	acongojar	enojar
desanimar	olvidar	sospechar	dudar	dar gusto
alegrar	desagradar	contrariar	tener valor	contentar
desesperar	sorprender	estar a gusto	animar	entusiasmar
saber	creer	esperar	querer	simpatizar

D. ¿Cuáles de los verbos anteriores son regulares?

E. ¿Cuáles son irregulares sólo en presente?

F. Dé el pretérito de **saber, creer, gozar, suponer, acordar.**

G. Dé el presente de **acertar, entender, tentar, pensar, soñar, atender, querer, divertir, jugar, mentir.**

H. Mencione los contrarios de los substantivos y adjetivos siguientes:

egoísta	**bueno**	**cierto**	**caritativo**	**envidioso**
mentira	**fiel**	**vil**	**humilde**	**engaño**
generoso	**engañoso**	**avaro**	**inocente**	**amor**
odio	**culpable**	**miedo**	**ánimo**	**valor**
alegría	**agrado**	**esperanza**	**tristeza**	**simpatía**
antipatía	**desesperación**	**amistad**	**frialdad**	**enojo**

I. Complétense las siguientes oraciones:

1. ¿Se -------- Vd. de toda la lección de ayer? — No, señor; he olvidado mucho, pero -- volveré a estudiarla. 2. ¿Qué deber tenemos para con el prójimo? — El de ----lo como a nosotros mismos. 3. ¿Vd. re------- la historia de Napoleón? — Sí, señor; la recuerdo muy bien. 4. Supongo que Vds. (aprender, *f.*) a conjugar todos los verbos nuevos. — (Procurar, *f.*) hacerlo. 5. En una caja tengo doce niñas; cada niña tiene su cuarto; todas tienen medias, pero no zapatos; adivine Vd. lo que es. — Un r----. 6. ¿Durmió Vd. bien anoche? — No, señor; tuve una p--------- horrible; (soñar, *pt.*) que caía a un abismo. 7. ¿Se completó el sueño? — No, (despertarse, *pt.*) antes de dar contra las rocas. 8. ¿(Juzgar, *p.*) Vd. conveniente admitir pago a plazos por los terrenos? —

Sí; (parecerse, *p.*) buena idea. 9. ¡(Imaginarse, *im.*) Vd. cómo padecimos con tanto frío! — ¡Ya lo creo! debió haber sido experiencia terrible. 10. ¿Puede ser que el pícaro trate de engañarnos? — No lo (creer, *p.*), pero no por eso dejemos de tomar las precauciones necesarias. 11. ¿A su j----- de Vd. es conveniente que el presidente dé un abrazo en público a un torero? — No, señor; según mi parecer es un acto que rebaja su dignidad. 12. ¿Qué opina Vd. del preso? — (Dudar, *p.*) que sea culpable. 13. ¿Qué siente Vd. cuando está lejos de su familia y no tiene noticias de ella? — Temo que se haya enfermado y me siento muy a----------. 14. ¿Por qué dió Vd. un portazo al entrar? — Porque tengo c------. Estoy muy enojado con mis compañeros. 15. ¿No sabe Vd. que hace mal en manifestar tanto e----? — Sí, señor; bien lo sé, pero a veces pierdo la paciencia; pues tengo el genio muy violento. 16. No (desanimarse, *subj.*) Vd.; con constancia y energía puede vencer las dificultades. — No es tanto el á---- lo que me falta como el dinero. 17. ¿Quiere Vd. comer? — Gracias, no, señor; todavía no tengo g----; hace muy poco que almorcé. 18. ¿Piensa Vd. todavía ir a Cuba para el verano? — No, señor; he cambiado de i---------; en vez de ser a Cuba mi viaje será a España. 19. ¿Se casa Vd. con el Sr. Martínez? — No (resolverse, *pf.*) todavía. Es buen sujeto y rico, pero me parece algo t----. 20. Entonces, si (pensar, *p.*) Vd. así, es mejor no casarse con él. — Así creo yo; el a--- sin respeto es un ángel con una sola ala; no puede subir muy alto ni volar muy lejos. 21. ¿Qué tal amigo es el Sr. García? — Es muy f---. 22. ¿No sabe Vd. que es muy

Hombre acongojado

malo mentir? — Sí, señor; y no (mentir, *p.*) nunca. Me equivoqué, pero no (mentir, *pt.*). 23. ¿Es el burro un animal brioso (con energía)? — No, señor; el burro tiene fama de f---- o p-------. 24. ¿Mintió el dueño del caballo al vendérselo? — Sí; me (engañar, *pt.*) vilmente; es muy em -------. 25. Las mujeres tienen muchas v------- y pocos v-----. ¿Cuál es el v---- que puede llamarse femenino? — El de contar chismes, pero siendo hombre no debo decir eso.

128. PREGUNTAS

A. 1. ¿Cuáles son las facultades de la mente? 2. ¿Bajo qué aspectos consideramos la inteligencia? 3. ¿Qué facultad necesita un novelista? 4. ¿Cuáles son las facultades indispensables en un juez? 5. ¿Qué son sueños? 6. ¿Cuáles son las emociones constructoras? 7. ¿Qué hace Vd. cuando tiene ganas de comer y no tiene dinero en el bolsillo? 8. ¿Qué es un abogado? 9. ¿Qué acaba más pronto con una persona, el trabajo o la congoja? 10. ¿Qué siente un enamorado cuando ve que está su novia con otro hombre? 11. ¿Qué emoción siente uno cuando un conocido le encuentra con malas compañías? 12. Sentimos orgullo por nuestras buenas acciones; ¿qué sentimos por las malas? 13. Según el juicio de Vd., ¿qué cualidad influye más en el éxito de los negocios y de una carrera? 14. ¿Cómo se llama la persona que no sabe nada? ¿y la que no puede saber nada? ¿y la que tiene las facultades trastornadas? 15. ¿Cuál es la diferencia entre una falta, un pecado y un crimen? 16. ¿Qué castigo dan los jueces a los ladrones? 17. ¿Cómo se llaman las personas que no tienen energía? 18. ¿Qué castigo es más severo, una multa o la prisión? 19. Un célebre poeta ha dicho que la conciencia nos hace cobardes a todos; en la opinión de Vd., ¿tiene razón? 20. Qué son la fe, la esperanza y la caridad? y de éstas, ¿cuál es la mayor? 21. ¿Para qué sirven las diversiones? 22. ¿Cuándo le remuerde a uno la conciencia? 23. ¿Cuáles son los deberes de cada uno para con sus semejantes? 24. ¿Cuáles son nuestros deberes para con nosotros mismos? 25. Si cumplimos los deberes para con nosotros mismos y para con los demás, ¿qué nos queda por hacer para tener una vida virtuosa y feliz?

B. Para Repaso

Póngase en las siguientes oraciones el pretérito de los verbos que se encuentran entre paréntesis:

1. ¿(Estar) Vd. en Sevilla el año pasado? — Sí, señor; (estar) allí. 2. ¿Dónde (estar) Vds. anoche? — (Estar) en un baile. 3. ¿(Poder) Vd. venir a la clase ayer? — No, señor; no (poder). 4. ¿(Poder) los discípulos escribir los ejercicios de la lección? — No, señor; no les (ser) posible. 5. ¿(Encontrar) Vd. mi gramática? — Sí, señor; la (encontrar); ¿la necesitaba Vd.? 6. ¿(Tener) Vds. ayer una lección larga? — No, señor; pero anteayer (tener) una bastante larga. 7. ¿(Hacer) Vds. muchas equivocaciones (errores) en la lección de ayer? — Sí, señor; (hacer) muchas. 8. ¿Qué (hacer) Vd. cuando (encontrar) a la señorita en la calle? — (Quitarse) el

sombrero y la (saludar). 9. ¿Quién (poner) la lámpara en la mesa? — Yo la (poner). 10. ¿(Poner) Vds. los ejercicios sobre la silla? — No, señor; los (poner) sobre la mesa. 11. ¿(Llover) anoche?—Sí, señor; mucho; (haber) un aguacero. 12. ¿(Venir) Vd. directamente a la clase? — No, señor; (pasar) antes por la casa de una amiga mía que está enferma. 13. ¿Por qué no (venir) Vd. más temprano? — No (poder), porque (tener) que ir antes a un mandado. 14. ¿(Venir) yo ayer a tiempo a la clase? — Sí, señor; Vd. siempre viene temprano. 15. ¿(Ir) Vd. al teatro anoche? — No, señor; pero (ir) anteanoche. 16. ¿Adónde (ir) Vd. después de salir del teatro?—(Ir) a un restaurán. 17. ¿Cómo (salir) el negocio de las minas?—(Salir) mal, muy mal. 18. ¿(Salir) Vds. juntos del teatro? — No; yo (salir) antes que los demás. 19. ¿No (volver) Vd. más tarde? — No, señor; no (volver). 20. ¿A qué hora (volver) Vds. a casa? — (Volver) a las once. 21. ¿Con quién (hablar) Vd. del asunto (materia) de las minas? — No (hablar) con nadie. 22. ¿(Hablar) los amigos del asunto del robo en el banco? — Sí; y (decir) que (ser) un desfalco grande. 23. ¿Ya (comer) Vds.? — Sí; (comer) hace más de media hora. 24. ¿A qué hora (comer) Vd.?—(Comer) a las doce en punto. 25. ¿(Ver) Vd. a mi amigo en el parque? Sí, señor; lo (ver). 26. ¿(Ver) Vds. la procesión? — Sí; la (ver); (ser) muy bonita. 27. ¿(Oir) Vds. cantar a la gran Calve? — No la (oir) cantar. 28. ¿Quién la (oir)? — Yo la (oir) dos veces; (cantar) divinamente. 29. ¿Qué (decir)

Vd.? — (Decir) que Calve cantaba divinamente. 30. ¿Quién (mover) el estante de libros de donde estaba? — Yo lo (mover). 31. ¿Cuándo (comenzar) Vd. a tomar clases de español? — (Empezar) hace seis semanas. 32. ¿Ya (empezar) la clase? — Sí; hace diez minutos; Vd. (venir) tarde. 33. ¿Quién (escribir) este ejercicio? —Yo lo (escribir). 34. ¿Vd. (recibir) mi mensaje? — Sí; lo (recibir) a las seis de la tarde. 35. ¿En qué silla se (sentar) Vd. ayer? — Me (sentar) en el sillón que está cerca de la ventana. 36. ¿Por qué no (tomar) Vd. la casa de enfrente? —Porque estaba en mal estado y no servía. 37. ¿Se (sentir) Vd. mejor después de tomar la medicina? —Sí, señor; me (sentir) muy aliviado. 38. ¿Se (alegrar) Vd. cuando su enemigo se (enfermar) el año pasado? — No, señor; todo lo contrario; lo (sentir) mucho. 39. ¿A qué hora (levantarse) Vd. ayer? — Me (levantar) a las ocho. 40. ¿A qué hora (acostarse) Vd.? — No me (acostar) hasta la madrugada.

LECCIÓN TRIGÉSIMA TERCIA

129. CONVERSACIÓN

Ya hemos hablado mucho del hombre, de su casa, de su persona, de su ropa y hasta de sus facultades y actividades morales e intelectuales. Nos queda aprender algo sobre sus relaciones domésticas y sociales, industriales y comerciales. La base de la sociedad es la familia. ¿De qué se compone la familia?—La familia inmediata se compone del padre, la madre y los hijos. La palabra *padres* comprende al padre y a la madre de familia, e *hijos*, a los hijos y a las hijas de una familia.

¿Cómo se llaman los hijos varones? — Los hijos varones se llaman hijos y las hembras, hijas.

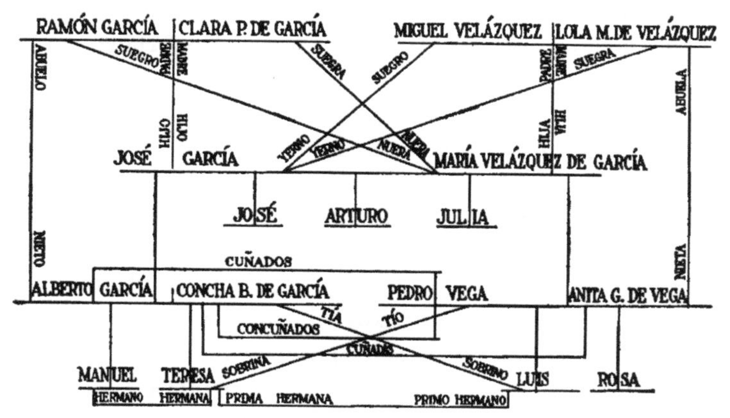

Parentesco entre la familia

Supongámonos una familia imaginaria que se compone de José García y María Velázquez de García. María es la esposa o mujer de José y él es el marido o esposo de ella. La madre de María es la suegra o madre política de José y el padre de María es el suegro o padre político de José. José es el yerno o hijo político de los padres de María; y María es la nuera o hija política de los padres de José. José y María tienen cinco hijos: José, Alberto, Arturo, Anita y Julia. De éstos, José se llama José hijo, para distinguirlo de su padre, que tiene el mismo nombre. Alberto se casa o contrae matrimonio; él y su esposa tienen dos niños, Manuel y Teresa. ¿Qué parentesco existe entre Manuel y Teresa? — Son hermanos.

Alberto es el padre de Manuel y José padre es su abuelo. María es su abuela. Manuel es el nieto de José y de María. Teresa es la nieta de ellos. ¿Qué parentesco existe entre Arturo y Teresa? — Arturo es tío de Teresa y Anita es tía suya, de modo que Teresa es sobrina y Manuel es sobrino de ellos.

Anita se casa y tiene dos hijos, Rosa y Luis. ¿Qué parentesco existe entre Rosa y Teresa? — Rosa es prima hermana de Teresa, y Luis es su primo o primo hermano.

El marido de Anita es cuñado o hermano político de Alberto, y Julia es su cuñada o hermana política. Todas estas personas, en sus relaciones de familia, se llaman *parientes*. Deben vivir en perfecta paz y harmonía.

La *paz* es lo contrario de la *guerra*. Las naciones en estado de guerra son enemigas. Una guerra entre naciones es generalmente precedida por una declaración formal, que se llama declaración de guerra. Entonces comienzan las hostilidades y las naciones movilizan o preparan sus tropas o soldados para la guerra. Una batalla es sólo un incidente de una guerra. ¿Cuál fué la batalla más desastrosa para Napoleón? — La batalla de Waterlóo.

En esa batalla, el general Wéllington salió victorioso. Fué para él una gran victoria, pero para Napoleón fué el fin de su carrera, eso es, fué el incidente final de su carrera. Ésta fué una de las batallas más importantes y decisivas de la historia del mundo, porque terminó con el poder de Napoleón y evitó la conquista probable de toda la Europa por Francia. Finalmente, Napoleón fué vencido, desterrado y deportado a la isla de santa Elena, donde murió después de algún tiempo. ¿Cómo terminan las guerras? — Las guerras terminan generalmente con un tratado de paz.

¡Basta de guerras! Hablemos de otras cosas.

¿Está abierta la puerta?—No, señor; está cerrada, pero la ventana está abierta y entra mucho aire.

Señorita, ¿le molesta el aire? ¿tiene Vd. frío? — Algo, sí, señor.

Señor Moore, sírvase Vd. cerrar la ventana que está detrás de la señorita y abra la del otro lado de la clase. — Con mucho gusto.

Las ventanas son de cristal o de vidrio. En las casas de ciertos países, en lugar de ventanas, hay vidrieras, que son puertas de vidrios. Estas vidrieras se abren hasta el suelo, de la misma manera que una puerta. ¿Está abierta la ventana detrás de Vds.? — No, señor; está cerrada; el señor Moore la cerró.

¿Quién abrió la puerta? — Yo la abrí.

¿Cuándo? — Hace poco.

¿Por qué? — Porque el aire del cuarto estaba muy pesado.

Hizo Vd. bien. El aire impuro es muy perjudicial para la salud. Pero está mal iluminada la sala; Señor Moore, apague Vd. la luz del foco de la pared y encienda la otra luz de arriba. Gracias, ahora está mejor; pero todavía falta luz para la mesa. Allí en el otro cuarto sobre la mesita del rincón hay una lámpara; tráigamela Vd., Señor Stein. — Con mucho gusto. Aquí está la lámpara.

Gracias. ¿Qué hace Vd.? — Le traigo la lámpara.

¿Qué lámpara me ha traído el señor Stein? — La que estaba en la mesita del otro cuarto.

¿Qué trajeron Vds. a la clase? — Trajimos nuestros libros.

Señorita Villaverde, ¿qué más trajo Vd.? — Traje un recado de mi padre para Vd., pero me olvidé de dárselo. Aquí está; perdóneme Vd. mi falta de memoria.

Vd. se olvidó de entregármelo porque estaba muy ocupada con sus lecciones; por lo tanto no hay necesidad de disculpa alguna. Con permiso de Vds., voy a leer lo que dice el recado o, mejor dicho, la esquela, puesto que un recado es generalmente un mensaje verbal.

"Córdoba, 25 de junio de 1914.

"Prof. Enrique Mora.

"Muy señor mío y amigo:

"Como mañana será día libre para María, quiero llevarla conmigo a pasar el día con una familia amiga nuestra, que vive en el campo y, como los jóvenes tienen mucho gusto en conservar recuerdos de estas reuniones, me atrevo a pedirle a Vd. como favor se sirva prestarme su cámara fotográfica, para sacar unas vistas y retratos de ellos.

"Dándole anticipadas gracias por tan grato servicio, con renovadas expresiones de la estimación en que le tengo y, poniéndome de nuevo a sus órdenes, quedo de Vd. como siempre,

"S. S. S. y fiel amigo

"Federico Villaverde."

Está bien, señorita; hágame Vd. el favor de llamar a Manuel. — Aquí estoy, señor; ¿me necesita Vd.? Sí; vaya a mi casa y diga a mi esposa que me haga el favor de mandarme mi cámara fotográfica.—Muy bien, señor.

Cámara fotográfica

Hay muchas palabras que no entendemos.—Es muy probable. Voy a explicar algunas de las más difíciles. Cuando una persona quiere comunicar con otra que está a alguna distancia, se sirve de uno de tres modos: si urge mucho el asunto y hay muy poco tiempo, se emplea el telégrafo o el teléfono; si es mucho lo que hay que decir y no urge mucho el tiempo, se escribe; si es larga la comunicación, se llama carta, si es corta y entregada por manos de otra persona, se llama esquela. ¿Por dónde se meten las cartas? — Por el buzón del correo. El buzón es un agujero por donde se echan las cartas en el correo.

Entregando un paquete

El cartero es el empleado del correo que entrega las cartas, etc. Se escriben las cartas en pliegos de papel; éstos se doblan y se ponen en sobres. En el sobre se escribe la dirección de la persona a quien se escribe la carta. Para pagar el transporte se pone un sello o timbre, o una estampilla, como se llama en Méjico.

¿Me trajo una carta la señorita? — No, señor; le trajo una esquela.

Y por poco se olvidaba de entregármela. Lo que sirve para ayudar a la memoria a acordarse de personas o escenas es un recuerdo. Un retrato o fotografía sirve para traer a la memoria los amigos ausentes y escenas pasadas. ¿Se acuerdan Vds. de algún día pasado alegremente con sus amigos en el campo, lejos de las molestias de la ciudad? — No de un día, sino de muchos días; recuerdo muchas de esas reuniones y conservo muchos retratos en grupos de mis amigos.

Nos queda una frase más que explicar. *Atreverse* generalmente significa tener el valor suficiente para una acción. *Me atrevo a pedirle un favor* significa que me permito pedirle o rogarle que me haga un favor. Aquí viene Manuel de vuelta. ¿Trae Vd. la cámara Manuel? — Sí, señor; aquí se la traigo.

María, al terminar la lección, lleve Vd. la cámara a su padre y dígale que se la presto con mucho gusto y que venga a mi casa pasado mañana y le ayudaré a revelar las películas; entonces para el lunes estarán secas y podemos imprimir las fotografías. — No entiendo la palabra *seca.*

Tráigame Vd. el diccionario; ya es tiempo que Vds. aprendan la manera de usarlo. Busque Vd., bajo la letra *s*, la palabra *seco.* ¿La encuentra Vd.? — Sí, señor; pero hay muchas definiciones.

No importa; lea Vd. la primera en voz alta, para que le oigan los demás. ¿Qué dice el diccionario sobre *seco*? — "*Seco:* que carece de jugo o humedad." Voy a buscar *carecer*. Aquí está: "*carecer:* tener falta de alguna cosa." Entonces *seco* significa tener falta de humedad.

Ésta es la manera de estudiar con un diccionario español para tener práctica de pensar en este idioma y no en inglés.

130. NOTAS

A. El Verbo irregular **pedir**

Indicativo

Presente		*Pretérito*	
pido	**pedimos**	**pedí**	**pedimos**
pide	**piden**	**pidió**	**pidieron**

Subjuntivo

Presente

pida	**pidamos**
pida	**pidan**

Imperfecto: Primera Forma		*Imperfecto: Segunda Forma*	
pidiera	**pidiéramos**	**pidiese**	**pidiésemos**
pidiera	**pidieran**	**pidiese**	**pidiesen**

Nota: Son regulares los otros tiempos, a excepción del gerundio, *pidiendo*, y el imperativo del tratamiento informal, *pide*.

B. El Verbo irregular **traer**

Indicativo

Presente		*Pretérito*	
traigo	**traemos**	**traje**	**trajimos**
trae	**traen**	**trajo**	**trajeron**

SUBJUNTIVO

Presente

traiga	traigamos
traiga	traigan

Imperfecto: Primera Forma		*Imperfecto: Segunda Forma*	
trajera	trajéramos	trajese	trajésemos
trajera	trajeran	trajese	trajesen

NOTA: Son regulares los otros tiempos.

C. VOCABULARIO

basta: es suficiente.
aire pesado: aire malo, ya respirado.
entregárselo: dar al profesor (*se*) el recado (*lo*).
por lo tanto: por esta razón, por eso o por esto.
disculpa: excusa.
sacar: tomar.
retratos: pinturas o fotografías de personas.
dándole: gerundio de *dar* y el pronombre *le* (al profesor).
anticipadas gracias: gracias antes de recibir el favor.
grato: estimado.
poniéndome: gerundio de *poner* y el pronombre *me*.
renovadas: repetidas.
de nuevo: nuevamente, otra vez.
quedo: de *quedar;* permanecer.
s. s. s. y fiel amigo: su seguro servidor y amigo constante.
se sirve de: se emplea o se usa.
empleado: persona en el servicio del gobierno, de una corporación o de un particular.
revelar la negativa: hacer aparecer la imagen en la película (de celuloide) o en la placa (de cristal).
imprimir: hacer de la negativa las fotografías en papel.
caber: poder contenerse una cosa dentro de otra (véase 179).

caer en gracia: parecer gracioso, chistoso o jocoso.
borracho: ebrio, que ha bebido demasiado.
cuidado de no caerse: poner precaución para no caerse.
componga: de *componer,* subjuntivo después de *para que.*
dar la vuelta: cambiar la dirección.
volvamos: imperativo de *volver;* retornar.
enfríe: de *enfriar;* hacer frío; subjuntivo después de *dejar que.*

D. Frases útiles

Dé la vuelta.
Me cae en gracia.
Al buen entendedor pocas palabras bastan.
Quien presta al amigo, cobra un enemigo.
¿Qué aires le traen a Vd. acá?
¿Cuánto me cobra Vd. por revelar estas películas?
¿Cuándo he de volver por ellas?
¿No puede Vd. mandármelas al hotel?
¡Cuidado de no caerse!
Pierda Vd. cuidado: } significan que está bien, que no
No hay cuidado: } hay necesidad de tener cuidado.
Déjelo que se enfríe un poco.
¿Es el señor .... pariente suyo?
¿Está listo el desayuno?: ¿está servido?
Tráigamelo pronto.
Aquí está mi equipaje; llévelo a la estación.

Una maleta

Aquí está una esquela; entréguesela al señor .... en persona.

El baúl

Váya al correo y tráigame la correspondencia.
No encuentro mi paraguas; búsquemelo en mi cuarto y en mi despacho.

131. EJERCICIO

A. Apréndase de memoria:

prestar, pedir prestado y devolver

¿Quién tiene un lápiz? — Yo no tengo ninguno.

María tiene dos lápices, pídale que le preste uno. — María, hága Vd. el favor de prestarme un lápiz. Se lo devolveré dentro de un rato. — Con mucho gusto.

Juan, ¿qué hace Vd.? — Estoy pidiendo prestado un lápiz.

¿A quién se lo pide Vd.? — A María.

María, ¿qué hace Juan? — Me pide prestado un lápiz.

¿Qué hace Vd.? — Presto un lápiz.

¿A quién? — A Juan.

Juan, ¿tiene Vd. ahora un lápiz? — Sí, señor.

¿De quién es el que tiene Vd.? — Es de María.

¿Se lo regaló ella? — No, señor; me lo prestó.

¿Quién prestó el lápiz? — María lo prestó.

¿Quién lo pidió prestado? — Yo lo pedí prestado.

Juan, ¿le hace falta el lápiz de María ahora? — No, señor; no me hace falta ya.

Devuélvaselo.—Señorita, muchas gracias; le devuelvo su lápiz. — No hay de qué.

Me hace falta dinero; ¿quién me presta un duro? — Yo, con mucho gusto.

Gracias. María, ¿cuánto dinero tengo en la mano? — Un duro.

¿Cómo lo conseguí? — Se lo pidió Vd. prestado a Juan.

Dinero prestado es un préstamo; ¿qué es ese duro? — Un préstamo.

¿De quién? — De mí.

Muchas gracias; lo devuelvo. — No hay de qué.

B. Apréndase de memoria:

traer y llevar

María, ¿qué hace Vd.? — No estoy haciendo nada.

¿Qué hace Juan? — Está estudiando su lección.

¿Por qué no estudia Vd. su lección? — Porque ya la sé.

¿Cuándo la aprendió Vd.? — La aprendí anoche.

Yo también debo estudiar, pero no tengo libro; tenga la bondad de prestarme una historia. — No tengo ninguna aquí o gustosa se la prestaría.

¿Dónde está la suya? — Está en el otro cuarto, sobre la mesa.

Se la traeré; de todas maneras tengo que ir por la mía y paso por allí. — Gracias; entonces tráigame a la vez mi diccionario.

(Vuelve con los libros.) Aquí están sus libros, Pedro. — Gracias, María; ¿qué hace Vd.? — Le traigo sus libros.

¿Quién me trae mis libros? — María se los trae.

¿Qué me trae? — Los libros.

¿Dónde estaban? — En el otro cuarto.

¿Quién me los trajo? — Se los traje yo.

Juan, ¿trajo Vd. su geometría hoy? — No, señor; no la traje, porque aprendí mi lección en casa.

¿Qué traemos a la escuela? — Traemos nuestros libros.

¿Los trajimos ayer? — No, señor; ayer fué día de fiesta y no hubo clase.

Juan, aquí está la gramática de María; llévesela. — Con mucho gusto; María, aquí está su gramática; Pedro se la envía. — Gracias.

Juan, ¿qué lleva Vd. a María? — Le llevo su gramática.

María, ¿quién le lleva la gramática? — Juan me la trae.

Juan, ¿le llevó Vd. su libro de Vd.? — No, señor; le llevé su libro de ella.

María, ¿qué le llevó Juan a Vd.? — Me trajo un libro.

¿El libro de quién? — El mío.

¿A quién le llevó el libro? — Me lo trajo a mí.

C. Úsense los verbos en los tiempos indicados y llénense los espacios con los mismos verbos.

1. ¿Quién (abrir, *pt.*) la ventana? — Yo la ..... 2. ¿Está abiert – la ventana? — No, señor; está ..... 3. ¿Quién (cerrar, *pt.*) la puerta? — Yo la ..... 4. ¿Qué (hacer, *pt.*) Manuel? — Manuel (traer, *pt.*) la cámara fotográfica. 5. ¿Quién (traer, *pt.*) la esquela al profesor? — María la ..... 6. ¿Quién (olvidarse, *pt.*) de entregar la esquela? — María .... de entregarla. 7. ¿(Olvidarse, *pt.*) Vd. de traer sus ejercicios? — No, señor; no .... de traerlos. 8. (Recordar, *p.*) Vd. cómo se llama el padre de María? — Sí; lo ....; se llama Federico. 9. ¿Me (ayudar, *f.*) Vd. a revelar una película mañana y a imprimir las fotografías? — Con gusto lo (hacer, *f.*). 10. ¿Qué (escribir, *pt.*) Vd. en el sobre? — .... la dirección. 11. ¿A quién (entregar, *pt.*) Vd. la carta? — La entreg – – a don Antonio. 12. ¿(Entregar, *pf.*) Vd. todas las cartas? — Sí, señor; las (entregar, *pf.*). 13. ¿Cuántas cartas (escribir, *pf.*) Vd. hoy? — Hoy no (escribir, *pf.*) más que dos, pero ayer (escribir, *pt.*) cinco. 14. ¿(Traer, *pf.*) Vds. los ejercicios escritos? — Sí, señor; los (traer, *pf.*). 15. ¿(Llevar, *pf.*) Vd. la ropa a la lavandería? — Sí, señor; la (llevar, *pf.*); (estar, *f.*) lista para el sábado, sin falta. 16. (Traer, *im.*)me una taza de café y dos huevos fritos. 17. (Llevar, *im.*) Vd. esta carta al correo y pida mi correspondencia. 18. (Buscar, *im.*) Vd. el botón de mi americana que cayó en el suelo de mi cuarto. 19. Aquí está el libro que quiere mi esposa; (llevar, *im.*) (pronombre de la persona) (pronombre de la cosa). 20. El Sr. Velázquez (vivir, *p.*) muy lejos; quiere la cámara, pero para llevar (pronombre)(pronombre) se necesita tomar un coche.

132. PREGUNTAS

A. 1. ¿Quién pidió prestada la cámara? 2. ¿Hay bastante luz en la sala? 3. ¿Quién apagó la luz del foco de la pared y encendió la luz de arriba? 4. ¿Por qué abrió el señor Stein la puerta? 5. ¿Por qué se olvidó la señorita de entregar la esquela? 6. ¿Dónde estaba la lámpara de petróleo? 7. ¿Qué hace Vd. con las películas después de sacar los retratos? 8. ¿Cómo se comunica con las personas que están en otras poblaciones? 9. ¿Se acuerda Vd. de los nombres de todos sus conocidos? 10. ¿En qué se escriben las cartas? 11. ¿Quién entrega la correspondencia? 12. ¿Cuál es más rápido, el telégrafo o el correo? 13. ¿Qué se escribe en el sobre? 14. ¿Con qué se paga el importe del franqueo de una carta? 15. Una vez escrita, dirigida y timbrada la carta, ¿en dónde la depositamos? 16. Cuando ya está seca la película, ¿qué hacemos? 17. ¿Qué buscamos en el diccionario? 18. Encontré un billete de cinco duros tirado en el suelo, ¿quién lo perdió? 19. ¿Está seca la calle después de haber llovido? 20. ¿Qué se dice de un hombre que carece de fondos?

B. Para Repaso

Póngase la forma apropiada del verbo indicado:

1. ¿(Saber, *pt.*) Vd. cuándo (caerse, *pt.*) el niño? —No, señor; no (saber). 2. ¿(Saber, *pt.*) Vds. sus lecciones ayer?—No, señor; no las (saber). 3. ¿Qué (pedir, *pt.*) el Sr. Villaverde? — (Pedir) prestada la cámara fotográfica. 4. ¿Por qué (reirse, *pt.*) Vd.

cuando (hablar, *i.*) el Sr. Pérez? — (Reirse, *pt.*) porque me (caer, *pt.*) en gracia lo que (decir, *i.*) 5. ¿Vd. (sentir, *pt.*) mucho dolor cuando el dentista le (arrancar, *pt.*) la muela? — No, señor; gracias al anestésico no (sentir, *pt.*) nada. 6. ¿Cómo (andar, *pt.*) Vd. después? — (Andar, *pt.*) como un borracho. 7. ¿(Dormir, *pt.*) Vd. bien anoche? — No, no (dormir, *pt.*) casi nada. 8. ¡Cuidado de no caerse! — Pierda Vd. cuidado, yo no (caerse, p.) nunca. 9. El coche ya está lleno; yo no (caber, *p.*) — Sí, señor; Vd. cabe muy bien, (subir, *im.*) Vd. 10. ¿En dónde (leer, *pt.*) Vd. eso? — Lo (leer, *pt.*) en el periódico de hoy. 11. ¿Vd. (creer, *pt.*) lo que (decir, *pt.*) mis enemigos? — No, señor; no lo (creer, *pt.*) 12. ¿A qué hora (vestirse, *pt.*) Vd.? — Me (vestir, *pt.*) a las seis. 13. ¿Cuándo (morir, *pt.*) el Sr. Rodríguez? — (Morir, *pt.*) hace ocho días. 14. ¿Quién (servir, *pt.*) la mesa? — María y yo la (servir, *pt.*) 15. ¿(Vestirse, *p.*) Vd. sola? — No; Antonia me (ayudar, *p.*) 16. ¿De qué enfermedad (morir, *pt.*) los niños? — (Morir, *pt.*) de difteria. 17. ¿Dónde está Juan? — Está (dormir, *gerundio*) la siesta. 18. ¿Qué está (hacer, *g.*) Dora? — Está (vestirse, *g.*) 19. ¿Les gustó el circo a las muchachas? — Sí; (reirse, *pt.*) mucho. 20. ¿Le gusta el clima de aquí? — No; estoy (morir, *g.*) de calor.

C. Para Repaso

Póngase la forma indicada del verbo en las siguientes:

1. ¿Qué (traer, *pt.*) Vds. a la clase? — (Traer, *pt.*) nuestros libros. 2. ¿Quién me (traer, *pt.*) la cá-

mara? — Manuel se la (traer, *pt.*) 3. Manuel, ¿qué me (traer, *pt.*) Vd.? — Le (traer, *pt.*) la cámara. 4. (Traer, *im.*)me el pantalón y la levita que están en mi cuarto. 5. (Llevar, *im.*) este traje al sastre y (decir, *im.*)le que lo (querer, *p.*) para esta tarde. 6. (Llevar, *im.*) estos zapatos al zapatero para que los componga.— ¿Para cuándo los (querer, *p.*) Vd.? — Para las seis. 7. (Dar, *im.*) le su almuerzo al mozo. 8. (Abrir, *im.*) Vd. mi baúl y (sacar, *im.*) mi vestido azul y (poner, *im.*) lo a asolear. 9. (Llevar, *im.*)me pronto al telégrafo y después al correo. 10. (Dar, *im.*) la vuelta y volvamos al hotel. 11. (Pagar, *im.*) al mozo y vámonos al teatro. 12. (Ir, *im.*) Vd. por mi ropa y (decir, *im.*)le a la lavandera que la necesito inmediatamente. 13. (Andar, *im.*), que tengo mucha prisa. 14. (Subir, *im.*) mi equipaje al cuarto número 20. 15. Me (ir, *p.*) en el tren de las 10; (bajar, *im.*) mi equipaje. 16. (Calentar, *im.*)me esta leche, que está fría. 17. (Lavar, *im.*) bien la ropa con jabón de buena clase, (enjuagar, *im.*)la muy bien para quitar todo el jabón y (poner, *im.*) muy poco azul. 18. (Planchar, *im.*) con lustre los cuellos y puños del señor y tenga mucho cuidado con las piezas delicadas; no les (poner, *im.*) mucho almidón, porque las quiere blandas. 19. (Traer, *im.*)lo todo para el sábado por la noche. — No (poder, *p.*), señora. — Entonces (traer, *im.*)me estas piezas el sábado por la noche y lo demás el domingo por la mañana. — 20. (Dejar, *im.*) que se enfríe un tanto la sopa; está muy caliente y me quema la boca.

LECCIÓN TRIGÉSIMA CUARTA

133. CONVERSACIÓN

Las operaciones mercantiles se hacen por medio del dinero. El dinero mejicano, al presente, vale .49½; esto quiere decir que un peso mejicano vale 49½ centavos de dinero americano, o que un dólar americano vale 2.02 pesos mejicanos. El tipo de cambio es 1.02. ¿Cuánto cuesta actualmente en Méjico un giro por 100.00 pesos oro americano, contra un banco de Nueva York? — Cuesta 202.00 pesos plata.

También se puede mandar dinero por giro postal internacional, o por telégrafo. ¿Cuál es, al presente, el tipo de interés sobre préstamos en los bancos? — Con pagaré por seis meses, firmado por fiadores responsables del comercio, el banco cobra interés a razón del 6 por ciento al año. Con el pago garantizado por hipoteca sobre bienes raíces (casas y terrenos) se puede conseguir dinero prestado a razón de 5 por ciento.

Un pagaré es una obligación de pagar cierta cantidad de dinero en una fecha determinada; esta fecha es la del día del vencimiento del pagaré. La palabra *pagaré* es el futuro del verbo *pagar*. Para facilitar las operaciones mercantiles hay un sistema de crédito; se venden mercancías con plazo de uno o dos meses. Generalmente uno puede conseguir un descuento pagando al contado, esto es, en efectivo. ¿A quién compra el comerciante sus efectos (mercancías)? — Los compra al fabricante o al importador.

Lo contrario de *comprar* es *vender;* en toda operación la persona que vende recibe dinero de la persona que compra. ¿A quién vende el comerciante? — Vende a sus clientes o parroquianos.

¿Quién vende las frutas? — El frutero y el comisionista las venden.

El comisionista vende al por mayor o en grandes cantidades, mientras que el frutero vende al por menor o al menudeo. ¿Quién manda las consignaciones de frutas al comisionista? — El hortelano o agricultor que tiene una huerta.

El comisionista vende las consignaciones por cuenta del hortelano y, de la cantidad bruta recibida, descuenta su comisión, que se calcula al tanto por ciento convenido con el dueño de los productos vendidos, a quien manda la suma neta que le corresponda. El comisionista, como todo comerciante, lleva sus libros en los que se apuntan las operaciones en las cuentas, bajo sus títulos respectivos. ¿Cuáles son estos libros? — Son el borrador, el libro de caja y el libro mayor.

El comerciante tiene sus favorecedores que le compran sus efectos o mercancías. Algunos pagan al contado, otros a un plazo de uno o dos meses o más, según las condiciones de la venta. ¿Es buen sistema vender a crédito, o fiar en el negocio? — No, señor; es mucho mejor vender al contado.

A los comerciantes les pagan las mercancías con dinero, con cheque de banco o con pagaré. Si está distante del comprador o cliente éste le paga con un giro. Como hemos visto, hay giros postales, giros por telégrafo y giros o letras de cambio de los bancos contra sus corresponsales en otras partes. *Hacer efectivo* significa convertir en dinero. Para hacer efectiva una letra es preciso llevarla al banco para que la acepte. Los cheques se firman o endosan para hacerlos efectivos. ¿Qué hacen los banqueros cuando no se pagan las obligaciones vencidas?—Las protestan.

Cuando el comerciante compra efectos a las fábricas, éstas se los mandan o envían por exprés, tren de carga o, si es por mar, en un buque de vela o en un vapor. ¿Quién paga el flete? — El comerciante, como también los derechos de importación, al pasar la aduana.

¿Qué es la aduana? — Es la oficina o despacho que tiene el gobierno en los puertos y en varios puntos de la frontera para vigilar las importaciones y exportaciones y para cobrar los derechos.

¿Qué es un buque de vela?—Es una embarcación que aprovecha con cualquier aparejo la fuerza del viento.

En un vapor, la fuerza motriz la suministra una máquina que va dentro del buque y funciona con vapor producido en calderas. ¿De qué son hechas las calderas? — De hierro o de acero.

¿Qué sucede si hay demasiada presión de vapor en las calderas? — Se revientan o se hacen pedazos.

¿Cuánto cuesta un billete de primera clase de Nueva York a Líverpool? — Eso depende del vapor en que uno hace el viaje. De Nueva York a Méjico, ¿prefiere Vd. hacer el viaje en vapor o por tren? — Me gusta más el viaje por mar a Veracruz y desde allí por tren a Méjico, pero, si tuviera prisa, me iría por tren, porque se tarda menos por tierra; sin embargo, es menos molesto el viaje por mar, si uno no se marea.

Acabemos con el asunto de la importación de efectos extranjeros. Con la carta de aviso del empaque y envío de las mercancías, el comerciante recibe el conocimiento con el cual puede reclamarlas a su llegada. Al entregarlas al comerciante, el agente del ferrocarril o del vapor exige un recibo. ¿Qué es la factura? — La factura es la nota o lista de las mercancías con sus precios correspondientes.

¿Qué es una cuenta? — Es la nota de las varias compras y pagos de un solo cliente, como aparece en el libro mayor del comerciante.

¿Cuál es el saldo? — Lo que tiene que pagar el cliente para saldar o liquidar la cuenta. Es lo que él debe al comerciante.

¿Quién lleva los libros de una casa mercantil? — El tenedor de libros.

¿Y cómo se llama el agente en otra población? — Corresponsal.

La mayor parte de las cartas se escriben con máquina de escribir. ¿Le gusta a Vd. recibir cartas? —

Mucho más que escribirlas; soy muy perezoso para escribir.

El establecimiento de un comerciante se llama tienda; si es grande, almacén. Detrás del mostrador están los dependientes que ayudan al comerciante en la venta de los efectos. Los dependientes deben ser muy atentos con los clientes y no perder la paciencia, por exigentes que sean éstos. Por ejemplo, el señor Stein es un cliente y yo un dependiente en una tienda de ropa o tienda en que se venden géneros de varias clases, materiales y colores, para hacer vestidos, tanto de hombre como de mujer. Señor Stein, estoy a sus órdenes. — ¿Tiene Vd. un casimir de buena clase para traje de hombre?

Sí, señor; ¿de qué color lo desea Vd.? — De color café.

Aquí hay una tela inglesa que es muy fina. — No me gusta; es de cuadros; la quiero listada (con rayas o listas verticales).

Entonces ésta será de su agrado. — Es mejor; ¿cuánto vale este género?

Vale ocho pesos el metro, pero voy a hacerle un precio especial de siete pesos. — Es muy caro.

Por lo contrario, caballero; es realmente barato. ¿No ve Vd. que es de doble ancho? — Sí; pero, para el precio, es muy corriente; debe Vd. rebajar el precio todavía más.

No se puede; pero aquí tengo un género más fino que puedo ofrecerle por el mismo precio, por ser el único corte que nos queda. — No me gusta regatear (disputar sobre el precio), pero todavía es caro. Dígame, de una vez, el precio más bajo.

Yo no puedo vendérselo en menos, pero voy a hablar con el jefe (principal) . . . El jefe dice que el último precio en que se le puede vender este género es a seis pesos y medio el metro y esto no más que para demostrarle nuestra buena voluntad; le aseguro que estamos perdiendo dinero en esta venta. — Está bien; lo tomo. ¿Cuántos metros tiene el corte?

Cuatro. El importe de la compra es de veintiséis pesos. ¿Nada más, caballero? ¿No se le ofrece otra cosa? — No, señor; gracias. Aquí tiene Vd. treinta pesos.

Muy bien. Son cuatro pesos de vuelta. Muchas gracias. — Profesor, ¿venden artículos de mujer y de hombre en la misma tienda?

Sí, señorita; la mayor parte de los hombres en los países latinos compran la tela y la llevan a un sastre para que éste les haga un traje a la medida. La ropa hecha paga muy fuertes derechos de importación y sale muy cara; además de esto, el género de lana fina importado de Inglaterra es más barato que en los Estados Unidos. ¿Es más caro el flete (transporte) de Inglaterra a Méjico o a los Estados Unidos? — Creo que es igual, poco más o menos.

La diferencia del precio consiste en los derechos elevados que rigen en los Estados Unidos. — Es la verdad.

María, ¿a qué hora sale el tren para Méjico? — Debe salir dentro de cinco minutos, pero anda atrasado por la mucha lluvia de estos últimos días, la que ha ocasionado el mal estado de la vía; hubo un descarrilamiento y por esto el tren todavía no ha llegado; llegará con una hora de retraso.

Tanto mejor; así tendré tiempo para almorzar; ¿no hay una fonda buena cerca? — Sí; precisamente al otro lado de la calle hay una cuya dueña es muy limpia y guisa muy bien.

Gracias. Antes tengo que facturar mi equipaje. — Un cargador puede arreglar todo esto mientras Vd. almuerza. Allí está uno, el número 17, que es de toda confianza.

Una pregunta, profesor, si Vd. me lo permite. — La que Vd. guste.

Gracias. Quisiera saber qué hace uno al bajarse del tren en la estación de Méjico. — Se llama a un cargador, tomando nota del número que lleva en una placa de metal colgada del cuello, se entrega el equipaje de mano, diciéndole: "Busque Vd. un coche, mejor una carretela abierta, de bandera azul." Los coches en Méjico llevan en el pescante (el asiento del cochero) una pequeña bandera azul o roja, según la clase; azul es el color de los coches de primera clase, los de segunda llevan bandera colorada. Cuando la bandera está puesta, significa que el coche está para alquilar y cuando no lo está, significa que el coche está ocupado. La tarifa es un peso por hora en los coches de bandera azul y setenta y cinco centavos en los de bandera colorada, más la propina de unos diez o doce centavos para el cochero. Éstos son los precios en días ordinarios; los domingos y días festivos la tarifa es más elevada. Siempre se cuenta cualquiera fracción como media hora; por ejemplo: una hora y cinco minutos se cuenta como hora y media. Al tomar el coche le dice uno al cochero:

"¿Cuánto por hora?" — "Un peso, señor."

"Son las dos y media; lléveme al hotel Iturbide." — "Sí, señor."

Entonces el cargador subirá al pescante con el cochero, si uno no lo despide, pagándole en el acto los veinte o los vienticinco centavos que le corresponden por sus servicios. Al llegar al hotel uno paga justamente lo que se debe por el tiempo, más una propina. Si el cochero no queda conforme (contento), uno debe entrar inmediatamente en el hotel sin gastar palabras con él. En caso de disputa con cualquier cargador o cochero, se debe llamar al gendarme (policía) de la esquina y explicarle lo que pasa.

134. NOTAS

A. Notas sobre la Conjugación de algunos Verbos irregulares

1. Los siguientes y sus compuestos no llevan acento en la última silaba del singular del pretérito:

decir (dij)	**poder (pud)**	**hacer (hi$^{c}_{z}$)**	**tener (tuv)**	**caber (cup)**
traer (traj)	**poner (pus)**	**querer (quis)**	**estar (estuv)**	**saber (sup)**
reducir (reduj)		**venir (vin)**	**andar (anduv)**	**haber (hub)**

2. Los siguientes y sus compuestos hacen contracción del infinitivo para formar el futuro y el condicional:

decir (dir)	**poder (podr)**	**salir (saldr)**
hacer (har)	**saber (sabr)**	**tener (tendr)**
caber (cabr)	**querer (querr)**	**valer (valdr)**
haber (habr)	**poner (pondr)**	**venir (vendr)**

3. El tiempo imperfecto es regular en todos los verbos, a excepción de tres: ser (era); ir (iba); ver (veía).

B. Vocabulario

tipo de cambio: el tanto por ciento a que se convierte un dinero en otro.
préstamos: dinero prestado.
firmado: con los nombres escritos de personas responsables.
fiadores: las personas que garantizan el pago.
cobra: de *cobrar;* recibir una persona el dinero que otra le debe.
hipoteca: propiedad que está afecta a la seguridad del pago de un crédito.
mercancías: los artículos que se venden en las tiendas.
al contado: con dinero en la mano.
aparejo: conjunto de velas y jarcia (toda la que sirve para la sujeción de los palos) de una embarcación.
por exigentes que sean éstos: a pesar de las atenciones que ellos demanden; *sean,* subjuntivo de *ser.*
tanto, etc.: lo mismo de hombre que de mujer.
corte: la pieza de tela suficiente para hacer un traje o un vestido.
último precio: el precio más bajo.
demostrarle: demostrar a Vd., enseñar a Vd.
buena voluntad: buena disposición.
la compra: lo que se compra o el acto de comprar; *la venta* es el acto de vender.
¿no se le ofrece?: ¿no podemos ofrecer a Vd. otra cosa?
vuelta: lo que sobra y que se devuelve, del dinero pagado; en Méjico, *vuelto.*
derechos: el dinero que los comerciantes pagan al gobierno por importar mercancías.
se marea: de *marearse;* padecer de mal de mar.

ferrocarril: camino de hierro.
vía: camino, las líneas paralelas de los rieles.
descarrilamiento: un accidente en el que el tren se desvía de los rieles.
bodega: espacio debajo de cubierta (piso) de los buques; en el comercio, cuarto bajo que sirve como almacén para los vinos, los mercaderes, etc.
contraseña: papel o pieza de metal con número, que sirve para recoger el equipaje a fin de viaje.
muelle: construcción para facilitar la embarcación de los pasajeros y la carga.
cargadores: los que llevan el equipaje.
aguacero: lluvia impetuosa de poca duración.
juntos: unidos.
desfalco: acción de quitar una parte de los fondos de otro, robo.
estante: armario de tablas para poner libros, etc.
me conviene: de *convenir;* ser conveniente.
surtido: variedad o cantidad de mercancías provistas para la venta.
gastos: expensas, costas.
existencia: lo que queda sin usarse ni venderse.
cita: asignación de día, hora y lugar.
compromiso: palabra dada, obligación contraída.

C. Frases útiles

Quiero alquilar un cuarto; ¿cuánto es el alquiler (la renta) sin asistencia (la comida)?

Voy a comprar el rancho, cueste lo que cueste.

Pan ajeno caro cuesta.

No puedo saldar la cuenta antes del día primero.

No vendo fiado.

Ni firmes carta que no leas, ni bebas agua que no veas.

Tengo muchos gastos.

¿Dónde hay buen surtido de ....?

De las tiendas de ropa, ¿cuál tiene mejor surtido?

Hágame Vd. el favor de endosar el cheque.

No me gusta regatear; hágame el favor de decirme de una vez el último precio; si me conviene, compro, si no, no.

No tenemos actualmente esta mercancía en existencia; hemos tenido una venta fenomenal y se agotó toda la que teníamos. Si Vd. puede esperar unos días tendremos mucho gusto en hacer un pedido especial a la fábrica. — Gracias, no se moleste Vd., esperaré la remesa que sin duda tienen Vds. ya pedida, ¿cuándo la esperan?

Lléveme a la estación de Buena Vista.

Espéreme aquí.

Dé la vuelta.

Deténgase (o párese) en el número siete.

A la derecha (o izquierda).

Derecho (o directo).

Suba mi equipaje.

Baje mi baúl.

Tengo una cita a las diez con mi abogado.

Tengo muchos compromisos.

El comerciante ha sufrido una pérdida considerable.

135. EJERCICIO

maleta	baúl	empacar	llevar	debajo de	porque
abrir	cerrar	llave	cama	otro	ropa
facturar	a bordo	camarote	grande	contener	firmar
necesitar	vapor	bodega	viajar	cheque	sacar
llegar	a tierra	viaje	contraseña	durante	hasta

A. Haga una composición empleando las palabras indicadas y otras.

B. Apréndase de memoria:

Ejercicio sobre **comprar** y **vender**

La mujer compró el género al dependiente. ¿Quién compró el género? — La mujer.

¿A quién compró el género? — Al dependiente.

¿Dónde lo compró? — En una tienda.

¿Qué clase de género compró? — Género de lana.

¿Quién se lo vendió? — El dependiente.

Haciendo compras

¿A quién se lo vendió? — A la mujer.

¿En cuánto se lo vendió? — En cinco duros el metro.

¿Cuántos metros compró la mujer? — Cinco.

¿Cuánto le pagó por cinco metros? — Veinticinco duros.

Le dió una moneda de oro de veinte duros y un billete de diez duros, ¿cuánto de vuelta recibió? — Cinco duros.

¿Era cara o barata la tela? — Era cara; la mujer pagó demasiado.

¿Realmente cuánto vale? — Su valor verdadero es de tres duros cincuenta centavos el metro, poco más o menos.

¿Por qué se dejó engañar la mujer? — No se dejó engañar; bien sabía que el precio era exorbitante, pero le dió pena regatear.

¿De qué material es el género? — Es de lana.

¿Cuál cuesta más, el género de lana o el de algodón? — El de lana.

¿Se venden géneros en una tienda de ultramarinos (abarrotes)? — No, señor; se venden en una tienda de ropa.

¿Qué se vende en una tienda de ultramarinos? — Azúcar, café, especias, conservas en botellas y en latas, arroz, harina, jamón, tocino, salchichas, queso del país y extranjero, etc.

C. Apréndase de memoria:

Ejercicio sobre **llegar** y **salir**

¿A qué hora sale el tren para Wáshington? — Hay varios trenes; el primero sale a las once.

¿Ha llegado ya el tren de Boston? — No, señor; lleva hora y media de atraso.

¿Cómo anda el tren de Álbany? — A tiempo.

¿Ha llegado ya el tren de Báltimore? — Sí, señor; acaba de llegar.

¿A qué hora habrá tren para Chicago? — El rápido acaba de salir, pero habrá un tren ordinario dentro de una hora.

¿A qué hora salió el rápido? — Salió a las doce treinta y cinco.

Esperaré el rápido de mañana. ¿Cuánto cuesta el billete (boleto en América) de aquí a Chicago? — ¿Sencillo o de ida y vuelta? Sencillo. — Quince duros.

Hágame el favor de reservarme una cama de abajo en el Pullman. — No nos quedan más que los números siete y trece ¿cuál prefiere Vd.? — El número siete, por supuesto; el trece es de mal agüero; soy algo supersticioso.

Tendrá Vd. que comprar el billete antes de las once. — Está bien; lo compraré por la tarde, si no sucede algo que me impida hacer el viaje; en ese caso tendré que pedirle que me haga el favor de cambiar la reservación. ¿Cuánto dijo el agente que valía el billete? — Quince duros. ¿Va Vd. también a Chicago? — No, señor; me quedo aquí hasta la semana entrante; entonces salgo para la Habana.

¿Quiénes van con Vd.? — Mi madre y mi hermana.

¿Qué día sale el vapor? — Sale el miércoles, a las diez de la mañana.

¿De qué muelle? — No sé; tengo que indagar (preguntar).

¿Cuánto dura el viaje? — De cuatro a cinco días, según el tiempo.

¿Cuánto equipaje se admite gratis con un billete de primera? — Sesenta y ocho kilos; si se lleva más, hay que pagar exceso.

Feliz viaje y pronto regreso; salude a mis amigos. — Gracias; saludes a la familia de Vd.

D. Complétense las siguientes oraciones:

1. El frutero vende al por menor o al -------. 2. Se calcula la comisión al ----- --- ------ convenido con el consignatario. 3. Los libros de una casa de comercio son el --------, el libro de ---- y el libro -----. 4. ¿Es mejor vender al ------- o a plazos? 5. Se puede pagar al comerciante en --------, con -------- de banco o con ------. 6. Pagos a distancia se hacen con -----. 7. Se ---------- los pagarés que no son pagados a su vencimiento. 8. El comerciante tiene que pagar el ----- y los -------- al recibir sus mercancías. 9. Las ----- de un velero son de ----. 10. El ------- de primera clase de Nueva York a Méjico ------ sesenta y cinco duros oro americano. 11. El maquinista se encarga de la ------- de un vapor. 12. En buen tiempo el viaje de --- es menos ------- que el viaje por tierra. 13. Una deuda es lo que un deudor ---- a sus acreedores. 14. La mayor parte de las cartas se -------- en ------- de escribir. 15. Una factura es . . . .. Un conocimiento es . . . ..

E. Ponga el verbo en la forma indicada:

1. ¿Quién le (dar, *pt.*) el libro a Dora? — Sara se lo (dar, *pt.*). 2. ¿A quién (dar, *pt.*) Vds. los ejercicios ayer? — Se los (dar, *pt.*) a Vd. 3. ¿Cuánto (dar, *pt.*) Vd. al cochero? — Le (dar, *pt.*) cuatro reales. 4. ¿Qué (hacer, *pt.*) el cochero? — Me (dar, *pt.*) las gracias. 5. (Dar, *im.*) me un vaso de agua. 6. (Ir, *im.*) Vd. a la plaza y (comprar, *im.*)me cinco centavos de tomates. 7. Vd. tiene una mula de silla, (vender, *im.*)mela. 8. ¿Qué (comprar, *pt.*) Vd. en la tienda? — (Comprar, *pt.*) un corte de tela para hacerme un traje. 9. ¿A quién se lo (llevar, *pt.*) Vd.? — Se lo (llevar, *pt.*) a un sastre. 10. ¿Qué (llevar, *pt.*) Vds. al amigo enfermo? — Le (llevar, *pt.*) flores. 11. ¿(Dar, *p.*) crédito los comerciantes? — Sí; lo (dar, *p.*) con plazo corto. 12. ¿Le (dar, *pf.*) el corte de balde (gratis)? — No; me cobró veinte duros. 13. ¿Quién le (regalar, *pt.*) el reloj? — Mi padre me lo (regalar, *pt.*). 14. ¿(Dar, *p.*) la ventana a la calle? — Sí. 15. ¿(Hallar, *pf.*) Vd. el caballo que se le perdió? — No, señor; no he podido dar con él en ninguna parte. 16. ¿(Llegar, *pf.*) el tren de Guadalajara? — No, señor; todavía no (llegar, *p.*). 17. ¿A qué hora (llegar, *f.*) el vapor de Habana? — (Llegar, *f.*) a las cinco y media. 18. ¿Cuándo (llegar, *pt.*) Vd.? — (Llegar, *pt.*) hace unos días. 19. ¿A qué hora (salir, *p.*) el tren para Veracruz? — (Salir, *p.*) a las ocho de la noche. 20. ¿A qué hora (salir, *pt.*) Vd. del baile anoche? — No (salir, *pt.*) anoche; (salir, *pt.*) esta madrugada.

136. PREGUNTAS

A. 1. ¿Cuánto vale el billete de ida y vuelta para Nueva York? 2. ¿Llegará a tiempo el tren? 3. ¿Cuánto de retraso lleva el tren? 4. ¿Hay un tren directo para Santiago o hay cambio de trenes? 5. ¿Lleva coche dormitorio el tren? 6. ¿Se puede hacer la reservación de una cama de abajo en el tren de mañana? 7. ¿En qué estación se para el tren para la comida? 8. ¿Llegaremos a tiempo? 9. ¿Cuál es el mejor hotel en Habana? 10. ¿Cuánto me cobra Vd. por llevarme al hotel Pórter? 11. ¿Es más barato el género de lana en los Estados Unidos o en Méjico? 12. ¿En dónde es muy cara la ropa hecha? 13. ¿Pierden dinero los comerciantes o sacan algún provecho? 14. ¿De qué se compone el equipaje? 15. ¿Con qué reclama uno su equipaje al llegar a su destino (o destinación)? (El talón o la contraseña.) 16. ¿Cuánto me cobra Vd. por cuarto y comida? 17. ¿Quiere Vd. un cuarto que dé a la calle o uno interior? 18. ¿Cuáles son las horas de comida? 19. ¿Cómo le dice uno al cochero cuando quiere que éste vaya en la dirección contraria? (Dar, *im.*) la vuelta. 20. ¿Qué dice uno cuando quiere ver la lista de platos o el menú (la menuta, en el español castizo (puro))?

B. Para Repaso

(1) Ponga la forma apropiada del verbo que está entre paréntesis:

1. ¿Qué (hacer) Vds. cuando entré? — No (hacer) nada. 2. ¿Qué (comer) Vds. cuando entré? — (Comer) dulces. 3. Cuando yo (ser) chica, (comer) muchos dulces, ¿también Vd.? — No; a mí no me (gustar). 4. La isla no (parecer) grande, pero no la pude recorrer aquel día porque (ser) tarde; además

(estar) muy cansado. 5. Mi hermana (vivir) antes en Chicago, pero ahora (vivir) en Nueva York. 6. Jupiter (ser) el rey de los dioses. 7. Llegó mi hermano cuando yo le (escribir). 8. Cuando (estar) en Nueva York (ir) al teatro todas las noches. 9. El niño (dormir) y la madre se sentó a su lado. 10. Mientras él (hablar), entró un vecino.

(2) Póngase el futuro de los verbos que están entre paréntesis:

1. ¿Cuándo (estar) Vd. en Méjico? — (Estar) allí para el 16 de septiembre. 2. ¿(Poder) Vd. dejar (abandonar) sus negocios por una semana? — Sí; (poder) hacerlo, porque tengo un dependiente responsable y de toda confianza. 3. ¿(Tener) Vds. otro profesor después de mi salida? — No, señor; no (tener) otro; esperaremos la vuelta de Vd. 4. ¿(Tener) Vd. mucho que hacer mañana? — Sí, señor; (tener) bastante. 5. ¿Qué (hacer) Vds. cuando ya no esté yo aquí para enseñarles [para instruirles]? — Repasaremos las lecciónes que ya tenemos. 6. ¿Qué sombrero se (poner) Vd. mañana? — Me (poner) el negro con pluma blanca de avestruz. 7. ¿(Llover) por la tarde? — ¡Quién sabe! me parece que no. 8. ¿A qué hora (venir) Vds. mañana? — (Venir) a la hora de costumbre. 9. ¿(Ir) Vd. al baile? — No, señor; tengo mucho que hacer y no (ir). 10. ¿Cuándo (salir) Vd. para Méjico? — (Salir) pasado mañana en el tren de las ocho y diez. 11. ¿Cuándo (volver) Vd.? — (Volver) a fines del mes que viene. 12. ¿(Hablar) Vd. con el cónsul

americano respecto del asunto de la prisión de nuestro amigo? — Sí; pero sin esperanzas de su ayuda [auxilio]; (hablar) mejor con el Sr. Presidente en persona. 13. ¿En dónde (comer) Vds.? — (Comer) en el restaurán del hotel Pórter; allí se come muy bien al estilo americano. 14. ¿Entonces [en ese caso] nos (ver) allí? — Sí; y si Vds. quieren, todos (tomar) la misma mesa. — Con mucho gusto, caballero. — El gusto (ser) para nosotros. 15. ¿(Oir) Vd. los discursos del 15 de septiembre? — Sí; espero oirlos. 16. ¿No (haber) peligro [riesgo]? — No; no (haber) nada. No (haber) ningún desorden. 17. ¿Qué (decir) la plebe [gente baja; en Méjico, *pelados*] cuando vean los gendarmes [policías] a todos lados? — (Decir) que les conviene guardar buena conducta. 18. ¿A qué hora (comenzar) la función? — (Empezar) a las nueve en punto. 19. ¿A qué hora (levantarse) Vd. mañana? — (Levantarse) a las siete. 20. ¿Se (alegrar) Vd. de la marcha de su amigo? — No; al contrario, la (sentir) profundamente.

(3) Póngase el perfecto de los verbos que están entre paréntesis:

1. ¿Cuántos años (estar) Vd. aquí? — (Estar) aquí menos de tres años. 2. ¿Cuántas lecciones (dar) Vds.? — (Dar) doce, contando ésta. 3. ¿(Hacer) Vd. muchos adelantos en el estudio del idioma? — Sí, señor; los (hacer). 4. (Poner) Vds. sus nombres en los ejercicios. — Sí, señor; los (poner). 5. ¿(Llover) mucho este año? — No, señor; (llover) muy poco. 6. ¿(Venir) Juan? — No, señor;

todavía no. 7. ¿Adónde (ir) Pedro? — Se sentía un poquito malo y (ir) a su casa. 8. ¿(Salir) el tren? — No, señor; todavía no; faltan cinco minutos para la hora de salida. 9. ¿(Volver) María? — Sí, señor; ya volvió. 10. ¿Qué (decir) Vd. al mozo? — Le dije que lo (ver) borracho varias veces y que tendrá que cambiar de costumbres.

LECCIÓN TRIGÉSIMA QUINTA

137. CONVERSACIÓN

Ya sabemos bastante para poder formar los diversos tiempos; nos queda sin embargo, estudiar con cuidado cómo se usan.

Para mandar se usa el imperativo; pero, si es negativo el mandato, se emplea el subjuntivo. Esto no causará ninguna inconveniencia por lo pronto, porque, como ya se ha indicado, las formas son las mismas, a excepción de las del tratamiento familiar; v. gr.: *vaya Vd. a la tienda por azúcar* (imperativo); *no vaya Vd. todavía* (subjuntivo).

Si el mandato es a la persona a quien hablamos, usamos el imperativo; si es a otra persona, usamos el subjuntivo: *Juan, vaya Vd. a la tienda por azúcar* (imperativo); *María, dígale a Juan que vaya por azúcar* (*dígale* es imperativo, *vaya*, subjuntivo).

Los siguientes verbos rigen generalmente al subjuntivo:

aconsejar: Vd. debe aconsejarle al joven que no *gaste* tanto dinero.

celebrar: Celebro mucho que Vd. *haya venido* a nuestro país.

desear: Deseamos que *vuelva* Vd. a visitarnos pronto.

dudar: El juez duda que el testigo *haya dicho* la verdad.

encargar: Le encargo que me *traiga* la ropa para el jueves, sin falta.

esperar: El cliente esperaba que el dependiente le *dijera* cuánto era la cuenta.

gustar: Me gusta que la gente *sea* formal (puntual) conmigo.

impedir: Impediré que *vendan* la casa antes del día primero del mes próximo.

lograr: El comerciante logró que los fabricantes le *hicieran* una rebaja.

mandar: El señor mandó al criado que le *quitara* las botas.

negar: El preso niega que él *haya cometido* el crimen.

oponer: Me opongo a que *hagan* otros cambios sin consultarme a mí.

pedir: El criado quería pedir que se le *aumentara* el salario, pero no se atrevió.

permitir: No permito que me *roben* en mi propia casa.

persuadir: No pude persuadir a mi amigo que *desistiese* de su plan.

preferir: Prefiero que Vd. lo *haga* en seguida.

procurar: Procuraré que los trabajadores *vuelvan* a tiempo.

prohibir: El profesor prohibió que los discípulos *copiasen* los ejercicios.

quejarse: No me quejo de que me *hayan robado*, pero sí, de los insultos.

querer: No quiero que Vd. se *vaya* hasta después de la comida.

rogar: Les ruego que *hagan* el favor de mandarme estas mercancías hoy mismo.

sentir: Siento mucho, caballero, que *haya tenido* Vd. tanta molestia.
sorprender o **extrañar:** Me sorprende o me extraña que Vd. no *pague* esta pequeña cuenta.
sospechar: Sospecho que me *estén engañando.*
sugerir: El médico sugirió al paciente que *fuese* a California.
suplicar: Suplicamos nos *manden* contestación por vuelta de correo.
temer: Temo que *dure* mucho la revolución.

Analizando la significación de estos verbos, se verá que se pueden clasificar con facilidad:

(1) De deseo o de gusto: *desear, gustar, querer.*
(2) De mandato: *mandar, encargar, decir.*
(3) De permiso, aprobación o preferencia: *permitir, celebrar, preferir.*
(4) De prohibición: *prohibir, oponer, impedir.*
(5) De sentimiento, pena o queja: *sentir, quejar.*
(6) De petición: *pedir, rogar, suplicar.*
(7) De intención: *intentar, procurar.*
(8) De esperanza: *esperar.*
(9) De espera: *esperar* (en el sentido de *estar pendiente* o de *aguardar*).
(10) De negación o duda: *negar, dudar.*
(11) De consejo o sugestión: *aconsejar, sugerir.*
(12) De emoción: *sorprender, temer, sospechar.*

No hay que olvidar que estos verbos no van siempre seguidos del subjuntivo; muchas veces rigen al futuro de indicativo y otras muchas, al infinitivo; v. gr.: *espero que mi amigo llegue por el tren de la tarde;*

espero que mi amigo llegará por el tren de la tarde
espero (yo mismo) llegar por el tren de la tarde.

Se verá que en los primeros dos ejemplos la persona que va a llegar no es la persona que habla; mientras que en el último, es la misma persona la que va a llegar y la que expresa la esperanza. De esto se deduce que, cuando hay un solo sujeto para los dos verbos, se pone el verbo subordinado en infinitivo; v. gr.: *dentro de pocos días espero darles otra lección sobre otros usos del modo subjuntivo; Juan quiere comprar el caballo.*

138. NOTAS

A. VOCABULARIO

aconsejar: indicar a otra persona lo que debe o no debe hacer.
celebrar: aplaudir.
dudar: dar poco crédito.
esperar: tener esperanza.
impedir: poner obstáculo o impedimento; se conjuga como *pedir* (130, *A*).
lograr: conseguir u obtener lo que se intenta o se desea.
mandar: ordenar; dar una orden.
negar: decir que no; lo contrario de *afirmar;* se conjuga como *sentar* (86, *C*).
oponer: poner obstáculos; como *poner* (86, *B*).
procurar: intentar; hacer diligencias para conseguir lo que se desea.
quejarse: lamentarse; resentirse (como *sentir*, 172).
rogar: pedir con sumisión y con súplicas (102, *A*).
sorprenderse: tener o manifestar sorpresa; se conjuga *manifestar* como *sentar.*

sospechar: tener sospecha.
sugerir: hacer una sugestión (86, *C*).
ensille: de *ensillar;* poner la silla de montar en el caballo.
ha reclamado: ha demandado.
matanza: acción de matar o de quitar la vida a muchos en una sola ocasión.
cajón: caja grande de mercancías.
vaciarlo: quitar el contenido (lo que contiene).
vacía: sin contenido.
establo: lugar cubierto en el corral para encerrar (86, *C*) el ganado.

B. Algunos tiempos de subjuntivo y el condicional de **ser, estar y tener:**

ser		estar		tener	
Presente		*Presente*		*Presente*	
sea	seamos	esté	estemos	tenga	tengamos
sea	sean	esté	estén	tenga	tengan
		Imperfecto: Dos Formas			
fuera	fuéramos	estuviera	estuviéramos	tuviera	tuviéramos
fuera	fueran	estuviera	estuvieran	tuviera	tuvieran
fuese	fuésemos	estuviese	estuviésemos	tuviese	tuviésemos
fuese	fuesen	estuviesen	estuviesen	tuviese	tuviesen

Perfecto

haya sido, estado, tenido	hayamos sido, estado, tenido
haya sido, estado, tenido	hayan sido, estado, tenido

Condicional

sería	seríamos	estaría	estaríamos	tendría	tendríamos
sería	serían	estaría	estarían	tendría	tendrían

NOTA: En 150 y 151 (3), se explica más claramente la formación del imperfecto de subjuntivo de los verbos irregulares.

C. Frases útiles

Me extraña que Vd. no haya venido más temprano.
Le ruego a Vd. que me ayude.
Celebro la ocasión de conocerle, caballero.
No lo dude Vd.
Quien evita la ocasión, evita el peligro.
No lo niegue Vd.
Quien todo lo niega, todo lo confiesa.
No cabe duda.

139. EJERCICIO

A. Escriba de memoria el condicional y los varios tiempos de subjuntivo de los verbos **hablar**, **comer** y **vivir**.

B. Dense las mismas formas de **ser**, **estar** y **tener**.

C. Indíquense los dos imperfectos de subjuntivo de **decir**, **poder** y **hacer**.

D. Haga oraciones usando el subjuntivo después del presente de los siguientes verbos: **esperar**, **mandar**, **pedir**, **sugerir** (como *sentir*), **suplicar**, **temer**, **negar**, **rogar**, **gustar**, **encargar**.

E. Haga oraciones de igual manera después del pretérito de los siguientes: **desear**, **dudar**, **impedir**, **oponer**, **pedir**, **querer**, **sentir**, **sospechar**, **suplicar**, **temer**.

F. Haga lo mismo después del futuro de **procurar**, **esperar**, **lograr**, **mandar**, **evitar**.

G. Pónganse las formas apropiadas de los verbos que están entre paréntesis: indicando *p. s.*, presente de subjuntivo; *i. s.*, imperfecto de subjuntivo; *pf. s.*, perfecto de subjuntivo; *c.*, condicional.

1. (Decir, *im.*)le al mozo que me (traer, *p.s.*) agua caliente. 2. No me (decir, *p. s.*) nada de lo ocurrido; no quiero saber nada. 3. No (ir, *p. s.*) Vd. a ofenderse, pero el vestido está muy mal hecho. 4. No (molestarse, *p. s.*), Vd., caballero. 5. Quiero que me (tener, *p. s.*) Vds. el traje listo para mañana. 6. El dependiente pidió que le (aumentar, *i. s.*) el salario. 7. Yo, en su lugar, (hacer, *c.*) todo lo posible para que me lo (dar, *i. s.*). 8. Esto no impide que haya algún fraude en el negocio, aunque (decir, *p. s. plu.*) que no. 9. Supliqué al agente de policía que no me (llevar, *i. s.*) a la cárcel, pero no me hizo caso. 10. Temían que no (llegar, *c.*) a tiempo el doctor. 11. Está prohibido que los mozos (aceptar, *p. s.*) propinas de los pasajeros. 12. Si yo (hacer, *i. s.*) tal cosa (ser, *c.*) para Vd. y no para otra persona. 13. Yo le (prestar, *c.*) el dinero con mucho gusto si lo (tener, *i. s.*). 14. Si yo (vender, *i. s.*) la mina, ¿cuánto me (dar, *c.*) por ella? 15. Si Vd. (ver, *i. s.*) cómo viven los pobres, (tener, *c.*) más compasión de ellos. 16. (Ser, *c.*) lástima que él no (aprovechar, *i. s.*) la oportunidad. 17. El general prohibió al capitán y a su amigo que (salir, *i. s.*) del fuerte. 18. El capitán dijo a su compañero que si no (marcharse, *i. s.*) pronto, no les (ser, *c.*) posible salvarse. 19. Si él no (haber, *i. s.*) caído, no (haber, *c.*) quebrado el tubo. 20. Tengo duda de qué se (poder, *p. s.*) cambiar la hora del examen de la clase.

140. PREGUNTAS

A. 1. ¿Qué haría Vd. si tuviera mucho dinero? 2. ¿Qué quiere Vd. que el sastre haga primero, el vestido gris o el azul? 3. ¿Qué aconsejaría Vd. a un amigo, si Vd. lo viese en mala compañía? 4. ¿Qué desea Vd.? 5. ¿A quién regalaría Vd. el diamante, si Vd. lo tuviese? 6. ¿Qué resultado teme Vd. de la revolución? 7. Vaya Vd. a mi casa y diga a Manuel que ensille el caballo y que me lo traiga en seguida. ¿Qué va Vd. a decir a Manuel? 8. ¿Cuales son las palabras exactas que Vd. va a decir a Manuel? 9. ¿El embajador ha logrado que el gobierno pague la cantidad reclamada como indemnización? 10. ¿Tiene Vd. todavía esperanzas de que llegue la carta a tiempo? 11. ¿Qué suplicó el hombre al agente de policia que lo llevaba a la cárcel? 12. ¿Duda Vd. que le aumente el salario? 13. ¿Le gustaría a Vd. que lloviera todo este mes? 14. ¿De qué se queja Vd.? 15. ¿Se opone Vd. a que corten los árboles grandes enfrente de su casa? 16. ¿Quiere Vd. que traigamos el cajón a la casa para vaciarlo allí, llevándolo después vacío al establo, o prefiere Vd. que lo llevemos desde luego al establo? 17. ¿Qué sospecha Vd. que vayan a hacer los hombres? 18. ¿Qué sugirió el médico al paciente que padecía de tuberculosis? 19. ¿Qué suplicó el empleado pobre a su rico patrón? 20. ¿Si Vd. estuviera en mi lugar, qué haría?

B. Para Repaso

Explíquese el uso de los subjuntivos en las oraciones siguientes:

1. Temo que Vd. me olvide. 2. Desconfío que cumpla su palabra. 3. Prohibo que salga. 4. Deseo que prospere Vd. 5. El abogado se opone a que

hable el preso. 6. Quiero que se vaya. 7. Impediré que se escape. 8. Le mando que venga. 9. Niego que sea cierto. 10. Esperaba que Vd. viniese. 11. El hombre quiso que le diera dinero. 12. Ruego que Vd. me enseñe cómo se hace esto. 13. Me gusta que aprenda Vd. esas cosas. 14. Le agradeceré a Vd. que me busque ese libro. 15. Suplicamos a Vd. que se sirva remitirnos el importe de la cuenta. 16. Temo que me engañen. 17. Celebraré que esté bueno su señor padre. 18. Ha solicitado que le devuelvan el empleo. 19. Le pedí que me enviara los libros, pero no quiso hacerlo. 20. Supongo que Vd. me devolverá lo que me corresponda del dinero. 21. Me extraña que Vd. se deje engañar en este negocio. 22. Prefiero que Vd. no lo haga hasta después de recibir mis instrucciones. 23. ¡Qué venga pronto! 24. No le diga Vd. nada. 25. Que no pase nadie a mi cuarto, pues estoy muy ocupado.

LECCIÓN TRIGÉSIMA SEXTA

141. RESUMEN DE LOS USOS DEL SUBJUNTIVO Y DEL CONDICIONAL

Como ésta es la última lección, y aun no se ha explicado suficientemente los usos del subjuntivo y del condicional, parece que sería propio omitir la conversación de ordinario y dar aquí un breve resumen de los usos principales de aquéllos, para completar así el estudio del asunto.

I. Los verbos *decir* y *creer* y sus equivalentes van seguidos del subjuntivo o del condicional:

(1) **Con negativa;** v. gr., **decir:** no *digo* que *sea* una mentira el cuento, pero tengo mis dudas; **creer:** el médico no *cree* que *muera* el paciente; el médico no *creyó* que *muriera* (*muriese* o *moriría*) el paciente.

Si es futuro el tiempo del verbo subordinado, *creer* rige al indicativo; v. gr.: ¿cree Vd. que *vendrá?* Hay que notar que, con frecuencia, el presente tiene algo de la fuerza de futuro, mayormente en el subjuntivo. En la pregunta, *¿cree* Vd. que el hombre *ha venido?* no existe duda en la mente de la persona que pregunta, puesto que es un hecho que ha venido; sólo pregunta si la otra cree que es así; pero si se dice *¿Cree Vd. que el hombre haya venido?* existe duda en la mente de la persona que habla y pregunta para informarse de la opinión de la otra.

(2) **Para expresar intención;** v. gr.: **decir:** *dijo* que me *prestaría* el dinero; **dar a entender:** Elena *dió a entender* que *vendría* hoy o mañana.

II. También se usa el subjuntivo después de muchos otros verbos y locuciones:

(1) Después de locuciones impersonales, cuando no expresan lo que es cierto: v. gr.:

puede ser: *Puede ser que su amigo* **haya llegado,** *pero creo que no.*

es posible: *Es posible que el tren* **ande** *atrasado.*

es fácil: *Es fácil que* **haya sucedido** *un accidente.*

es difícil: *Es difícil que se* **mejore** *la condición del paciente.*

es justo: *Es justo que* **sea castigado** *el criminal.*
es lástima: *Es lástima que Vds. no* **puedan** *venir.*
es raro: *Es raro que no* **haya** *nadie en la casa.*
es dudoso: *Es dudoso que se* **halle** *oro en la mina.*
es triste: *Es triste que los demás se* **vayan** *y que yo me* **quede.**
es tiempo: *Es tiempo que se* **acueste** *el niño.*
es de sentir: *Es de sentir que* **haya** *tanta pobreza.*
sería bueno: *Sería bueno que Manuel no* **hiciera** *esto hasta mañana.*
está bien: *Está bien que Vd.* **vaya** *cuanto antes* (*lo más pronto posible*).
conviene: *Conviene que Vd. no* **diga** *nada a nadie.*
importa: *Importa que Vds.* **estén** *aquí a tiempo.*
basta: *Basta que* **cumpla** *con su deber.*

ADVERTENCIA: Cuando una locución impersonal expresa lo que es cierto, se pone en indicativo el verbo que sigue; v. gr.: *es claro que la tierra es más grande que la luna.*

(2) Después de ciertas conjunciones:
(*a*) De tiempo; v. gr.:

hasta que: *Espere Vd. aquí hasta que* **venga** *la señora.*
en seguida que: *Avíseme en seguida que* **venga.**
antes de que: *Arregle todo bien antes de que yo me* **vaya.**
después que: *Después que Vds.* **acaben** *aquí, vayan a la mina.*
para cuando: *Tenga todo listo para cuando* **venga** *la máquina.*
en cuanto: *En cuanto* **vuelva** *Juan, dígale que lo necesito.*

mientras: *Mientras no se* **acabe** *el dinero, estamos bien.*

cuando: *Cuando* **vuelva** *el señor, déle esta carta.*

ADVERTENCIA: Si *cuando* se refiere a una acción futura, se pone el verbo subordinado en presente de subjuntivo; pero si se refiere a un hecho presente o pasado, se pone el verbo en indicativo. También se pone en indicativo en oraciones interrogativas.

Mientras, con un tiempo pasado del verbo, rige al indicativo; v. gr.: *mientras* **tuve** *dinero estaba bien.*

(*b*) De condición; v. gr.:

con tal que: *Con tal que* **cumpla** *su obligación, no importa lo demás.*

dado que: *Dado que se* **pague** *la factura a tiempo, le haré un descuento.*

a condición de que: *Puedo hacerles una rebaja en estos precios, pero únicamente a condición de que* **compren** *cajas enteras.*

en caso de que: *En caso de que no* **hayan venido**, *vuelva en seguida.*

ADVERTENCIA: *Si* nunca va seguido de presente de subjuntivo, sino sólo de verbo en indicativo o imperfecto o futuro de subjuntivo.

(*c*) De fin; v. gr.:

para que: *Sentémonos aquí para que los amigos nos* **vean** *al pasar.*

de modo que o de manera que: *Arregle la cerca de modo que* (o *de manera que*) *no* **entre** *ningún animal.*

a fin de que: *Limpie bien la casa a fin de que* **esté** *a gusto la familia cuando llegue.*

de tal modo que: *Arreglemos el asunto de tal modo que Vd.* **quede** *contento.*

sin que: *No podía moverse sin que le* **volviesen** *los dolores.*

(*d*) De excepción: v. gr.:

a no ser que: *Enviaremos los efectos el día* 15 *del presente, a no ser que* **recibamos** *contraorden.*

a menos que: *A menos que nos* **hagan** *remesa de dinero para el día primero, nos veremos precisados a girar contra Vds.*

(*e*) De concesión; v. gr.:

aunque: *Aunque Vds.* **giraran**, *no pagaríamos, porque la cuenta es excesiva.*

aun cuando: *Aun cuando* **viniera** *Vd. no podríamos arreglar nada, porque uno de nuestros socios está actualmente en Europa.*

NOTA: Debe advertirse que estas conjunciones no siempre van seguidas de subjuntivo; sólo cuando indican tiempo, condición, fin, excepción o concesión rigen al subjuntivo (algunas veces rigen al futuro de indicativo). Cuando se refieren a un hecho positivo o se afirma una cosa se pone el verbo subordinado en indicativo; v. gr.: *aunque es viejo, es activo.*

(3) Después de un relativo; v. gr.:

(*a*) En las oraciones que expresan negación, duda o interrogación con duda; v. gr.: *no hay nadie que* **sepa**; *¿conoce Vd. a otro hombre que* **sea** *tan generoso?*

(*b*) Con antecedente indeterminado, que no expresa con exactitud quién es la persona, cuál la cosa o dónde está el lugar; v. gr.:

Pronombres relativos:

Se necesita **una cocinera que sepa** *la cocina americana.*
Si yo tuviera **quien** *me* **ayudase** *acabaría más pronto.*
Haré **lo que** *Vd. me* **diga.**

Pero si ya se sabe lo que se ha dicho, se usa el indicativo; v. gr.; *haré* **lo que** *Vd. me* **dice.**

Adverbios:

Voy **adonde** *no* **haga** *tanto calor.*
Quiero vivir en un país **donde** *no* **haya** *tanta pobreza.*

Compuestos de **quiera**; v. gr.:

Dondequiera que *se* **vaya,** *siempre hay gente pobre.*
Como quiera que haga *su trabajo, el patrón no se conforma.*
¿Qué libro le traigo, señor? **Cualquiera que sea;** *pero tráigamelo pronto.*
Quienquiera que fuera *el hombre, no aguantaría tal insulto.*
Cuando quiera que *se* **mire** *el volcán, se ve salir el humo.*
Cuanto quiera que sea *el precio, lo pagaré.*
Sean las que quieran *las dificultades, vamos a vencerlas.*
Cualquier cosa que *se le* **oponga,** *le parece un obstáculo insuperable.*

(*c*) Después de **por** con un adjetivo o adverbio y **que;** v. gr.:

Por fuerte que sea *el hombre, no puede, él solo, levantar el cajón.*
Por mucho que *me* **diga** *Vd., no cambiaré de intención.*
Por rápido que ande *el tren, no llega a tiempo.*
Por más dinero que gane, *no se hace rico.*

(*d*) Después de superlativos, en construcción relativa; v. gr.:

Lo menos que pudiera *hacer sería devolver el dinero.*

La próxima *vez* **que** *la* **vea** *Vd., dígale que la necesito para hacer un trabajo.*

El único *hombre* **que pudiera** *hacer esta obra es el Sr. Gutiérrez.*

Voy a dar estos centavos al **primer** *pordiosero* (mendigo) **que venga.**

Lo peor que pudiera *suceder es perder un poco de dinero.*

Lo mejor que pudiéramos *hacer es construir una casa provisional.*

(4) Después de la interjección **¡ojalá!**; v. gr.:

¡Ojalá *se* **alivie** *pronto!*

¡Ojalá sea *cierto!*

142. NOTAS

A. Vocabulario

empleo: ocupación, colocación, destino.

advertir: conocer, tomar nota, dar noticias; conjugado como *sentir* (véase 172).

dudo: doy poco crédito; lo contrario de *creer.*

sucedido: de *suceder;* ocurrir, pasar.

mejore: de *mejorar;* hacer mejor alguna cosa.

castigue: de *castigar;* punir, aplicar algún castigo o punición. El castigo es la pena o corrección impuesta a alguno para que se enmiende o cambie de costumbres.

es lástima: es de sentir.

es raro: es extraordinario.

conviene: de *convenir;* importar, ser conveniente.

importa: es de importancia.
en seguida o **luego que venga:** tan pronto como venga.
en cuanto: tan pronto como.
mientras que: durante el tiempo que.
con tal que cumpla: con la condición que complete.
esconda: ponga en un lugar secreto.
esté a gusto: para que la familia esté contenta.
efectos: mercancías.
remesa: remisión de dinero.
precisados: obligados, forzados.
socios: personas asociadas para algún negocio.
quiera: subjuntivo de *querer;* se usa para formar pronombres relativos compuestos y locuciones adverbiales.
dondequiera: en cualquier lugar o cualquiera parte.
se conforma: está contento o satisfecho.
patrón: jefe de los dependientes o sirvientes.
aguantaría: condicional de *aguantar;* soportar, tolerar.
vencerlas: dominar las dificultades.
oponga: de *oponer;* presentar obstáculos (véase 190).
insuperable: que no se puede superar.
próxima vez: la vez inmediata.
único: solo y sin otro.
obra: trabajo, labor, empresa.
pordiosero: limosnero, mendigo (pobre) que pide limosna, implorando en nombre de Dios (por-Dios-ero).
suceder: ocurrir, acontecer.
parecer: tener la apariencia de; se conjuga como *conocer.*
alcanzar: llegar a tiempo.
avisaré: de *avisar;* dar noticias o informes.
defensa propia: defensa de uno mismo.
complacer: dar gusto o placer.
alambrera: puerta o ventana de tela de alambre.

refuerzos: otros soldados que sirven de aumento al número de militares para la defensa.

deudas: obligación que se tiene de pagar el dinero que se debe.

quiebra: bancarrota, insolvencia.

doble partida: en las casas de comercio el hombre que lleva las cuentas es el tenedor de libros; hay dos sistemas de llevar las cuentas: el de más uso en las casas grandes es el de *doble partida;* se llama así porque cada operación aparece en dos lugares, uno de la data y otro del cargo.

le servía de guía: como guía o conductor.

dones: plural de *don;* gracia especial; regalo.

hiciste, miraste, permitiste: tratamiento familiar; segunda persona del singular del pretérito (véase la conjugación de los verbos en la Parte II).

figurilla: despreciativo de *figura.*

dé con el pie: dé un golpe con el pie.

hazme: imperativo del tratamiento familiar de *hacer* (véase la Parte II).

D. Teodoro: don Teodoro Golfín, el médico; *don:* título de respeto que se usa solamente con el nombre de pila, a saber, nombre con que se bautiza una persona.

tez: superficie de la cara humana.

pecosa: con manchas pequeñas de color pardo en el cutis de la cara.

picuda: como el pico de ave.

milagro: acto del poder divino superior al orden natural.

enterrar: dar sepultura; poner debajo de la tierra.

trague: de *tragar.*

antojo: deseo vehemente y caprichoso.

derramar: dejar caer cosas líquidas o menudas.

benditos: participio pasivo irregular de *bendecir.*

cieguecito: diminutivo de *ciego;* término de cariño.
siquiera: compuesta de *si* y *quiera;* a lo menos.
vas: segunda persona del singular del presente de *ir* en el tratamiento familiar.
niño de mi alma: término de cariño; en español hay muchísimas expresiones de esta clase.

B. Frases Útiles

Lejos de mí afirmar que sea cierto.

Mucho me extraña que no haya llegado nuestro amigo.

Necesito un hombre que sepa el inglés y que conozca la ciudad.

Mientras esté aquí voy a parar a una casa de huéspedes.

Perdone Vd. que le haya hecho esperar; me fué imposible venir antes.

Sentémonos aquí.

No falta mucho para que la función comience.

No puedo menos de expresarle mi profundo reconocimiento.

Ya es hora de que salgamos.

Siento mucho que Vd. se haya tomado la molestia de venir en persona.

Que todo esté listo para cuando volvamos.

No deje para mañana lo que debió haber hecho anteayer.

143. EJERCICIO

A. Háganse ocho oraciones empleando el subjuntivo después de **decir** y de **creer.**

B. Dos oraciones interrogativas con **creer,** seguido de subjuntivo.

C. Una oración con **creer,** seguido del futuro del verbo subordinado.

D. Una oración que exprese intención, después de **decir**.

E. Cinco oraciones después de locuciones impersonales.

F. Cinco después de conjunciones de tiempo.

G. Cinco con conjunciones de condición.

H. Cinco de fin.

I. Dos de excepción.

J. Tres de concesión.

K. Un ejemplo del uso del subjuntivo después de relativo con antecedente negativo.

L. Cinco ejemplos del uso del subjuntivo después de relativo con antecedente indeterminado.

M. Tres después de **por** con adjetivo o adverbio seguido de **que**.

N. Cinco después de superlativo en construcción relativa.

O. Dos después de **¡ojalá!**

P. Ponga las formas apropiadas de los verbos que están entre paréntesis:

1. Temió el marinero que (soplar) un viento fuerte del norte. 2. El capitán tuvo miedo de que (venir) una tormenta. 3. Mi padre estaba deseoso de que yo (estudiar) medicina. 4. No diré yo que me (parecer) enteramente un demonio. 5. El banquero no creyó que yo (poder) pagar tanto dinero. 6. ¿Cree Vd. que (tener) tiempo su amigo para alcanzar el tren? 7. Dígale que yo le (prestar) el dinero si lo (tener). 8. Puede ser que no (ser) cierto lo que él (decir). 9. Sería bueno que (ir) Vd. a saber qué sucede. 10. Hasta que (llegar) las vacaciones

no podré ir a Cuba. 11. En caso de que yo no (poder) ir, le avisaré por teléfono. 12. Si yo (hacer) tal cosa (ser) en defensa propia. 13. Si yo (hacer, *p.*) esto no será sino para complacer a Vd. 14. Para que no (seguir) molestándonos las moscas, (ser) bueno que María (cerrar) la alambrera. 15. Si no (llegar) refuerzos, la tropa no puede defender la ciudad. 16. A no ser que mis padres me (mandar) dinero pronto, no puedo pagar mis deudas. 17. Aunque el pintor (hacer) un retrato bueno de la señora, ella no estará conforme. 18. A pesar de que el banco (haber) prestado bastante dinero, el negocio resultará en quiebra. 19. Aunque el general Díaz (ser) viejo, es hombre de empuje (iniciativa). 20. Necesitamos un tenedor de libros que (saber) la doble partida.

144. PREGUNTAS

NOTA: Hasta 17 hay que emplear el subjuntivo.

A. 1. ¿Adónde va Vd.? 2. ¿En qué país quiere Vd. vivir? 3. ¿Dónde hay gente pobre? 4. ¿Queda conforme el patrón con el trabajo del criado? 5. Dicen que ya está arreglado ese negocio importante. — (¡Ojalá . . . !) 6. ¿Se hace rico el Sr. Martínez? 7. ¿Tiene constancia y firmeza el joven? 8. ¿Qué era lo mejor que Vds. pudieron hacer después del incendio de la casa? 9. ¿Qué zapatos le traigo, señor? 10. ¿Qué es lo peor que pueda suceder? 11. ¿Llega a tiempo el tren? 12. ¿Qué dificultades vamos a vencer? 13. ¿Qué va Vd. a hacer con esas monedas? 14. ¿Puedo hacerle a Vd. cambiar de intención? 15. Su hermano debe mucho dinero; ¿lo pagará Vd.? 16. ¿Quién puede componer la máquina? 17. ¿Cuándo se ve salir humo del volcán? 18. ¿Bajo qué condiciones van seguidos de subjuntivo o de condicional los verbos *decir* y *creer?* 19. ¿Qué forma del verbo se usa después del verbo *decir*, para expresar intención? 20. Haga una reseña o enumeración sucinta de los diversos usos del subjuntivo que Vd. haya aprendido en las lecciones 35 y 36.

B. PARA REPASO:

Explíquese el uso de los veinte subjuntivos que se encuentran en la siguiente cita, tomada de "Marianela," por Pérez Galdós. (Marianela o la Nela, como más se llamaba, era una muchacha pobre y de ideas extravagantes, un alma grande y soñadora, que habitaba un cuerpo mezquino y mal formado. Estaba perdidamente enamorada de su amo, un joven, ciego de nacimiento, a quien ella servía de guía. Él, por su parte, la amaba del mismo modo, por sus dones de imaginación poética y por su afición a todo lo que contribuye a la belleza del mundo que nos rodea y, sin saber nada de su fealdad, la idealizaba, dotándola de toda la hermosura angelical de cara y de figura que correspondiera a la belleza de su alma y le sirviese de digna habitación. Estando así las cosas, supo la muchacha que un famoso médico oculista intentaba hacer una operación en los ojos de su amo, para dotar, si fuese posible, con visión esos órganos hasta entonces inútiles. Pensando en esto, la Nela temía el terrible desengaño que habría de sufrir su amo en cuanto á ella, si recibiera su vista. Por lo tanto, en su desesperación reza a la Virgen en los siguientes quebrantados términos:)

"Madre de Dios y mía, ¿por qué no me hiciste hermosa? ¿Por qué cuando mi madre me tuvo no me miraste desde arriba? Mientras más me miro, más fea me encuentro. ¿Para qué estoy yo en el mundo? ¿para qué sirvo? ¿a quién puedo interesar? a uno solo, Señora y madre mía; a uno solo, que me quiere, porque no me ve. ¿Qué será de mí, cuando me vea y deje de quererme? . . . porque ¿cómo es posible que me quiera, viendo este cuerpo chico, esta figurilla de pájaro, esta tez pecosa, esta boca sin gracia, esta nariz picuda, este pelo descolorido, esta persona mía, que no sirve sino para que todo el mundo le dé con el pie? ¿Quién es la Nela? Nadie. La Nela sólo es algo para el ciego. Si sus ojos nacen ahora y los vuelve a mí y me ve, me caigo muerta . . . Él es el único para quien la Nela no es menos que los gatos y los perros. Me quiere como quieren los novios a sus novias, como Dios manda que se quieran las personas. Señora madre mía, ya que vas a hacer el milagro de darle vista, hazme hermosa a mí o mátame, porque para nada estoy en el mundo. Yo no soy nada ni nadie más que para uno solo . . . ¿Siento yo que recobre la vista? No, eso no, eso no. Yo quiero que vea. Daré mis ojos porque él vea con los suyos; daré mi vida toda. Yo quiero que D. Teodoro haga el milagro que dicen. ¡Benditos sean los hombres sabios! Lo que no quiero es que mi amo me vea, no. Antes que consentir que me vea, ¡Madre mía! me enterraré viva; me arrojaré al río. . . . Sí, sí; que se trague la tierra mi fealdad. Yo no debí haber nacido."

Y luego . . . proseguía:

"Mi corazón es todo para él. Este cieguecito, que ha tenido el antojo de quererme mucho, es para mí lo primero del mundo después de la Virgen María. ¡Oh! ¡Si yo fuese grande y hermosa; si tuviera el talle, la cara y el tamaño . . . sobre todo el tamaño, de otras mujeres; si yo pudiese llegar a ser señora y componerme . . . ¡Ay! entonces mi mayor delicia sería que sus ojos se recrearan en mí . . . Si yo fuera como las demás, siquiera como Mariuca . . . ¡qué pronto buscaría el modo de instruirme, de afinarme, de ser una señora! . . . ¡Oh! ¡Madre reina mía, lo único que tengo me lo vas a quitar! . . . ¿Para qué permitiste que le quisiera yo y que él me quisiera a mí? Esto no debió ser así."

Y derramando lágrimas y cruzando los brazos, añadió medio vencida por el sueño:

"¡Ay! ¡Cuánto te quiero, niño de mi alma! Quiere mucho a la Nela, a la pobre Nela, que no es nada . . . Quiéreme mucho . . . Déjame darte un beso en tu preciocísima cabeza . . . pero no abras los ojos, no me mires . . . ciérralos, así, así."

ÚLTIMA PALABRA

Una lengua es como la música: no basta saberla. Hay que practicarla todos los días; si no, se olvida.

¿No le parece al estudiante que sería buena idea practicar en alta voz a diario una de las precedentes lecciones, — hasta tener facilidad en todas?

Después se puede pasar al estudio de las LECTURAS FÁCILES por el mismo autor.

MANUAL DE INFLEXIONES[1]

CONJUGACIÓN DE LOS VERBOS

145. El verbo es la parte de la oración que varía más: el conjunto de sus variaciones, o sea la serie ordenada de sus inflexiones o desinencias, lleva el nombre de *conjugación*. Según su manera de conjugarse, los verbos son de la primera conjugación, si termina su infinitivo en *-ar;* de la segunda, si en *-er;* y de la tercera, si en *-ir;* v. gr.: *pasar, comer, vivir.* Las letras que en el infinitivo preceden a estas tres diversas terminaciones se llaman *radicales.*

146. Los verbos son *regulares* o *irregulares:* siendo regulares los que en todas sus tiempos y personas conservan sus letras radicales y toman las terminaciones ordinarias de la conjugación a que pertenecen; e irregulares, los que se conjugan alterando, ya sus radicales, ya las terminaciones propias de la conjugación regular, ya unas y otras; v. gr.: regulares, *pasar, comer, vivir;* irregulares que varían solamente sus radicales, *acertar, mover, sentir;* irregulares que varían tanto las terminaciones como las radicales, *estar, ser, tener, venir.*

147. Sin embargo, debe entenderse que la identidad de las radicales y de las terminaciones, que se establece para distinguir los verbos regulares de los irregulares, no se destruye con las leves variaciones a que obliga, en ciertos casos, la ortografía. Los verbos acabados en *-car, -cer, -cir,* y los en *-gar, -ger, -gir,* no dejan de ser regulares sólo porque algunas personas de los tres primeros muden la *c* en *qu* o en *z,* y algunas de los últimos admitan *u* después de la *g* o la cambien en *j;* puesto que esto consiste en que la *c* y la *g* tienen delante de las vocales *a, o, u* distinto valor que delante de la *e* y la *i;* por lo tanto, en los verbos *tocar, vencer, resarcir,* se escribe *toqué, venzo, resarzo;* y en *pagar, proteger, corregir,* escribimos *pagué, protejo, corrijo,* por evitar la pronunciación incorrecta que resultaría, si usáramos las radicales originales de estos verbos, *tocé, venco, resarco; pagé, protego, corrigo.*

[1] Se ha repetido aquí la conjugación de los verbos regulares e irregulares, que se encuentran también en el Libro Primero.

148. Tampoco, por la misma razón, es irregular ***delinquir***, aunque en algunas personas de sus tiempos se cambie la combinación *qu* en *c*, como *delinco, delincamos;* pues la *qu* hace oficio de *c* cuando se sigue *e* o *i*, para mantener la pronunciación fuerte, de que carece la *c* antes de estas dos vocales.

149. Ni son irregulares los verbos acabados en ***-aer, -eer, -oer***, como ***raer, leer, roer***, porque estas terminaciones que tienen *i* la muden en *y* (consonante) cuando hiere a la vocal subsiguiente para formar sílaba con ella; v. gr.: *leyó, leyeron, leyese, leyendo; rayó, rayeron, rayese, rayendo; royó, royeron, royese, royendo*, en vez de *leió, leieron, leiendo*, etc.

No son, pues, irregulares los verbos *caer, oír* y sus compuestos porque en algunas de sus terminaciones mudan la *i* en *y* (consonante); v. gr.: *cayó, oyendo*, sino por otros motivos que después se explicarán (180 y 186).

Úsanse a menudo *raer* y *roer* con ciertas formas irregulares: de esto se hablará en otro lugar (199 y 199 *b*).

150. Las raíces de los verbos, que se componen de las letras radicales, pueden siempre reconocerse quitando la terminación de cualquier tiempo, a excepción del futuro y del condicional; v. gr.: ***pas**-ar, **com**-er, **viv**-ir*. Las terminaciones de los verbos regulares se añaden directamente a las raíces, sin alteración alguna de unas u otras, a excepción de las del futuro y del condicional (véase 151, 3); v. gr.: ***pas-: pas-o, pas-amos, pas-ábamos; com-: com-a, com-ió, com-en; viv-: viv-isteis, viv-ís, viv-e:***

151. La mayor parte de los verbos irregulares forman sus tiempos añadiendo las desinencias propias a dos raíces principales: a saber, la raíz del *infinitivo* y la del *pretérito;* mas unos cuantos verbos requieren una tercera: es decir, la del *futuro.* La irregularidad de ésta consiste en una contracción del infinitivo o en una alteración de sus letras, como se verá en 151, 3.

(1) Tiempos Formados con la Raíz del Infinitivo; v. gr.: **est-**, **ten-**, **ven-**:

(*a*) Infinitivo: ***est**-ar, **ten**-er, **ven**-ir*.

(*b*) Imperfecto de indicativo (casi siempre regular): ***est-aba, ten-ía, ven-ía.***

(*c*) Presente de indicativo: ***est-oy,***[1] ***ten(g)-o, ven(g)-o.*** (Algunos verbos admiten una *g* o una *z* en primera persona; v. gr.: ***ten(g)-o, cono(z)c-o.***)

(*d*) Presente de subjuntivo: ***est-é, ven(g)-a, pertene(z)c-a.***

(*e*) Imperativo: ***est-á, est-é, ten, ten(g)-a, ven, vèn(g)-a.*** (Los plurales del imperativo familiar son siempre regulares.)

(*f*) Gerundio (comúnmente): ***est-ando, ten-iendo.***

(*g*) Participio pasivo: ***est-ado, ten-ido, ven-ido.***

(2) Tiempos Formados con la Raíz del Pretérito; v. gr.: **estuv–, tuv–, vin–:**

(*a*) Pretérito: ***estuv-e, tuv-e, vin-e.***

(*b*) Imperfecto de subjuntivo, dos formas:

estuv-iera, tuv-iera, vin-iera;
estuv-iese, tuv-iese, vin-iese.

(*c*) Futuro de subjuntivo: ***estuv-iere, tuv-iere, vin-iere.***

(*d*) Gerundio (raramente): ***vin-iendo.***

Nota: Cuando ocurre un cambio de vocal radical entre el infinitivo y el gerundio, como sucede con *dormir* — *durmiendo, pedir* — *pidiendo,* hay que advertir en general:

(1) Que habrá igual cambio entre la primera y la tercera persona del pretérito, como en *dormí* — *durmió, pedí* — *pidió.* Excepciones: *decir, poder, ser, venir, ver,* etc. (No se cuenta *ir* porque *yendo* no es más que *iendo.*)

(2) Que la vocal del gerundio será la del presente de indicativo y de subjuntivo como también de imperativo, con la excepción de la primera persona del plural de indica-

[1] Terminación irregular: sólo seis verbos tienen irregular la terminación de la primera persona del singular del presente de indicativo: son, *ser, soy; estar, estoy; ir, voy; dar, doy; haber, he; saber, sé.*

tivo y la segunda del plural (familiar) de indicativo y de imperativo, que son regulares.

Excepciones: *poder*, *ser*, *venir*, *ver*, etc.

Nótese que los verbos que en el presente de indicativo añaden una *i* a la *e* radical, o mudan la *o* radical en *ue*, hacen lo mismo en el presente de subjuntivo, excepto la primera persona del plural, que tiene la vocal del gerundio: *duerma — durmamos*, *sienta — sintamos*.

(3) Que la vocal del gerundio será la de los imperfectos de subjuntivo: *durmiera — durmiese*, *pidiera — pidiese*.

Nótese que tenemos aquí únicamente una aplicación de la regla general, que los imperfectos de subjuntivo se forman con la raíz del pretérito (entendido que ésta es la de la tercera persona); *ser* se ajusta a esta regla.

(3) TIEMPOS FORMADOS CON EL INFINITIVO (íntegro, en los regulares; alterado, en los irregulares); v. gr.: **estar–**, **tendr–**, **dir–**. (Véase 134, A, 2):

(*a*) Futuro: ***estar-é***, ***tendr-é***, ***dir-é***.

(*b*) Condicional: ***estar-ía***, ***tendr-ía***, ***dir-ía***.

152. TABLA DE LAS TERMINACIONES DE LOS VERBOS REGULARES DE LAS TRES CONJUGACIÓNES:

	INFINITIVO	GERUNDIO	PARTICIPIO
Primera Conjugación:	–ar	–ando	–ado (a)
Segunda Conjugación:	–er	–iendo	–ido (a)
Tercera Conjugación:	–ir	–iendo	–ido (a)

MODO INDICATIVO			MODO SUBJUNTIVO		
Presente			*Presente*		
1a Conj.	2a Conj.	3a Conj.	1a Conj.	2a Conj.	3a Conj.
–o	–o	–o	–e	–a	–a
–as	–es	–es	–es	–as	–as
–a	–e	–e	–e	–a	–a
–amos	–emos	–imos	–emos	–amos	–amos
–áis	–éis	–ís	–éis	–áis	–áis
–an	–en	–en	–en	–an	–an

1a Conj.	2a Conj.	3a Conj.	1a Conj.	2a Conj.	3a Conj.
	Imperfecto			*Imperfecto: Primera Forma*	
–aba	–ía	–ía	–ara	–iera	–iera
–abas	–ías	–ías	–aras	–ieras	–ieras
–aba	–ía	–ía	–ara	–iera	–iera
–ábamos	–íamos	–íamos	–áramos	–iéramos	–iéramos
–abais	–íais	–íais	–arais	–ierais	–ierais
–aban	–ían	–ían	–aran	–ieran	–ieran
	Pretérito			*Imperfecto: Segunda Forma*	
–é	–í	–í	–ase	–iese	–iese
–aste	–iste	–iste	–ases	–ieses	–ieses
–ó	–ió	–ió	–ase	–iese	–iese
–amos	–imos	–imos	–ásemos	–iésemos	–iésemos
–asteis	–isteis	–isteis	–aseis	–ieseis	–ieseis
–aron	–ieron	–ieron	–asen	–iesen	–iesen
	Futuro			*Futuro*	
–é	–é	–é	–are	–iere	–iere
–ás	–ás	–ás	–ares	–ieres	–ieres
–á	–á	–á	–are	–iere	–iere
–emos	–emos	–emos	–áremos	–iéremos	–iéremos
–éis	–éis	–éis	–areis	–iereis	–iereis
–án	–án	–án	–aren	–ieren	–ieren

CONDICIONAL

(Únicas desinencias: sirven para cada una de las conjugaciones)

Singular	*Plural*
–ía	–íamos
–ías	–íais
–ía	–ían

MODO IMPERATIVO

	Singular			*Plural*	
—	—	—	–emos	–amos	–amos
–a	–e	–e	–ad	–ed	–id
–e	–a	–a	–en	–an	–an

153. **Haber**, verbo auxiliar de irregularidad especial, usado principalmente para formar los tiempos compuestos de los demás verbos:

MODO INFINITIVO	GERUNDIO	PARTICIPIO[1]
haber	**habiendo**	**habido**

MODO INDICATIVO		MODO SUBJUNTIVO	
Presente		*Presente*	
SINGULAR	PLURAL	SINGULAR	PLURAL
yo[2] **he**	nosotros **hemos**	yo **haya**	nosotros **hayamos**
tú **has**	vosotros **habéis**	tú **hayas**	vosotros **hayáis**
él *o* Vd.[3] **ha**	ellos *o* Vds. **han**	él *o* Vd. **haya**	ellos *o* Vds. **hayan**
Imperfecto		*Imperfecto: Primera Forma*	
había	**habíamos**	**hubiera**	**hubiéramos**
habías	**habíais**	**hubieras**	**hubierais**
había	**habían**	**hubiera**	**hubieran**
Pretérito		*Imperfecto: Segunda Forma*	
hube	**hubimos**	**hubiese**	**hubiésemos**
hubiste	**hubisteis**	**hubieses**	**hubieseis**
hubo	**hubieron**	**hubiese**	**hubiesen**
Futuro		*Futuro*	
habré	**habremos**	**hubiere**	**hubiéremos**
habrás	**habréis**	**hubieres**	**hubiereis**
habrá	**habrán**	**hubiere**	**hubieren**

[1] Cuando se use en adelante la palabra *participio* sin voz calificativa, se sobrentenderá que se refiere al *participio pasivo*.

[2] Se omitirán en adelante de las conjugaciones los pronombres personales, como deben haberse aprendido perfectamente.

[3] Como se ha dicho ya, el pronombre *usted* (plural, *ustedes*), abreviación de las dos palabras *vuestra merced*, es voz de tratamiento cortesano con que se refiere a la persona a quien se habla o se escribe, pero se usa siempre con la tercera persona del verbo. Se escribe y se imprime modernamente de varios modos: en singular, *usted*, *V.*, *Vd.*, *Ud.*, y en plural, *ustedes*, *VV.*, *Vds.*, *Uds.;* pero se puede notar cada vez más una tendencia de imprimirlo sin abreviación alguna en las mejores obras literarias editadas en España.

CONDICIONAL

Singular	*Plural*
habría	habríamos
habrías	habríais
habría	habrían

MODO IMPERATIVO

Singular	*Plural*
he tú[1]	hayamos nosotros
haya él	habed vosotros[2]
	hayan ellos

154. **Haber**, usado como verbo impersonal, se conjuga de la manera siguiente:

TIEMPOS SENCILLOS

MODO INFINITIVO	GERUNDIO	PARTICIPIO
haber	habiendo	habido

MODO INDICATIVO	MODO SUBJUNTIVO
Presente	*Presente*
SINGULAR Y PLURAL	SINGULAR Y PLURAL
hay[3]	haya
Imperfecto	*Imperfecto: Primera Forma*
había	hubiera
Préterito	*Imperfecto: Segunda Forma*
hubo	hubiese
Futuro	*Futuro*
habrá	hubiere

CONDICIONAL

habría

TIEMPOS COMPUESTOS

Perfecto de INFINITIVO	*Perfecto de* GERUNDIO
haber habido	habiendo habido

[1] Usado sólo en ciertas frases, v. gr.: *¡he aquí!*
[2] Poco usado y sólo en frases, como: *¡habed aquí!*
[3] *Hay* pierde la y cuando se usa para expresar transcurso de tiempo; v. gr.: *tres años ha.*

MODO INDICATIVO

Perfecto

SINGULAR Y PLURAL

ha habido

Pluscuamperfecto

había habido

Pretérito Anterior

hube habido

Futuro Anterior

habrá habido

CONDICIONAL ANTERIOR

habría habido

MODO SUBJUNTIVO

Perfecto

SINGULAR Y PLURAL

haya habido

Pluscuamperfecto: Primera Forma

hubiera habido

Pluscuamperfecto: Segunda Forma

hubiese habido

Futuro Anterior

hubiere habido

155. Conjugación del verbo auxiliar **ser:**

MODO INFINITIVO	GERUNDIO	PARTICIPIO
ser	**siendo**	**sido**

MODO INDICATIVO

Presente

SINGULAR	PLURAL
soy	somos
eres	sois
es	son

Imperfecto

era	éramos
eras	erais
era	eran

Pretérito

fuí	fuimos
fuiste	fuisteis
fué	fueron

Futuro

seré	seremos
serás	seréis
será	serán

MODO SUBJUNTIVO

Presente

SINGULAR	PLURAL
sea	seamos
seas	seáis
sea	sean

Imperfecto: Primera Forma

fuera	fuéramos
fueras	fuerais
fuera	fueran

Imperfecto: Segunda Forma

fuese	fuésemos
fueses	fueseis
fuese	fuesen

Futuro

fuere	fuéremos
fueres	fuereis
fuere	fueren

MODO IMPERATIVO		CONDICIONAL	
—	seamos	sería	seríamos
sé[1]	sed	serías	seríais
sea	sean	sería	serían

156. **Pasar**, ejemplo de la primera conjugación:

TIEMPOS SENCILLOS

MODO INFINITIVO	GERUNDIO	PARTICIPIO
pasar	pasando	pasado

MODO INDICATIVO

Presente

SINGULAR	PLURAL
paso	pasamos
pasas	pasáis
pasa	pasan

Imperfecto

pasaba	pasábamos
pasabas	pasabais
pasaba	pasaban

Pretérito

pasé	pasamos
pasaste	pasasteis
pasó	pasaron

Futuro

pasaré	pasaremos
pasarás	pasaréis
pasará	pasarán

MODO IMPERATIVO

	pasemos
pasa	pasad
pase	pasen

MODO SUBJUNTIVO

Presente

SINGULAR	PLURAL
pase	pasemos
pases	paséis
pase	pasen

Imperfecto: Primera Forma

pasara	pasáramos
pasaras	pasarais
pasara	pasaran

Imperfecto: Segunda Forma

pasase	pasásemos
pasases	pasaseis
pasase	pasasen

Futuro

pasare	pasáremos
pasares	pasareis
pasare	pasaren

CONDICIONAL

pasaría	pasaríamos
pasarías	pasaríais
pasaría	pasarían

TIEMPOS COMPUESTOS

Perfecto de INFINITIVO	*Perfecto de* GERUNDIO
haber pasado	habiendo pasado

[1] Se acentua para distinguirlo del pronombre *se*.

MODO INDICATIVO		MODO SUBJUNTIVO	
Perfecto		*Perfecto*	
he pasado	hemos pasado	haya pasado	hayamos pasado
has pasado	habéis pasado	hayas pasado	hayáis pasado
ha pasado	han pasado	haya pasado	hayan pasado
Pluscuamperfecto		*Pluscuamperfecto: Primera Forma*	
había pasado	habíamos pasado	hubiera pasado	hubiéramos pasado
habías pasado	habíais pasado	hubieras pasado	hubierais pasado
había pasado	habían pasado	hubiera pasado	hubieran pasado
Pretérito Anterior		*Pluscuamperfecto: Segunda Forma*	
hube pasado	hubimos pasado	hubiese pasado	hubiésemos pasado
hubiste pasado	hubisteis pasado	hubieses pasado	hubieseis pasado
hubo pasado	hubieron pasado	hubiese pasado	hubiesen pasado
Futuro Anterior		*Futuro Anterior*	
habré pasado	habremos pasado	hubiere pasado	hubiéremos pasado
habrás pasado	habréis pasado	hubieres pasado	hubiereis pasado
habrá pasado	habrán pasado	hubiere pasado	hubieren pasado

CONDICIONAL ANTERIOR

Singular	*Plural*
habría pasado	habríamos pasado
habrías pasado	habríais pasado
habría pasado	habrían pasado

157. **Comer**, ejemplo de la segunda conjugación:[1]

MODO INFINITIVO	GERUNDIO	PARTICIPIO
comer	comiendo	comido

MODO INDICATIVO		MODO SUBJUNTIVO	
Presente		*Presente*	
SINGULAR	PLURAL	SINGULAR	PLURAL
como	comemos	coma	comamos
comes	coméis	comas	comáis
come	comen	coma	coman

[1] No se dan los tiempos compuestos de este verbo, como se forman de la misma manera que los de la primera conjugación, combinando los tiempos del auxiliar *haber* con el participio *comido*.

Imperfecto		*Imperfecto: Primera Forma*	
comía	comíamos	comiera	comiéramos
comías	comíais	comieras	comierais
comía	comían	comiera	comieran

Pretérito		*Imperfecto: Segunda Forma*	
comí	comimos	comiese	comiésemos
comiste	comisteis	comieses	comieseis
comió	comieron	comiese	comiesen

Futuro		*Futuro*	
comeré	comeremos	comiere	comiéremos
comerás	comeréis	comieres	comiereis
comerá	comerán	comiere	comieren

MODO IMPERATIVO		CONDICIONAL	
	comamos	comería	comeríamos
come	comed	comerías	comeríais
coma	coman	comería	comerían

158. **Vivir**, ejemplo de tercera conjugación:[1]

MODO INFINITIVO	GERUNDIO	PARTICIPIO
vivir	**viviendo**	**vivido**

MODO INDICATIVO		MODO SUBJUNTIVO	
Presente		*Presente*	
Singular	Plural	Singular	Plural
vivo	vivimos	viva	vivamos
vives	vivís	vivas	viváis
vive	viven	viva	vivan

Imperfecto		*Imperfecto: Primera Forma*	
vivía	vivíamos	viviera	viviéramos
vivías	vivíais	vivieras	vivierais
vivía	vivían	viviera	vivieran

[1] No se dan aquí los tiempos compuestos de este verbo, puesto que se forman de la misma manera que los de la primera conjugación, combinando los tiempos del auxiliar *haber* con el participio *vivido*.

Pretérito		*Imperfecto: Segunda Forma*	
viví	vivimos	viviese	viviésemos
viviste	vivisteis	vivieses	vivieseis
vivió	vivieron	viviese	viviesen
Futuro		*Futuro*	
viviré	viviremos	viviere	viviéremos
vivirás	viviréis	vivieres	viviereis
vivirá	vivirán	viviere	vivieren
MODO IMPERATIVO		CONDICIONAL	
	vivamos	viviría	viviríamos
vive	vivid	vivirías	viviríais
viva	vivan	viviría	vivirían

159. **Ser amado –a,**[1] ejemplo de verbo conjugado en voz pasiva:

TIEMPOS SENCILLOS

MODO INFINITIVO

ser amado –a, –os, as

GERUNDIO	PARTICIPIO
siendo amado –a, –os, –as	**sido amado –a, –os, –as**

MODO INDICATIVO

Presente	
SINGULAR	PLURAL
soy amado –a	somos amados –as
eres amado –a	sois amados –as
es amado –a	son amados –as
Imperfecto	
era amado –a	éramos amados –as
eras amado –a	erais amados –as
era amado –a	eran amados –as
Pretérito	
fuí amado –a	fuimos amados –as
fuiste amado –a	fuisteis amados –as
fué amado –a	fueron amados –as

[1] El participio, usado con *ser* para suplir la voz pasiva, varía su terminación para concordar en género y número con el substantivo que recibe o sufre su acción; v. gr.: *Carlos es amado de su amigo; las madres son amadas de sus hijos; el caballo fué herido por el toro.*

Futuro

seré amado –a	seremos amados –as
serás amado –a	seréis amados –as
será amado –a	serán amados –as

MODO IMPERATIVO

	seamos amados –as
sé amado –a	sed amados –as
sea amado –a	sean amados –as

MODO SUBJUNTIVO

Presente

SINGULAR	PLURAL
sea amado –a	seamos amados –as
seas amado –a	seáis amados –as
sea amado –a	sean amados –as

Imperfecto: Primera Forma

fuera amado –a	fuéramos amados –as
fueras amado –a	fuerais amados –as
fuera amado –a	fueran amados –as

Imperfecto: Segunda Forma

fuese amado –a	fuésemos amados –as
fueses amado –a	fueseis amados –as
fuese amado –a	fuesen amados –as

Futuro

fuere amado –a	fuéremos amados –as
fueres amado –a	fuereis amados –as
fuere amado –a	fueren amados –as

CONDICIONAL

sería amado –a	seríamos amados –as
serías amado –a	seríais amados –as
sería amado –a	serían amados –as

TIEMPOS COMPUESTOS

Perfecto de IMPERATIVO	*Perfecto de* GERUNDIO
haber sido amado –a, –os, –as	habiendo sido amado –a, –os, –as

MODO INDICATIVO

Perfecto

he sido amado –a
has sido amado –a
ha sido amado –a

hemos sido amados –as
habéis sido amados –as
han sido amados –as

Pluscuamperfecto

había sido amado –a
habías sido amado –a
había sido amado –a

habíamos sido amados –as
habíais sido amados –as
habían sido amados –as

Pretérito Anterior

hube sido amado –a
hubiste sido amado –a
hubo sido amado –a

hubimos sido amados –as
hubisteis sido amados –as
hubieron sido amados –as

Futuro Anterior

habré sido amado –a
habras sido amado –a
habra sido amado –a

habremos sido amados –as
habréis sido amados –as
habrán sido amados –as

MODO SUBJUNTIVO

Perfecto

haya sido amado –a
hayas sido amado –a
haya sido amado –a

hayamos sido amados –as
hayáis sido amados –as
hayan sido amados –as

Pluscuamperfecto: Primera Forma

hubiera sido amado –a
hubieras sido amado –a
hubiera sido amado –a

hubiéramos sido amados –as
hubierais sido amados –as
hubieran sido amados –as

Pluscuamperfecto: Segunda Forma

hubiese sido amado –a
hubieses sido amado –a
hubiese sido amado –a

hubiésemos sido amados –as
hubieseis sido amados –as
hubiesen sido amados –as

Futuro Anterior

hubiere sido amado –a
hubieres sido amado –a
hubiere sido amado –a

hubiéremos sido amados –as
hubiereis sido amados –as
hubieren sido amados –as

CONDICIONAL ANTERIOR

Singular

habría sido amado –a
habrías sido amado –a
habría sido amado –a

Plural

habríamos sido amados –as
habríais sido amados –as
habrían sido amados –as

160. Conjugación del verbo auxiliar **estar:**

MODO INFINITIVO	GERUNDIO	PARTICIPIO
estar	**estando**	**estado**

MODO INDICATIVO		MODO SUBJUNTIVO	
Presente		*Presente*	
SINGULAR	PLURAL	SINGULAR	PLURAL
estoy	**estamos**	**esté**	**estemos**
estás	**estáis**	**estés**	**estéis**
está	**están**	**esté**	**estén**
Imperfecto		*Imperfecto: Primera Forma*	
estaba	**estábamos**	**estuviera**	**estuviéramos**
estabas	**estabais**	**estuvieras**	**estuvierais**
estaba	**estaban**	**estuviera**	**estuvieran**
Pretérito		*Imperfecto: Segunda Forma*	
estuve	**estuvimos**	**estuviese**	**estuviésemos**
estuviste	**estuvisteis**	**estuvieses**	**estuvieseis**
estuvo	**estuvieron**	**estuviese**	**estuviesen**
Futuro		*Futuro*	
estaré	**estaremos**	**estuviere**	**estuviéremos**
estarás	**estaréis**	**estuvieres**	**estuviereis**
estará	**estarán**	**estuviere**	**estuvieren**
MODO IMPERATIVO		CONDICIONAL	
	estemos	**estaría**	**estaríamos**
está	**estad**	**estarías**	**estaríais**
esté	**estén**	**estaría**	**estarían**

161. Estar pasando, ejemplo de forma progresiva de un verbo:

MODO INFINITIVO	PARTICIPIO
estar pasando	**estado pasando**

MODO INDICATIVO

Presente

SINGULAR	PLURAL
estoy pasando	**estamos pasando**
estás pasando	**estáis pasando**
está pasando	**están pasando**

Imperfecto

estaba pasando	estábamos pasando
estabas pasando	estabais pasando
estaba pasando	estaban pasando

Pretérito

estuve pasando	estuvimos pasando
estuviste pasando	estuvisteis pasando
estuvo pasando	estuvieron pasando

Futuro

estaré pasando	estaremos pasando
estarás pasando	estaréis pasando
estará pasando	estarán pasando

MODO IMPERATIVO

Singular	*Plural*
	estemos pasando
está pasando	estad pasando
esté pasando	estén pasando

MODO SUBJUNTIVO

Presente

SINGULAR	PLURAL
esté pasando	estemos pasando
estés pasando	estéis pasando
esté pasando	estén pasando

Imperfecto: Primera Forma

estuviera pasando	estuviéramos pasando
estuvieras pasando	estuvierais pasando
estuviera pasando	estuvieran pasando

Imperfecto: Segunda Forma

estuviese pasando	estuviésemos pasando
estuvieses pasando	estuvieseis pasando
estuviese pasando	estuviesen pasando

Futuro

estuviere pasando	estuviéremos pasando
estuvieres pasando	estuviereis pasando
estuviere pasando	estuvieren pasando

CONDICIONAL

estaría pasando	estaríamos pasando
estarías pasando	estaríais pasando
estaría pasando	estarían pasando

162. **Lavarse**, ejemplo de la conjugación de verbo reflexivo:

MODO INFINITIVO

lavarse

MODO INDICATIVO

Presente

Singular	Plural
me lavo	nos lavamos
te lavas	os laváis
se lava	se lavan

Imperfecto

me lavaba	nos lavábamos
te lavabas	os lavabais
se lavaba	se lavaban

Pretérito

me lavé	nos lavamos
te lavaste	os lavasteis
se lavó	se lavaron

Futuro

me lavaré	nos lavaremos
te lavarás	os lavaréis
se lavará	se lavarán

MODO IMPERATIVO

	lavémonos
lávate	lavaos[1]
lávese	lávense

GERUNDIO

lavándose

MODO SUBJUNTIVO

Presente

Singular	Plural
me lave	nos lavemos
te laves	os lavéis
se lave	se laven

Imperfecto: Primera Forma

me lavara	nos laváramos
te lavaras	os lavarais
se lavara	se lavaran

Imperfecto: Segunda Forma

me lavase	nos lavásemos
te lavases	os lavaseis
se lavase	se lavasen

Futuro

me lavare	nos laváremos
te lavares	os lavareis
se lavare	se lavaren

CONDICIONAL

me lavaría	nos lavaríamos
te lavarías	os lavaríais
se lavaría	se lavarían

[1] Delante del enclítico *os* se pierde la *d* de la segunda persona del imperativo (del tratamiento familiar), como aquí. Se exceptúa sólo el verbo *ir*, que actualmente hace *idos*, aunque antes se decía también *íos*.

VERBOS IRREGULARES CLASIFICADOS

Los verbos de las doce clases siguientes se alteran según ciertas reglas fijas en algunos de sus tiempos y personas. En los ejemplos que siguen se dan sólo las formas irregulares; siendo regulares las demás, a saber, semejantes a las de los modelos, *pasar*, *comer* y *vivir*.

I

163. Muchos verbos de la primera y la segunda conjugación y todos los de la tercera, que contienen una *e* en la penúltima sílaba, introducen una *i* antes de esa radical cuando se cae el acento en dicha sílaba:

acertar	**entender**	**discernir**
	Presente de INDICATIVO	
yo acierto	entiendo	discierno
tú aciertas	entiendes	disciernes
él acierta	entiende	discierne
ellos aciertan	entienden	disciernen
	Presente de SUBJUNTIVO	
yo acierte	entienda	discierna
tú aciertes	entiendas	disciernas
él acierte	entienda	discierna
ellos acierten	entiendan	disciernan
	MODO IMPERATIVO	
acierta tú	entiende	discierne
acierte él	entienda	discierna
acierten ellos	entiendan	disciernan

164. **Errar**, uno de los verbos de esta clase, toma una *y* consonante delante de la radical *e* en las formas siguientes:

Presente de INDICATIVO	*Presente de* SUBJUNTIVO	IMPERATIVO
yo yerro	yerre	———
tú yerras	yerres	yerra tú
él yerra	yerre	yerre él
ellos yerran	yerren	yerren ellos

II

165. Muchos verbos de la primera y la segunda conjugación, que contienen una *o* en la penúltima sílaba, cambian esta radical en *ue* cuando ocurre en sílaba acentuada:

Presente de INDICATIVO		*Presente de* SUBJUNTIVO	
contar	**mover**		
yo cuento	muevo	cuente	mueva
tú cuentas	mueves	cuentes	muevas
él cuenta	mueve	cuente	mueva
ellos cuentan	mueven	cuenten	muevan

MODO IMPERATIVO

cuenta tú	mueve tú
cuente él	mueva él
cuenten ellos	muevan ellos

166. **Desosar, desovar** y **oler**, verbos irregulares de esta clase, toman una *h* antes del diptongo radical *ue*, aunque regulares en otros respectos:

Presente de INDICATIVO			*Presente de* SUBJUNTIVO		
yo deshueso	deshuevo	huelo	deshuese	deshueve	huela
tú deshuesas	deshuevas	hueles	deshueses	deshueves	huelas
él deshuesa	deshueva	huele	deshuese	deshueve	huela
ellos deshuesan	deshuevan	huelen	deshuesen	deshueven	huelan

MODO IMPERATIVO

deshuesa tú	deshueva	huele
deshuese él	deshueve	huela
deshuesen ellos	deshueven	huelan

III

167. Todos los verbos terminados en *–acer*, *–ecer*, *–ocer* y *–ucir*, a excepción de *mecer* y *remecer*, que son regulares, y *hacer* y sus compuestos, *placer*, *yacer*, *cocer*, *escocer*, *recocer*, y los terminados en *–ducir*, que tienen otros distintos géneros de irregularidad, toman una *z* antes de la *c* radical en algunos tiempos y personas, a saber, cuando ésta precede a *a* u *o*:

nacer	**agradecer**	**conocer**	**lucir**
	Presente de INDICATIVO		
yo nazco	**agradezco**	**conozco**	**luzco**
	Presente de SUBJUNTIVO		
yo nazca	**agradezca**	**conozca**	**luzca**
tú nazcas	**agradezcas**	**conozcas**	**luzcas**
él nazca	**agradezca**	**conozca**	**luzca**
nosotros nazcamos	**agradezcamos**	**conozcamos**	**luzcamos**
vosotros nazcáis	**agradezcáis**	**conozcáis**	**luzcáis**
ellos nazcan	**agradezcan**	**conozcan**	**luzcan**
	MODO IMPERATIVO		
nazca él	**agradezca**	**conozca**	**luzca**
nazcamos nosotros	**agradezcamos**	**conozcamos**	**luzcamos**
nazcan ellos	**agradezcan**	**conozcan**	**luzcan**

IV

168. Todos los verbos terminados en *–ducir* tienen la misma irregularidad que los de la tercera clase y además las siguientes: cambian en algunas personas la *c* radical en *j*; en otras se alteran de igual manera y dejan de tomar la inicial de las desinencias regulares; en la primera y la tercera persona de singular del pretérito de indicativo tienen las terminaciones *e* y *o* inacentuadas, en lugar de los regulares *í*, *ió:*

conducir

MODO INDICATIVO

Presente

yo conduzco

Pretérito

conduje	condujimos
condujiste	condujisteis
condujo	condujeron

MODO SUBJUNTIVO

Presente

conduzca	conduzcamos
conduzcas	conduzcáis
conduzca	conduzcan

Imperfecto: Primera Forma

condujera	condujéramos
condujeras	condujerais
condujera	condujeran

Futuro

condujere	condujéremos
condujeres	condujereis
condujere	condujeren

Imperfecto: Segunda Forma

condujese	condujésemos
condujeses	condujeseis
condujese	condujesen

MODO IMPERATIVO

	conduzcamos nosotros
conduzca él	conduzcan ellos

V

169. Se compone esta clase de todos los verbos terminados en *–añer*, *–añir*, *–iñir*, *–uñir* y en *–eller* y *–ullir*. Su única irregularidad consiste en no tomar la *i*, que en algunas de sus desinencias tienen los verbos regulares de la segunda y la tercera conjugación; lo cual se origina de no prestarse en español la *ll* ni la *ñ* a preceder a los diptongos *io*, *ie*, formando sílabas con ellos. Ejemplos:

tañer	plañir	mullir
	GERUNDIO	
tañendo	plañendo	mullendo

Pretérito de INDICATIVO

él tañó	plañó	mulló
ellos tañeron	plañeron	mulleron

MODO SUBJUNTIVO

Imperfecto

Primera Forma

tañera	plañera	mullera
tañeras	plañeras	mulleras
tañera	plañera	mullera
tañéramos	plañéramos	mulléramos
tañerais	plañerais	mullerais
tañeran	plañeran	mulleran

Segunda Forma

tañese	plañese	mullese
tañeses	plañeses	mulleses
tañese	plañese	mullese
tañésemos	plañésemos	mullésemos
tañeseis	plañeseis	mulleseis
tañesen	plañesen	mullesen

Futuro

tañere	plañere	mullere
tañeres	plañeres	mulleres
tañere	plañere	mullere
tañéremos	plañéremos	mulléremos
tañereis	plañereis	mullereis
tañeren	plañeren	mulleren

VI

170. Son de la sexta clase *servir* y todos los verbos terminados en *–ebir, –edir, –egir, –eguir, –emir, –enchir, –endir, –estir* y *–etir.* Mudan en algunos tiempos y personas la *e* de la penúltima sílaba en *i.* Ejemplo:

pedir

GERUNDIO

pidiendo

MODO INDICATIVO

Presente		*Pretérito*	
SINGULAR	PLURAL	SINGULAR	PLURAL
yo pido	pedimos	pedí	pedimos
tú pides	pedís	pediste	pedisteis
él pide	ellos piden	pidió	pidieron

MODO SUBJUNTIVO

Presente		*Imperfecto: Primera Forma*	
pida	pidamos	pidiera	pidiéramos
pidas	pidáis	pidieras	pidierais
pida	pidan	pidiera	pidieran

Futuro		*Imperfecto: Segunda Forma*	
pidiere	pidiéremos	pidiese	pidiésemos
pidieres	pidiereis	pidieses	pidieseis
pidiere	pidieren	pidiese	pidiesen

MODO IMPERATIVO

	pidamos nosotros
pide tú	pedid
pida él	pidan ellos

VII

171. Son de esta clase los verbos terminados en *–eir* y *–eñir*, y mudan en varios tiempos y personas la *e* de la penúltima sílaba en *i*, y en algunos de ellos dejan de tomar la *i* de las terminaciones regulares. Ejemplos:

reir	**ceñir**
GERUNDIO	
riendo	ciñendo
Presente de INDICATIVO	
yo río	ciño
tú ríes	ciñes
él ríe	ciñe
ellos ríen	ciñen

Pretérito de INDICATIVO

él rió		ciñó	
ellos rieron		ciñeron	

MODO SUBJUNTIVO

Presente		*Presente*	
SINGULAR	PLURAL	SINGULAR	PLURAL
ría	riamos	ciña	ciñamos
rías	riáis	ciñas	ciñáis
ría	rían	ciña	ciñan

Imperfecto: Dos Formas

riera	riese	ciñera	ciñese
rieras	rieses	ciñeras	ciñeses
riera	riese	ciñera	ciñese
riéramos	riésemos	ciñéramos	ciñésemos
rierais	rieseis	ciñerais	ciñeseis
rieran	riesen	ciñera	ciñesen

Futuro

riere	riéremos	ciñere	ciñéremos
rieres	riereis	ciñeres	ciñereis
riere	rieren	ciñere	ciñeren

MODO IMPERATIVO

	ríamos nosotros		ciñamos
ríe tú		ciñe	
ría él	rían ellos	ciña	ciñan

Suele decirse, aunque incorrectamente, *riyó*, *riyeron; riyera*, *riyeras; riyese*, *riyeses; riyere*, *riyeres*, etc., y *riyendo;* en vez de *rió*, *rieron; riera*, *rieras; riese*, *rieses; riere*, *rieres*, etc., y *riendo.*

VIII

172. **Hervir** y **rehervir** y todos los terminados en *-entir*, *-erir* y *-ertir* toman en algunas personas una *i* antes de la *e* de la penúltima sílaba, en otras mudan esta *e* en *i*. Ejemplo:

sentir

GERUNDIO

sintiendo

MODO INDICATIVO

Presente		*Pretérito*	
SINGULAR	PLURAL	SINGULAR	PLURAL
yo **siento**			
tú **sientes**			
él **siente**	ellos **sienten**	**sintió**	**sintieron**

MODO SUBJUNTIVO

Presente		*Imperfecto: Primera Forma*	
sienta	**sintamos**	**sintiera**	**sintiéramos**
sientas	**sintáis**	**sintieras**	**sintierais**
sienta	**sientan**	**sintiera**	**sintieran**

Futuro		*Imperfecto: Segunda Forma*	
sintiere	**sintiéremos**	**sintiese**	**sintiésemos**
sintieres	**sintiereis**	**sintieses**	**sintieseis**
sintiere	**sintieren**	**sintiese**	**sintiesen**

MODO IMPERATIVO

	sintamos nosotros
siente tú	
sienta él	**sientan ellos**

IX

173. Los verbos de esta clase son **jugar** y los terminados en *-irir*. Toman en algunos tiempos y personas una *e*, el primero después de la radical *u*, y los otros después de la *i* de la penúltima sílaba. Ejemplos:

Presente de INDICATIVO

jugar		**adquirir**	
SINGULAR	PLURAL	SINGULAR	PLURAL
yo **juego**		**adquiero**	
tú **juegas**		**adquieres**	
él **juega**	ellos **juegan**	**adquiere**	**adquieren**

Presente de SUBJUNTIVO

yo juegue		adquiera	
tú juegues		adquieras	
él juegue	ellos jueguen	adquiera	adquieran

MODO IMPERATIVO

juega tú		adquiere	
juegue él	juegan ellos	adquiera	adquieran

X

174. Los verbos terminados en –**uir**, menos ***inmiscuir***, toman en algunos tiempos y personas una *y* después de la *u* radical. Ejemplo:

huir

Presente de INDICATIVO		*Presente de* SUBJUNTIVO	
SINGULAR	PLURAL	SINGULAR	PLURAL
yo huyo		huya	huyamos
tú huyes		huyas	huyáis
él huye	ellos huyen	huya	huyan

MODO IMPERATIVO

SINGULAR	PLURAL
	huyamos nosotros
huye tú	
huye él	huyan ellos

Los verbos de esta clase toman también una *y* en lugar de la *i* de las terminaciones regulares en la tercera persona de singular y plural del pretérito de indicativo; en todas las personas de las dos formas del imperfecto y del futuro de subjuntivo; y en el gerundio; v. gr.: ***huyó, huyeron; huyera, huyese, huyere; huyendo;*** pero esto no debe considerarse como irregularidad, según lo advertido en 149.

XI

175. Son de esta clase los verbos **dormir** y **morir** y sus compuestos. Mudan la *o* radical algunas veces en *ue* y otras en *u*. Ejemplo:

dormir

GERUNDIO

durmiendo

MODO INDICATIVO

Presente		*Pretérito*	
SINGULAR	PLURAL	SINGULAR	PLURAL
yo **duermo**			
tú **duermes**			
él **duerme**	ellos **duermen**	**durmió**	**durmieron**

MODO SUBJUNTIVO

Presente		*Imperfecto: Primera Forma*	
duerma	**durmamos**	**durmiera**	**durmiéramos**
duermas	**durmáis**	**durmieras**	**durmierais**
duerma	**duerman**	**durmiera**	**durmieran**

Futuro		*Imperfecto: Segunda Forma*	
durmiere	**durmiéremos**	**durmiese**	**durmiésemos**
durmieres	**durmiereis**	**durmieses**	**durmieseis**
durmiere	**durmieren**	**durmiese**	**durmiesen**

MODO IMPERATIVO

	durmamos nosotros
duerme tú	
duerma él	**duerman** ellos

Es regular el participio pasivo de **dormir**, e irregular el de **morir**, como se verá en 202.

XII

176. Pertenecen a esta clase los verbos **valer** y **salir** y sus compuestos. Toman después de la *l* radical una *g* en algunas personas; en otras, una *d* en vez de la *e* y la *i*

que respectivamente corresponde a las terminaciones regulares de los verbos de la segunda y la tercera conjugación; en la segunda persona de singular del imperativo pierden la desinencia *e* de los regulares. **Valer** se usa también, y más frecuentemente, como regular en esta misma persona. Ejemplos:

valer		**salir**	
	Presente de INDICATIVO		
yo **valgo**		**salgo**	
	Futuro de INDICATIVO		
SINGULAR	PLURAL	SINGULAR	PLURAL
valdré	**valdremos**	**saldré**	**saldremos**
valdrás	**valdréis**	**saldrás**	**saldréis**
valdrá	**valdrán**	**saldrá**	**saldrán**
	Presente de SUBJUNTIVO		
valga	**valgamos**	**salga**	**salgamos**
valgas	**valgáis**	**salgas**	**salgáis**
valga	**valgan**	**salga**	**salgan**
	CONDICIONAL		
valdría	**valdríamos**	**saldría**	**saldríamos**
valdrías	**valdríais**	**saldrías**	**saldríais**
valdría	**valdrían**	**saldría**	**saldrían**
	MODO IMPERATIVO		
	valgamos nosotros		**salgamos nosotros**
val *o* **vale tú**		**sal**	
valga él	**valgan ellos**	**salga**	**salgan**

VERBOS IRREGULARES NO CLASIFICADOS

Los verbos siguientes tienen irregularidades especiales. Anótanse de estos verbos, como de los anteriores, solamente las personas que tienen irregularidad; en todas las demás se conjugan con formas regulares.

177. Andar:

MODO INDIC.	MODO SUBJUNTIVO		
Pretérito	*Imperfecto: Dos Formas*		*Futuro*
anduve	anduviera	anduviese	anduviere
anduviste	anduvieras	anduvieses	anduvieres
anduvo	anduviera	anduviese	anduviere
anduvimos	anduviéramos	anduviésemos	anduviéremos
anduvisteis	anduvierais	anduvieseis	anduviereis
anduvieron	anduvieran	anduviesen	anduvieren

Conjúgase de la misma manera su compuesto *desandar*.

178. Asir:

Pres. de INDIC.	*Pres. de* SUBJUNTIVO		MODO IMPERATIVO	
yo asgo	asga	asgamos		asgamos nosotros
	asgas	asgáis		
	asga	asgan	asga él	asgan ellos

Lo mismo se conjuga su compuesto *desasir*.

179. Caber:

MODO INDICATIVO

Presente	*Pretérito*		*Futuro*	
yo quepo	cupe	cupimos	cabré	cabremos
	cupiste	cupisteis	cabrás	cabréis
	cupo	cupieron	cabrá	cabrán

MODO SUBJUNTIVO

Presente		*Imperfecto: Primera Forma*	
quepa	quepamos	cupiera	cupiéramos
quepas	quepáis	cupieras	cupierais
quepa	quepan	cupiera	cupieran

Futuro		*Imperfecto: Segunda Forma*	
cupiere	**cupiéremos**	**cupiese**	**cupiésemos**
cupieres	**cupiereis**	**cupieses**	**cupieseis**
cupiere	**cupieren**	**cupiese**	**cupiesen**

MODO IMPERATIVO

	quepamos nosotros
quepa él	**quepan ellos**

180. Caer:

Presente de INDICATIVO

yo **caigo**

Presente de SUBJUNTIVO

caiga	**caigamos**
caigas	**caigáis**
caiga	**caigan**

MODO IMPERATIVO

	caigamos nosotros
caiga él	**caigan ellos**

Tienen la misma irregularidad sus compuestos *decaer* y *recaer*.

181. Dar:

MODO INDICATIVO

Presente

yo **doy**

Pretérito

di	**dimos**
diste	**disteis**
dió	**dieron**

MODO SUBJUNTIVO

Imperfecto: Dos Formas				*Futuro*	
diera	**diéramos**	**diese**	**diésemos**	**diere**	**diéremos**
dieras	**dierais**	**dieses**	**dieseis**	**dieres**	**diereis**
diera	**dieran**	**diese**	**diesen**	**diere**	**dieren**

La tercera persona de singular del presente de subjuntivo, *dé*, lleva acento escrito para distinguirla de la preposición *de*.

182. Decir:

GERUNDIO

diciendo

MODO INDICATIVO

Presente		*Pretérito*		*Futuro*	
yo digo		dije	dijimos	diré	diremos
tú dices		dijiste	dijisteis	dirás	diréis
él dice	ellos dicen	dijo	dijeron	dirá	dirán

MODO SUBJUNTIVO

Presente		*Imperfecto: Primera Forma*	
diga	digamos	dijera	dijéramos
digas	digáis	dijeras	dijerais
diga	digan	dijera	dijeran

Futuro		*Imperfecto: Segunda Forma*	
dijere	dijéremos	dijese	dijésemos
dijeres	dijereis	dijeses	dijeseis
dijere	dijeren	dijese	dijesen

MODO IMPERATIVO		CONDICIONAL	
	digamos nosotros	diría	diríamos
di tú		dirías	diríais
diga él	digan ellos	diría	dirían

Los verbos compuestos de **decir**, como ***bendecir***, ***contradecir***, ***maldecir***, etc., tienen las mismas irregularidades que **decir**, exceptuados el futuro de indicativo (*bendeciré*, *bendecirás*, etc.) y el condicional (*bendeciría*, *bendecirías*, etc.), que son regulares, y la segunda persona del singular del modo imperativo (*bendice tú*), que siguen distinto género de irregularidad.

Decir y sus compuestos, exceptuados ***bendecir*** y ***maldecir***, tienen un solo participio irregular: ***bendecir*** y ***maldecir*** tienen dos, regular el uno e irregular el otro, como se verá en 203.

183. **Erguir:** irguiendo ?

MODO INDICATIVO

Presente		*Pretérito*	
yo irgo *o* yergo			
tú irgues *o* yergues			
él irgue *o* yergue	ellos irguen *o* yerguen	irguió	irguieron

MODO SUBJUNTIVO

Presente		*Imperfecto: Primera Forma*	
irga *o* yerga	irgamos *o* yergamos	irguiera	irguiéramos
irgas *o* yergas	irgáis *o* yergáis	irguieras	irguierais
irga *o* yerga	irgan *o* yergan	irguiera	irguieran

Futuro		*Imperfecto: Segunda Forma*	
irguiere	irguiéremos	irguiese	irguiésemos
irguieres	irguiereis	irguieses	irguieseis
irguiere	irguieren	irguiese	irguiesen

MODO IMPERATIVO

	irgamos *o* yergamos nosotros
irgue *o* yergue tú	
irga *o* yerga él	irgan *o* yergan ellos

Estar: véase 160.

Haber: véanse 153 y 154.

184. **Hacer**:

PARTICIPIO

hecho

MODO INDICATIVO

Presente	*Pretérito*		*Futuro*	
yo hago	hice	hicimos	haré	haremos
	hiciste	hicisteis	harás	haréis
	hizo	hicieron	hará	harán

MODO SUBJUNTIVO

Presente		*Imperfecto: Primera Forma*	
haga	hagamos	hiciera	hiciéramos
hagas	hagáis	hicieras	hicierais
haga	hagan	hiciera	hicieran

Futuro		*Imperfecto: Segunda Forma*	
hiciere	hiciéremos	hiciese	hiciesemos
hicieres	hiciereis	hicieses	hicieseis
hiciere	hicieren	hiciese	hiciesen

MODO IMPERATIVO		CONDICIONAL	
	hagamos nosotros	haría	haríamos
haz tú		harías	haríais
haga él	hagan ellos	haría	harían

Se conjugan como **hacer** sus compuestos *contrahacer*, *deshacer*, etc., y asimismo *rarefacer* y *satisfacer*. Es de muy poco uso *rarefacer; satisfacer* tiene dos formas en la segunda persona de singular del modo imperativo informal: *satisfaz* y *satisface*.

185. **Ir:**

GERUNDIO

yendo

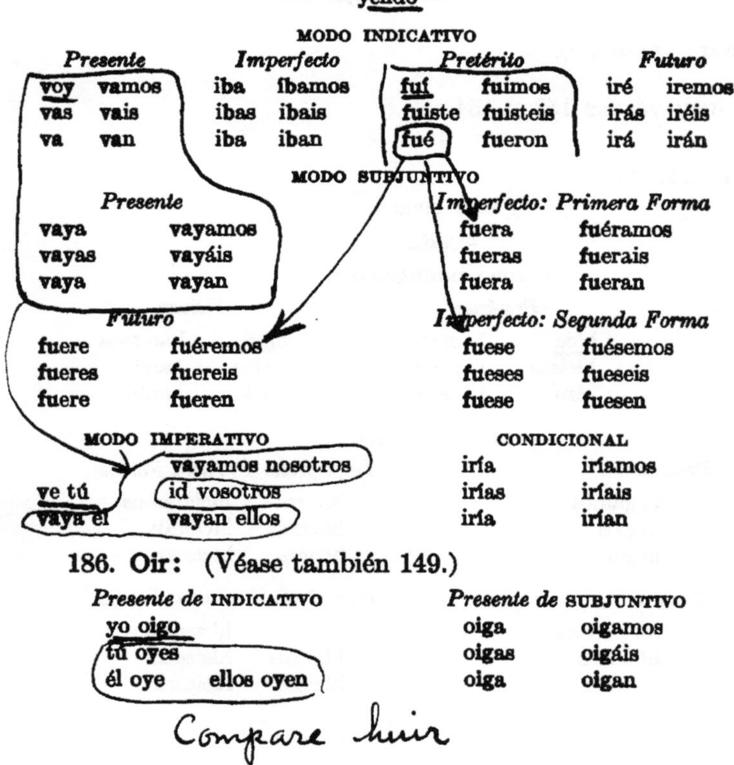

MODO INDICATIVO

Presente		*Imperfecto*		*Pretérito*		*Futuro*	
voy	vamos	iba	íbamos	fuí	fuimos	iré	iremos
vas	vais	ibas	ibais	fuiste	fuisteis	irás	iréis
va	van	iba	iban	fué	fueron	irá	irán

MODO SUBJUNTIVO

Presente		*Imperfecto: Primera Forma*	
vaya	vayamos	fuera	fuéramos
vayas	vayáis	fueras	fuerais
vaya	vayan	fuera	fueran

Futuro		*Imperfecto: Segunda Forma*	
fuere	fuéremos	fuese	fuésemos
fueres	fuereis	fueses	fueseis
fuere	fueren	fuese	fuesen

MODO IMPERATIVO		CONDICIONAL	
	vayamos nosotros	iría	iríamos
ve tú	id vosotros	irías	iríais
vaya él	vayan ellos	iría	irían

186. **Oir:** (Véase también 149.)

Presente de INDICATIVO		*Presente de* SUBJUNTIVO	
yo oigo		oiga	oigamos
tú oyes		oigas	oigáis
él oye	ellos oyen	oiga	oigan

MODO IMPERATIVO

	oigamos nosotros
oiga él	
oye tú	oigan ellos

Conjúganse como *oír* sus compuestos *desoír*, *entreoír* y *trasoír*.

187. **Placer:** por la irregularidad especial de este verbo en los tiempos y personas en que toma las radicales **pleg–** y **plug–**; por haberse usado generalmente con éstas como impersonal; y por existir en español otros verbos de idéntica o análoga significación que no ofrecen en su conjugación dificultad alguna, hoy no suele emplearse este verbo sino en terceras personas de singular con las radicales antes expresadas. Siempre que se le emplee como impersonal, habrán de preferirse aquellas formas en que toma las letras radicales **pleg–** y **plug–**. Como verbo impersonal se conjuga de la manera siguiente:

Pretérito de INDICATIVO

~~él plugo~~ *o* plació ~~ellos pluguieron~~

Presente de SUBJUNTIVO

~~plega, plegue~~ *o* plazca placieron

Imperfecto de SUBJUNTIVO: *Dos Formas*	*Fut. de* SUBJUNTIVO
él ~~pluguiera o~~ placiera, ~~pluguiese o~~ placiese	~~pluguiere o~~ placiere

Según la opinión de la Real Academia Española **placer** no debe considerarse verbo impersonal, aunque sólo así se usa mayormente; y además opina que se ha de conjugar en todos sus modos, tiempos, números y personas como ***complacer*** y ***desplacer***, que pertenecen a la tercera clase de los verbos irregulares. (Véase 167.)

188. Poder:

GERUNDIO

pudiendo

MODO INDICATIVO

Presente		*Pretérito*		*Futuro*	
yo puedo		pude	pudimos	podré	podremos
tú puedes		pudiste	pudisteis	podrás	podréis
él puede	ellos pueden	pudo	pudieron	podrá	podrán

MODO SUBJUNTIVO

Presente		*Imperfecto: Primera Forma*	
yo pueda		pudiera	pudiéramos
tú puedas		pudieras	pudierais
él pueda	ellos puedan	pudiera	pudieran

Futuro		*Imperfecto: Segunda Forma*	
pudiere	pudiéremos	pudiese	pudiésemos
pudieres	pudiereis	pudieses	pudieseis
pudiere	pudieren	pudiese	pudiesen

MODO IMPERATIVO		CONDICIONAL	
		podría	podríamos
puede tú		podrías	podríais
pueda él	puedan ellos	podría	podrían

189. Pudrir o **podrir:** aunque este verbo ha sido usado por buenos escritores, y sigue usándose generalmente con *o* o con *u* en el infinitivo y en varios de los tiempos de su conjugación, la Academia prefiere la *u* a la *o* en todos los modos, tiempos y personas, exceptuados solamente el presente de infinitivo, que puede ser indistintamente **pudrir** o **podrir**, y el participio *podrido*, que nunca o rara vez habrá tomado la *u*. Se logran con esto dos ventajas: convertir en casi regular un verbo que por su arbitraria conjugación no lo era y evitar que en algunos de sus tiempos (*podría, podrías,* etc.) se confunda con el verbo *poder*.

De la misma manera se puede conjugar su compuesto *repudrir* o *repodrir*.

190. **Poner:**

PARTICIPIO

puesto

MODO INDICATIVO

Presente	*Pretérito*		*Futuro*	
yo pongo	puse	pusimos	pondré	pondremos
	pusiste	pusisteis	pondrás	pondréis
	puso	pusieron	pondrá	pondrán

MODO SUBJUNTIVO

Presente		*Imperfecto: Primera Forma*	
ponga	pongamos	pusiera	pusiéramos
pongas	pongáis	pusieras	pusierais
ponga	pongan	pusiera	pusieran

Futuro		*Imperfecto: Segunda Forma*	
pusiere	pusiéremos	pusiese	pusiésemos
pusieres	pusiéreis	pusieses	pusieseis
pusiere	pusieren	pusiese	pusiesen

MODO IMPERATIVO		CONDICIONAL	
	pongamos nosotros	pondría	pondríamos
pon tú		pondrías	pondríais
ponga él	pongan ellos	pondría	pondrían

Se conjugan como **poner** sus compuestos *anteponer*, *componer*, *deponer*, *presuponer*, *posponer*, etc.

191. **Querer:**

MODO INDICATIVO

Presente		*Pretérito*		*Futuro*	
yo quiero		quise	quisimos	querré	querremos
tú quieres		quisiste	quisisteis	querrás	querréis
él quiere	ellos quieren	quiso	quisieron	querrá	querrán

MODO SUBJUNTIVO

Presente		*Imperfecto: Primera Forma*	
yo quiera		quisiera	quisiéramos
tú quieras		quisieras	quisierais
él quiera	ellos quieran	quisiera	quisieran

Futuro		*Imperfecto: Segunda Forma*	
quisiere	quisiéremos	quisiese	quisiésemos
quisieres	quisiereis	quisieses	quisieseis
quisiere	quisieren	quisiese	quisiesen

MODO IMPERATIVO		CONDICIONAL	
		querría	querríamos
quiere tú		querrías	querríais
quiera él	quieran ellos	querría	querrían

De la misma manera que **querer** se conjugan sus compuestos *bienquerer* y *malquerer*.

192. Saber:

MODO INDICATIVO		MODO SUBJUNTIVO	
Presente		*Presente*	
yo sé[1]		sepa	sepamos
		sepas	sepáis
		sepa	sepan
Pretérito		*Imperfecto: Primera Forma*	
supe	supimos	supiera	supiéramos
supiste	supisteis	supieras	supierais
supo	supieron	supiera	supieran
Futuro		*Imperfecto: Segunda Forma*	
sabré	sabremos	supiese	supiésemos
sabrás	sabréis	supieses	supieseis
sabrá	sabrán	supiese	supiesen
CONDICIONAL		*Futuro*	
sabría	sabríamos	supiere	supiéremos
sabrías	sabríais	supieres	supiereis
sabría	sabrían	supiere	supieren

[1] Se acentua para distinguirlo del pronombre *se*.

MODO IMPERATIVO

	sepamos nosotros
sepa él	**sepan ellos**

Ser: véase 155.

193. **Tener:**

MODO INDICATIVO

Presente		*Pretérito*		*Futuro*	
yo tengo		**tuve**	**tuvimos**	**tendré**	**tendremos**
tú tienes		**tuviste**	**tuvisteis**	**tendrás**	**tendréis**
él tiene	**ellos tienen**	**tuvo**	**tuvieron**	**tendrá**	**tendrán**

MODO SUBJUNTIVO

Presente		*Imperfecto: Primera Forma*	
tenga	**tengamos**	**tuviera**	**tuviéramos**
tengas	**tengáis**	**tuvieras**	**tuviereis**
tenga	**tengan**	**tuviera**	**tuvieran**

Futuro		*Imperfecto: Segunda Forma*	
tuviere	**tuviéremos**	**tuviese**	**tuviésemos**
tuvieres	**tuviereis**	**tuvieses**	**tuvieseis**
tuviere	**tuvieren**	**tuviese**	**tuviesen**

MODO IMPERATIVO		CONDITIONAL	
	tengamos nosotros	**tendría**	**tendríamos**
ten tú		**tendrías**	**tendríais**
tenga él	**tengan ellos**	**tendría**	**tendrían**

Se conjugan como **tener** sus compuestos ***atenerse, contener, detener, entretener, mantener,*** etc.

194. **Traer:**

MODO INDICATIVO

Presente	*Pretérito*	
yo traigo	**traje**	**trajimos**
	trajiste	**trajisteis**
	trajo	**trajeron**

MODO SUBJUNTIVO

Presente		*Imperfecto: Primera Forma*	
traiga	traigamos	trajera	trajéramos
traigas	traigáis	trajeras	trajerais
traiga	traigan	trajera	trajeran

Futuro		*Imperfecto: Segunda Forma*	
trajere	trajéremos	trajese	trajésemos
trajeres	trajereis	trajeses	trajeseis
trajere	trajeren	trajese	trajesen

MODO IMPERATIVO

	traigamos nosotros
traiga él	traigan ellos

Conjúganse como **traer** sus compuestos ***atraer, contraer, distraer,*** etc.

195. Venir:

GERUNDIO

viniendo

MODO INDICATIVO

Presente		*Pretérito*		*Futuro*	
yo vengo		vine	vinimos	vendré	vendremos
tú vienes		viniste	vinisteis	vendrás	vendréis
él viene	ellos vienen	vino	vinieron	vendrá	vendrán

MODO SUBJUNTIVO

Presente		*Imperfecto: Primera Forma*	
venga	vengamos	viniera	viniéramos
vengas	vengáis	vinieras	vinierais
venga	vengan	viniera	vinieran

Futuro		*Imperfecto: Segunda Forma*	
viniere	viniéremos	viniese	viniésemos
vinieres	viniereis	vinieses	vinieseis
viniere	vinieren	viniese	viniesen

MODO IMPERATIVO		CONDITIONAL	
	vengamos nosotros	vendría	vendríamos
ven tú		vendrías	vendríais
venga él	vengan ellos	vendría	vendrían

Se conjugan como **venir** sus compuestos ***avenir, convenir, intervenir, prevenir,*** etc.

196. **Ver:**

PARTICIPIO

visto

INDICATIVO

Presente	*Imperfecto*	
yo veo	veía	veíamos
	veías	veíais
	veía	veían

Presente de SUBJUNTIVO

vea	veamos
veas	veáis
vea	vean

MODO IMPERATIVO

	veamos nosotros
vea él	vean ellos

Conjúganse como **ver** sus compuestos ***antever, entrever, prever*** y ***rever.*** Debe decirse, por ejemplo, ***prevês, prevé,*** etc.; ***preví, previste, previó,*** etc.; ***previendo;*** y no ***prevees, prevee,*** etc.

197. **Yacer:**

Presente de INDICATIVO

yo yazco, yazgo *o* yago

Presente de SUBJUNTIVO	MODO IMPERATIVO
yo yazca, yazga *o* yaga	
tú yazcas, yazgas *o* yagas	yace *o* yaz tú
él yazca, yazga *o* yaga	yazca, yazga *o* yaga él
nosotros yazcamos, yazgamos *o* yagamos	yazcamos, yazgamos *o* yagamos nosotros
vosotros yazcáis, yazgáis *o* yagáis	
ellos yazcan, yazgan *o* yagan	yazcan, yazgan *o* yagan ellos

VERBOS IMPERSONALES

198. Se llaman verbos impersonales los que se emplean solamente en el infinitivo y en la tercera persona de singular de todos los tiempos. De estos verbos los principales son los siguientes:

alborear	diluviar	helar	nevar
amanecer	escarchar	llover	relampaguear
anochecer	granizar	lloviznar	tronar

Suélense usar los verbos **amanecer** y **anochecer** en las tres personas; pero en este caso no son impersonales, sino neutros; v. gr.: *yo amanecí en Sevilla y anochecí en Córdoba; anocheció triste la huérfana y amaneció amparada y alegre.*

VERBOS DEFECTIVOS

199. Los verbos siguientes se usan solamente en las formas cuyas terminaciones empiezan con *i*:

abolir	*regular*	despavorir	*regular*
aguerrir	*como* sentir	embair	"
arrecirse	" "	empedernir	*como* pedir
aterirse	" "	garantir	*regular*
desmerrirse	*regular*	manir	"

200. *Roer*, que se usa ordinariamente sólo en tercera persona, se emplea infrecuentemente en los demás tiempos y personas, siendo irregulares los siguientes:

Pres. de INDIC.	*Pres. de* SUBJUNTIVO	
yo roo, roigo *o* royo	roa, roiga *o* roya	roamos, roigamos *o* royamos
	roas, roigas *o* royas	roáis, roigáis *o* royáis
	roa, roiga *o* roya	roan, roigan *e* royan

a. ***Corroer***, compuesto de **roer**, tiene ***corroe*** y ***corroen*** en el presente de indicativo, y ***corroa*** y ***corroan***, en el presente de subjuntivo.

b. **Raer** ha sido substituído por **rayar**, que es regular. Sin embargo, se encuentra de cuando en cuando la forma original y se conjuga como **caer** (180).

PARTICIPIOS IRREGULARES

201. Son irregulares los participios que no acaban en *-ado* o en *-ido*. Los siguientes son los verbos regulares, con sus compuestos, que tienen irregulares los participios:

abrir	**abierto**	**escribir**	**escrito**
entreabrir	**entreabierto**	**circunscribir**	**circunscrito**
cubrir	**cubierto**	**inscribir**	**inscrito**
descubrir	**descubierto**	**prescribir**	**prescrito**
encubrir	**encubierto**	**proscribir**	**proscrito**
		imprimir	**impreso**

202. Los siguientes son los verbos irregulares, con sus compuestos, que tienen participios irregulares:

decir	**dicho**	**poner**	**puesto**
contradecir	**contradicho**	**componer**	**compuesto**
desdecir	**desdicho**	**deponer**	**depuesto**
interdecir	**interdicho**	**disponer**	**dispuesto**
predecir	**predicho**	**exponer**	**expuesto**
hacer	**hecho**	**imponer**	**impuesto**
contrahacer	**contrahecho**	**oponer**	**opuesto**
deshacer	**deshecho**	**proponer**	**propuesto**
rehacer	**rehecho**	**suponer**	**supuesto**
satisfacer	**satisfecho**	**solver**	**suelto**
morir	**muerto**	**absolver**	**absuelto**
entremorir	**entremuerto**	**disolver**	**disuelto**
premorir	**premuerto**	**resolver**	**resuelto**

ver	**visto**	**volver**	**vuelto**
entrever	**entrevisto**	**devolver**	**devuelto**
prever	**previsto**	**envolver**	**envuelto**
rever	**revisto**	**revolver**	**revuelto**

203. Hay algunos verbos que tienen dos participios, uno regular y otro irregular. La siguiente es la lista de los verbos y sus dos participios:

INFINITIVOS	PARTICIPIOS	
	Regulares	*Irregulares*
abstraer	**abstraído**	***abstracto***
afijar (*anticuado*)	**afijado**	***afijo***
afligir	**afligido**	***aflicto***
ahitar	**ahitado**	***ahito***
atender	**atendido**	***atento***
bendecir	**bendecido**	***bendito***
circuncidar	**circuncidado**	***circunciso***
compeler	**compelido**	***compulso***
comprender	**comprendido**	***comprenso***
comprimir	**comprimido**	***compreso***
concluir	**concluído**	***concluso***
confesar	**confesado**	***confeso***
confundir	**confundido**	***confuso***
consumir	**consumido**	***consunto***
contundir	**contundido**	***contuso***
convencer	**convencido**	***convicto***
convertir	**convertido**	***converso***
corregir	**corregido**	***correcto***
corromper	**corrompido**	***corrupto***
despertar	**despertado**	***despierto***
difundir	**difundido**	***difuso***
dividir	**dividido**	***diviso***
elegir	**elegido**	***electo***
enjugar	**enjugado**	***enjuto***
excluir	**excluído**	***excluso***
eximir	**eximido**	***exento***
expeler	**expelido**	***expulso***
expresar	**expresado**	***expreso***

extender	extendido	*extenso*
extinguir	extinguido	*extinto*
fijar	fijado	*fijo*
freír	freído	*frito*
hartar	hartado	*harto*
incluir	incluído	*incluso*
incurrir	incurrido	*incurso*
infundir	infundido	*infuso*
injertar	injertado	*injerto*
insertar	insertado	*inserto*
invertir	invertido	*inverso*
juntar	juntado	*junto*
maldecir	maldecido	*maldito*
manifestar	manifestado	*manifiesto*
nacer	nacido	*nato*
oprimir	oprimido	*opreso*
pasar	pasado	*paso*
poseer	poseído	*poseso*
prender	prendido	*preso*
presumir	presumido	*presunto*
pretender	pretendido	*pretenso*
propender	propendido	*propenso*
proveer	proveído	*provisto*
recluir	recluído	*recluso*
romper	rompido	*roto*
salpresar	salpresado	*salpreso*
salvar	salvado	*salvo*
sepelir (*anticuado*)	sepelido (*anticuado*) }	*sepulto*
sepultar	sepultado	
soltar	soltado	*suelto*
substituir	substituído	*substituto*
sujetar	sujetado	*sujeto*
suprimir	suprimido	*supreso*
suspender	suspendido	*suspenso*
teñir	teñido	*tinto*
torcer	torcido	*tuerto*

Estos participios irregulares sólo se usan como adjetivos y nunca para formar los tiempos compuestos por medio del auxiliar *haber,* a excepción de *frito, preso, provisto* y *roto*, que se usan para esto más frecuentemente que los regulares *freído*, *prendido*, *proveído* y *rompido*.

204. Hay ciertos participios que, aunque pasivos por su terminación, tienen a menudo significación activa; v. gr.:

acostumbrado	el que acostumbra
agradecido	el que agradece
almorzado	el que ha almorzado
bebido	el que ha bebido mucho
callado	el que calla *o* que sabe callar
cansado	el que cansa a otro
cenado	el que ha cenado
comedido	el que tiene comedimiento, que es cortés y atento
comido	el que ha comido
considerado	el que tiene consideración
descreído	el falto de fe, el incrédulo
desesperado	el que desespera
desprendido	el que tiene desprendimiento, el desinteresado
disimulado	el que disimula
encogido	el corto de genio *o* ánimo
entendido	el que entiende, que es inteligente en algo
esforzado	el que tiene esfuerzo
fingido	el que finge
leído	el que ha leído mucho
medido	el que mide sus acciones y palabras, que es prudente
mirado	el que tiene miramiento, que es cauto *o* circunspecto
moderado	el que tiene moderación
osado	el que tiene osadía
porfiado	el que acostumbra a porfiar
precavido	el que tiene precaución
preciado	el que se precia de lo que dice *o* hace
presumido	el que presume
recatado	el que tiene recato
resuelto	el que obra y habla con resolución
sabido	el que sabe mucho
sacudido	el que sabe sacudirse *o* defenderse
sentido	el que siente con facilidad
valido	el que tiene valimiento social, que es bien recibido

205. TABLA COMPLETA

DE

VERBOS IRREGULARES Y DEFECTIVOS

ARREGLADOS SEGÚN SUS DESINENCIAS, CON LLAMADA A LOS ARTÍCULOS EN QUE SE EXPLICA SU MANERA DE CONJUGARSE

VERBOS MONOSÍLABOS

dar	181	ser	155
ir	185	ver	196

VERBOS DE DOS O MÁS SÍLABAS

Terminaciones			*Artículos*
aber	haber		153
	caber		179
	saber, **resaber**		192
acer	hacer, contra**hacer**, des**hacer**, re**hacer**		184
	nacer, re**nacer**, pacer, re**pacer**	Cl. III	167
	placer		187
	a**placer**, com**placer**, des**placer** *o* dis**placer**	Cl. III	167
	rarefacer, satisfacer		184
	yacer		197
aer	caer, de**caer**, re**caer**		180
	raer		200*b*
	traer, abs**traer**, a**traer**, con**traer**, desa**traer**, de**traer**, dis**traer**, ex**traer**, re**traer**, retro**traer**, subs**traer** *o* sus**traer**		194

Terminaciones			*Artículos*
air	**embair**		199
aler	**valer**	Cl. XII	176
	equivaler		
	prevaler		
alir	**salir**	Cl. XII	176
	resalir		
	sobresalir		
andar	**andar**		177
	desandar		
anir	**manir**		199
antir	**garantir**		199
añer	**atañer**	Cl. V	169
	tañer		
añir	*Todos*	Cl. V	169
asir	**asir**		178
	desasir		
ebir	**concebir**	Cl. VI	170
ebrar	**alebrarse**	Cl. I	163
	quebrar		
	aliquebrar		
	perniquebrar		
	requebrar		
	resquebrar		
ecer	*Todos menos* **mecer** *y* **remecer,** *que son regulares*	Cl. III	167
ecir	**arrecirse**		199
	decir		182
	antedecir		
	bendecir		
	contradecir		
	desdecir		
	entredecir		
	interdecir		
	maldecir		
	predecir		
eder	**heder**	Cl. I	163
edir	*Todos*	Cl. VI	170
edrar	**empedrar**	Cl. I.	163
	desempedrar		
egar	**cegar**	Cl. I	163
	estregar		
	restregar		
	fregar		
	refregar		
	transfregar		
	negar		
	abnegar		
	denegar		

Terminaciones			*Artículos*
egar	derrenegar desnegar renegar plegar desplegar replegar regar sorregar segar resegar sosegar desasosegar trasegar	Cl. I	163
egir	*Todos*	Cl. VI	170
eguir	seguir conseguir perseguir proseguir subseguirse	Cl. VI	170
eir	*Todos*	Cl. VII	171
elar	helar deshelar melar desmelar enmelar	Cl. I	163
eller	empeller	Cl. V	169
emblar	temblar retemblar	Cl. I	163
embrar	desmembrar sembrar resembrar sobresembrar	Cl. I	163
emir	gemir	Cl. VI	170
enchir	henchir rehenchir	Cl. VI	170
endar	arrendar desarrendar subarrendar encomendar enmendar hacendar merendar recomendar remendar	Cl. I	163
ender	ascender defender descender condescender encender	Cl. I	163

Terminaciones			*Artículos*
ender	hender tender **atender** **coextenderse** **contender** **desatender** **desentenderse** **entender** **extender** **sobreentender** *o* **sobrentender** **subentender** **subtender** **transcender** *o* **trascender**	Cl. I	163
endir	rendir	Cl. VI	170
endrar	deslendrar	Cl. I	163
ener	tener **abstenerse** **atenerse** **contener** **detener** **entretener** **mantener** **obtener** **retener** **sostener**		193
engar	derrengar	Cl. I	163
enir	venir **avenir** **contravenir** **convenir** **desavenir** **desconvenir** *o* **disconvenir** **intervenir** **prevenir** **provenir** **reconvenir** **revenirse** **sobrevenir** *o* **supervenir** **subvenir**		195
ensar	incensar pensar **repensar**	Cl. I	163

Terminaciones			*Artículos*
entar	acrecentar alentar desalentar apacentar calentar recalentar cimentar decentar dentar desdentar endentar emparentar encentar ensangrentar escarmentar mentar recentar regimentar salpimentar saramentar sementar sentar asentar desasentar tentar atentar desatentar destentar retentar ventar aventar desaventar desventar reaventar reventar	Cl. I	163
entir	*Todos*	Cl. VIII	172
enzar	comenzar enlenzar jimenzar	Cl. I	163
eñir	*Todos*	Cl. VII	171
erbar	herbar desherbar	Cl. I	163
erder	perder	Cl. I	163
erer	querer bienquerer malquerer		191
erguir	erguir		183

Terminaciones			*Artículos*
erir	***Todos, menos el verbo defectivo*** **aterirse**	Cl. VIII	172
	aterirse		199
ernar	**apernar** **despernar** **entrepernar** **gobernar** **desgobernar** **infernar** **invernar** **desinvernar**	Cl. I	163
erner	**cerner**	Cl. I	163
ernir	**concernir** **discernir** **empedernir**	Cl. I	163
errar	**aterrar** **cerrar** **encerrar** **desencerrar** **desterrar** **enterrar** **desenterrar**	Cl. I	163
	errar	Cl. I	164
	ferrar **aferrar** **desaferrar** **desferrar** **herrar** **desherrar** **reherrar** **serrar** **aserrar** **soterrar**	Cl. I	163
errir	**aguerrir**		199
ertar	**acertar** **desacertar** **concertar** **desconcertar** **despertar** *o* **dispertar**	Cl. I	163
erter	**verter** **reverter** **sobreverterse** **trasverter**	Cl. I	163
ertir	*Todos*	Cl. VIII	172

Terminaciones			*Artículos*
ervir	**hervir** **rehervir**	Cl. VIII	172
	servir **deservir**	Cl. VI	170
esar	**confesar** **travesar** **atravesar** **desatravesar**	Cl. I	163
estar	**atestar** **enhestar** *o* **inhestar** **manifestar**	Cl. I	163
	estar		160
estir	*Todos*	Cl. VI	170
estrar	**adestrar**	Cl. I	163
etar	**apretar** **desapretar** **reapretar**	Cl. I	163
etir	*Todos*	Cl. VI	170
evar	**nevar** **desnevar**	Cl. I	163
ever	*Los compuestos de* **ver: antever, entrever, prever** *y* **rever**		196
ezar	**despezar** **empezar** **tropezar**	Cl. I	163
iñir	*Todos*	Cl. V	169
irir	*Todos*	Cl. IX	173
obar	**probar** **aprobar** **comprobar** **desaprobar** **improbar** **reprobar**	Cl. II	165
oblar	**moblar** **amoblar** **desamoblar** **poblar** **despoblar** **repoblar**	Cl. II	165
ocar	**clocar** **aclocar** **enclocar** **desflocar** **trocar** **destrocar** **trastrocar**	Cl. II	165

Terminaciones			*Artículos*
ocer	cocer escocer recocer	Cl. II	165
	conocer desconocer preconocer reconocer	Cl. III	167
odar	rodar enrodar sonrodarse	Cl. II	165
oder	poder		188
odrir	podrir repodrir		189
oer	roer corroer		200
ogar	rogar	Cl. II	165
oir	oir desoir entreoir trasoir		186
olar	abuñolar amolar azolar desolar dolar remolar solar asolar sobresolar volar revolar trasvolar colar escolar recolar trascolar consolar desconsolar desmajolar	Cl. II	165
olcar	volcar revolcar	Cl. II	165
oldar	asoldar regoldar soldar desoldar	Cl. II	165
oler	*Todos*	Cl. II	165
olgar	*Todos*	Cl. II	165
olir	abolir		198
oltar	soltar	Cl. II	165

Terminaciones			*Artículos*
olver	*Todos*	Cl. II	165
ollar	acollar desacollar apercollar degollar descollar desollar follar afollar hollar rehollar resollar	Cl. II	165
onar	sonar asonar consonar disonar malsonar resonar tronar atronar retronar	Cl. II	165
oner	poner anteponer componer contraponer deponer descomponer disponer exponer imponer indisponer interponer oponer posponer predisponer presuponer proponer recomponer reponer sobreponer suponer trasponer *o* transponer yuxtaponer		190
ongar	alongar	Cl. II	165
ontar	contar descontar recontar	Cl. II	165
ontrar	encontrar	Cl. II	165

Terminaciones			*Artículos*
onzar	avergonzar desvergonzarse	Cl. II	165
oñar	soñar trasoñar	Cl. II	165
orar	aforar desaforar agorar encorar engorar	Cl. II	165
orcar	emporcar	Cl. II	165
orcer	torcer contorcerse destorcer retorcer	Cl. II	165
ordar	acordar desacordar concordar descordar discordar encordar desencordar recordar trascordarse	Cl. II	165
order	morder remorder	Cl. II	165
orir	despavorir		198
	morir entremorir premorir	Cl. XI	175
ormir	dormir adormir	Cl. XI	175
ornar	acornar descornar mancornar	Cl. II	165
ortar	entortar	Cl. II	165
orzar	almorzar forzar esforzar reforzar	Cl. II	165
osar	desosar	Cl. II	166
	engrosar desengrosar	Cl. II	165
ostar	acostar apostar costar denostar recostar tostar retostar	Cl. II	165

Terminaciones			*Artículos*
ostrar	mostrar demostrar	Cl. II	165
ovar	encovar renovar	Cl. II	165
over	*Todos*	Cl. II	165
ucir	balbucir lucir deslucir enlucir entrelucir prelucir relucir translucirse *o* traslucirse	Cl. III	167
	Todos los que acaban en -ducir	Cl. V	169
udrir	pudrir repudrir		189
ugar	jugar	Cl. IX	173
uir	*Todos, menos* inmiscuir	Cl. X	174
ullir	*Todos*	Cl. V	169
uñir	*Todos*	Cl. V	169

206. LISTA ALFABÉTICA

DE

TODOS LOS VERBOS IRREGULARES

CON

REFERENCIAS A LOS ARTÍCULOS

EN QUE

SE EXPLICA SU MANERA DE CONJUGARSE

A

			Artículo
abastecer	*como*	agradecer	167
abnegar	"	acertar	163
aborrecer	"	agradecer	167
absolver	"	contar	165
absonar	"	contar	165
abstenerse	"	tener	193
abstraer	"	traer	194
abuñolar	"	contar	165
acaecer	"	agradecer	167
acertar			163
aclocar	*como*	contar	165
acollar	"	contar	165
acontecer	"	agradecer	167
acordar	"	contar	165
acornar	"	contar	165
acostar	"	contar	165
acrecentar	"	acertar	163
acrecer	"	agradecer	167
adecentar	"	acertar	163
adestrar	"	acertar	163
adherir	"	sentir	172
adolecer	"	agradecer	167
adormecer	"	agradecer	167
adormir	"	dormir	175
adquirir			173
aducir	*como*	conducir	168
advertir	"	sentir	172
afollar	"	contar	165
aforar	"	contar	165
agorar	"	contar	165
agradecer			167
aguerrir	*como*	sentir	172
alebrarse	"	acertar	163
alentar	"	acertar	163
aliquebrar	"	acertar	163
almorzar	"	contar	165
alongar	"	contar	165

amanecer	*como*	agradecer	*Artículo* 167
amoblar	"	contar	165
amolar	"	contar	165
amollecer	"	agradecer	167
amorecer	"	agradecer	167
amortecer	"	agradecer	167
amover	"	mover	165
andar			177
anochecer	*como*	agradecer	167
antedecir	"	decir	182
anteponer	"	poner	190
antever	"	ver	196
apacentar	"	acertar	163
aparecer	"	agradecer	167
apercollar	"	contar	165
apernar	"	acertar	163
apetecer	"	agradecer	167
apostar	"	contar	165
apretar	"	acertar	163
aprobar	"	contar	165
argüir	"	huir	174
arrecirse			199
arrendar	*como*	acertar	163
arrepentirse	"	sentir	172
ascender	"	entender	163
asentar	"	acertar	163
asentir	"	sentir	172
aserrar	"	acertar	163
asir			178
asolar	*como*	contar	165
asoldar	"	contar	165
asonar	"	contar	165
asosegar	"	acertar	163
atañer	"	tañer	169
atender	"	entender	163
atenerse	"	tener	193
atentar	"	acertar	163
aterirse	"	sentir	172
aterrar	"	acertar	163
atestar	"	acertar	163
atraer	"	traer	194
atravesar	"	acertar	163
atribuir	"	huir	174
atronar	"	contar	165
avalentar	"	acertar	163
avanecerse	"	agradecer	167
avenir	"	venir	195
aventar	"	acertar	163
avergonzar	"	contar	165
azolar	"	contar	165

B

C

derrocar	*como*	contar	*Artículo* 165
derruir	"	huir	174
desabastecer	"	agradecer	167
desacertar	"	acertar	163
desacollar	"	contar	165
desacordar	"	contar	165
desadormecer	"	agradecer	167
desadvertir	"	sentir	172
desacerrar	"	acertar	163
desaforar	"	contar	165
desagradecer	"	agradecer	167
desalentar	"	acertar	163
desamoblar	"	contar	165
desandar	"	andar	177
desaparecer	"	agradecer	167
desapretar	"	acertar	163
desaprobar	"	contar	165
dessarrendar	"	acertar	163
desasentar	"	acertar	163
desasir	"	asir	178
desasosegar	"	acertar	163
desatender	"	entender	163
desatentar	"	acertar	163
desaterrar	"	acertar	163
desatraer	"	traer	194
desatravesar	"	acertar	163
desavenir	"	venir	195
desaventar	"	acertar	163
desbastecer	"	agradecer	167
desbravecer	"	agradecer	167
descabullirse	"	mullir	169
descaecer	"	agradecer	167
descender	"	entender	163
desceñir	"	ceñir	171
descolgar	"	contar	165
descollar	"	contar	165
descomedirse	"	pedir	170
descomponer	"	poner	190
desconcertar	"	acertar	163
desconocer	"	conocer	167
desconsentir	"	sentir	172
desconsolar	"	contar	165
descontar	"	contar	165
desconvenir	"	venir	195
descordar	"	contar	165
descornar	"	contar	165
descrecer	"	agradecer	167
desdar	"	dar	181
desdecir	"	decir	182
desdentar	"	acertar	163

desembebecerse	*como* agradeeer	*Artículo* 167
desembellecer	" agradecer	167
desembravecer	" agradecer	167
desempedrar	" acertar	163
desempobrecer	" agradecer	167
desencarecer	" agradecer	167
desencerrar	" acertar	163
desencordar	" contar	165
desencrudecer	" agradecer	167
desencrulecer	" agradecer	167
desenfurecerse	" agradecer	167
desengrosar	" contar	165
desenmohecer	" agradecer	167
desenmudecer	" agradecer	167
desensoberbecer	" agradecer	167
desentenderse	" entender	163
desenterrar	" acertar	163
desentorpecer	" agradecer	167
desentristecer	" agradecer	167
desentumecer	" agradecer	167
desenvolver	" mover	165
deservir	" pedir	170
desfallecer	" agradecer	167
desfavorecer	" agradecer	167
desferrar	" acertar	163
desflaquecerse	" agradecer	167
desflocar	" contar	165
desflorecer	" agradecer	167
desfortalecer	" agradecer	167
desgobernar	" acertar	163
desguarnecer	" agradecer	167
deshacer	" hacer	184
deshelar	" acertar	163
desherbar	" acertar	163
desherrar	" acertar	163
deshombrecerse	" agradecer	167
deshumedecer	" agradecer	167
desimponer	" poner	190
desinvernar	" acertar	163
desleir	" reir	171
deslendrar	" acertar	163
deslucir	" lucir	167
desmajolar	" contar	165
desmedirse	" pedir	170
desmelar	" acertar	163
desmembrar	" acertar	163
desmentir	" sentir	172
desmerecer	" agradecer	167
desmullir	" mullir	169
desnegar	" acertar	163

desnevar	*como*	acertar	*Artículo* 163
desobedecer	"	agradecer	167
desoír	"	oír	186
desolar	"	contar	165
desoldar	"	contar	165
desollar	"	contar	165
desobstruir	"	huir	174
desosar			166
desovar	*como*	desosar	166
desparecer	"	agradecer	167
despedir	"	pedir	170
despedrar	"	acertar	163
desperecer	"	agradecer	167
despernar	"	acertar	163
despertar	"	acertar	163
despezar	"	acertar	163
desplacer	"	nacer y placer	167, 187
desplegar	"	acertar	163
despoblar	"	contar	165
desproveer	"	leer	149
destentar	"	acertar	163
desteñir	"	ceñir	171
desterrar	"	acertar	163
destituir	"	huir	174
destorcer	"	mover	165
destocar	"	contar	165
destruir	"	huir	174
desvanecer	"	agradecer	167
desventar	"	acertar	163
desverdecer	"	agradecer	167
desvergonzarse	"	contar	165
desvolver	"	mover	165
detener	"	tener	193
detraer	"	traer	194
devolver	"	mover	165
dezmar	"	acertar	163
diferir	"	sentir	172
difluir	"	huir	174
digerir	"	sentir	172
diluir	"	huir	174
discerner	"	entender	163
discernir			163
disconvenir	*como*	venir	195
discordar	"	contar	165
disentir	"	sentir	172
disminuir	"	huir	174
disolver	"	mover	165
disonar	"	sentir	172
dispertar	"	acertar	163
displacer	"	nacer y placer	167, 187

encomendar	*como*	acertar	*Artículo* 163
encontrar	"	contar	165
encorar	"	contar	165
encordar	"	contar	165
encorecer	"	agradecer	167
encornar	"	contar	165
encovar	"	contar	165
encrudecer	"	agradecer	167
encruelecer	"	agradecer	167
encubertar	"	acertar	163
endentar	"	acertar	163
endentecer	"	agradecer	167
endurecer	"	agradecer	167
enflaquecer	"	agradecer	167
enflorecerse	"	agradecer	167
enfranquecer	"	agradecer	167
enfurecer	"	agradecer	167
encorar	"	contar	165
engrandecer	"	agradecer	167
engreirse	"	reir	171
engrosar	"	contar	165
engrumecerse	"	agradecer	167
engullir	"	mullir	169
enhambrecer	"	agradecer	167
enhambrentar	"	acertar	163
enhestar	"	acertar	163
enlenzar	"	acertar	163
enloquecer	"	agradecer	167
enlucir	"	lucir	167
enllentecer	"	agradecer	167
enmagrecer	"	agradecer	167
enmalecer	"	agradecer	167
enmarillecerse	"	agradecer	167
enmelar	"	acertar	163
enmendar	"	acertar	163
enmohecer	"	agradecer	167
enmollecer	"	agradecer	167
enmudecer	"	agradecer	167
ennegrecer	"	agradecer	167
ennoblecer	"	agradecer	167
ennudecer	"	agradecer	167
enorgullecer	"	agradecer	167
enrarecer	"	agradecer	167
enriquecer	"	agradecer	167
enrobustecer	"	agradecer	167
enrodar	"	contar	163
enrojecer	"	agradecer	167
enronquecer	"	agradecer	167
enroñecer	"	agradecer	167
enruinecerse	"	agradecer	167

M

maldecir . . . . *como* decir . . . . . *Artículo* 182
malherir . . . . " sentir 172
malquerer . . . . " querer 191
malsonar . . . . " contar 165
maltraer . . . . " traer 194
mancornar . . . . " contar 165
manifestar . . . . " acertar 163
mantener . . . . " tener 193
medir . . . . " pedir 170
melar . . . . " acertar 163
mentar . . . . " acertar 163
mentir . . . . " sentir 172
merecer . . . . " agradecer 167
merendar . . . . " acertar 163
moblar . . . . " contar 165
mohecer . . . . " agradecer 167
moler . . . . " mover 165
morder . . . . " mover 165
morir . . . . " dormir 175
mostrar . . . . " contar 165
mover 165
muir . . . . *como* huir 174
mullir 169
muñir . . . . *como* plañir 169

N

nacer 167
negar . . . . *como* acertar 163
negrecer . . . . " agradecer 167
nevar . . . . " acertar 163

O

obedecer . . . . *como* agradecer 167
obscurecer . . . . " agradecer 167
obstruir . . . . " huir 174
obtener . . . . " tener 193
ofrecer . . . . " agradecer 167
oír 186
oler 166
oponer . . . . *como* poner 190
oscurecer . . . . " agradecer 167

P

pacer . . . . *como* nacer 167
padecer . . . . " agradecer 167
palidecer . . . . " agradecer 167

Q

R

raer			*Artículo* 200*b*
rarefacer	*como*	satisfacer	184
reagradecer	"	agradecer	167
reaparecer	"	agradecer	167
reapretar	"	acertar	163
reaventar	"	acertar	163
rebendecir	"	decir	182
reblandecer	"	agradecer	167
rebullirse	"	mullir	169
recaer	"	caer	180
recalentar	"	acertar	163
recentar	"	acertar	163
receñir	"	ceñir	171
recluir	"	huir	174
recocer	"	mover	165
recolar	"	contar	165
recolegir	"	pedir	170
recomendar	"	acertar	163
recomponer	"	poner	190
reconducir	"	conducir	168
reconocer	"	conocer	167
reconstruir	"	huir	174
recontar	"	contar	165
reconvalecer	"	agradecer	167
reconvenir	"	venir	195
recordar	"	contar	165
recostar	"	contar	165
recrecer	"	agradecer	167
recrudecer	"	agradecer	167
redargüir	"	huir	174
redoler	"	mover	165
reducir	"	conducir	168
reelegir	"	pedir	170
reencomendar	"	acertar	163
referir	"	sentir	172
reflorecer	"	agradecer	167
refluir	"	huir	174
reforzar	"	contar	165
refregar	"	acertar	163
refreír	"	reír	171
regañir	"	plañir	169
regar	"	acertar	163
regimentar	"	acertar	163
regir	"	pedir	170
regoldar	"	contar	165
regruñir	"	plañir	169
rehacer	"	hacer	184
rehenchir	"	pedir	170

reherir	*como*	sentir	*Artículo* 172
reherrar	"	acertar	163
rehervir	"	sentir	172
rehollar	"	contar	165
rehuir	"	huir	174
rehumedecer	"	agradecer	167
reír			171
rejuvenecer	*como*	agradecer	167
relentecer	"	agradecer	167
relucir	"	lucir	167
remendar	"	acertar	163
rementir	"	sentir	172
remoler	"	mover	165
remorder	"	mover	165
remover	"	mover	165
remullir	"	mullir	169
renacer	"	nacer	167
rendir	"	pedir	170
renegar	"	acertar	163
renovar	"	contar	165
reñir	"	ceñir	171
repacer	"	nacer	167
repadecer	"	agradecer	167
repedir	"	pedir	170
repensar	"	acertar	163
repetir	"	pedir	170
replegar	"	acertar	163
repoblar	"	contar	165
repodrir	"	podrir	189
reponer	"	poner	190
reprobar	"	contar	165
reproducir	"	conducir	168
repudrir	"	pudrir	189
requebrar	"	acertar	163
requerer	"	querer	191
requerir	"	sentir	172
resaber	"	saber	192
resalir	"	salir	176
resegar	"	acertar	163
resembrar	"	acertar	163
resentirse	"	sentir	172
resolver	"	mover	165
resollar	"	contar	165
resonar	"	contar	165
resplandecer	"	agradecer	167
resquebrar	"	acertar	163
restablecer	"	agradecer	167
restituir	"	huir	174
restregar	"	acertar	163
restriñir	"	plañir	169

sobreponer	*como* poner	*Artículo* 190
sobresalir	“ salir	176
sobresembrar	“ acertar	163
sobresolar	“ contar	165
sobrevenir	“ venir	195
sobreventar	“ acertar	163
sobreverterse	“ entender	163
sobrevestir	“ sentir	172
sofreir	“ reir	171
solar	“ contar	165
soldar	“ contar	165
soler	“ mover	165
soltar	“ contar	165
solver	“ mover	165
sollar	“ contar	165
somover	“ mover	165
sonar	“ contar	165
sonreir	“ reir	171
sonrodarse	“ contar	165
soñar	“ contar	165
sorregar	“ acertar	163
sosegar	“ acertar	163
sostener	“ tener	193
soterrar	“ acertar	163
subarrendar	“ acertar	163
subentender	“ entender	163
subseguir	“ pedir	170
substituir	“ huir	174
substraer	“ traer	194
subtender	“ entender	163
subvenir	“ venir	195
subvertir	“ sentir	172
subgerir	“ sentir	172
superponer	“ poner	190
supervenir	“ venir	195
suponer	“ poner	190
sustituir	“ huir	174
sustraer	“ traer	194

T

tallecer	*como* agradecer	167
tañer		169
temblar	*como* acertar	163
tender	“ entender	163
tener		193
tentar	*como* acertar	163
teñir	“ ceñir	171
torcer	“ contar	165
tostar	“ contar	165

V

Y

Z

VOCABULARIO

ABREVIATURAS EMPLEADAS EN ESTE VOCABULARIO

*	verbo irregular	*f.*	substantivo femenino
a.	verbo activo	*fm., fms.*	forma, formas
adj.	adjetivo	*fr.*	frase
adv.	adverbio	*ger.*	gerundio
adv.afirm.	adverbio de afirmación	*indet.*	indeterminado
adv.c.	adverbio de cantidad	*impers.*	verbo impersonal
adv.l.	adverbio de lugar	*irreg.*	irregular
adv.m.	adverbio de modo	*interr.*	interrogativo
adv.neg.	adverbio de negación	*interj.*	interjección
adv.t.	adverbio de tiempo	*m.*	substantivo masculino
amb.	género ambiguo	*m.* y *f.*	substantivos masculino y femenino
art.	artículo	*m.adv.*	modo adverbial
aum.	aumentativo	(*mej.*)	*mejicano, mejicana*
aux.	verbo auxiliar	*n.*	verbo neutro
com.	común de dos	*n.p.f.*	nombre propio femenino
comp.	comparativo	*n.p.m.*	nombre propio masculino
conj.	conjunción	*p.a.*	participio activo
conj.advers.	conjunción adversativa	*pl.*	plural
conj.comp.	conjunción comparativa	*p.p.*	participio pasivo
conj.condic.	conjunción condicional	*prep.*	preposición
conj.copulat.	conjunción copulativa	*pron.*	pronombre
conj.distrib.	conjunción distributiva	*pron.dem.*	pronombre demostrativo
conj.disyunt.	conjunción disyuntiva	*pron.pers.*	pronombre personal
det.	determinado	*pron.pos.*	pronombre posesivo
defect.	verbo defectivo	*pron.relat.*	pronombre relativo
dim.	diminutivo	*r.*	verbo reflexivo
		sing.	singular
		superl.	superlativo

VOCABULARIO GENERAL

Los números y las letras que siguen a las palabras de este Vocabulario se refieren a los artículos y a las subdivisiones de ellos.

Para informarse sobre la conjugación de los verbos irregulares se debe referir a la Lista Alfabética, artículo 206, tanto como a la arreglada por terminación, artículo 205.

Encuéntranse los participios irregulares refiriéndose a los artículos 201, 202 y 203.

A

a: prep.; 6 A y B
abad: m.; 74 B
abajo: adv.l.; 103 A
abandonar: a.; 50 C
abarrotes: m.pl.(mej.); 135 B
abdomen: m.; 101
abeja: f.; 105
abertura: f.; 85
abierto, ta: p.p.irreg. de *abrir* y adj.; 53, 57
abismo: m.; 127 I 6
abogado: m.; 126 C
abono: m.; 126 C
***aborrecer**: a.; 105, 106 G
abotonar: a.; 113
abrazo: m.; 127 I 11
abrelatas: m.; 29
abreviatura: f.; 123 D
abrigo: m.; 93, 113, 115 A
abril: m.; 61
abrir: a.; 57, 59 A
abrochar: a.; 113
absolutamente: adv. m.; 102 C 1
absoluto, ta: adj.; 30 B
absorber: a.; 101
abstracto, ta: p.p. de *abstraer* y adj.; 98 A
abuelo, la: m. y f.; 129
abundante: p.a. y adj.; 21
abundar: n.; 29
acá: adv.l.; 78 A y F
acabar: a.; 61, 78 F, 113
acalorar: a. y r.; 77, 78 E
acanalado, da: adj.; 29
acariciar: a.; 124 25
acaso: m. y adv.m.; 86 D
accidental: adj.; 22 C
accidentalmente: adv. m.; 45
accidente: m.; 38 E
acción: f.; 6 B
acedar: a.; 122 D
acedo, da: adj.; 122 C
aceite: m.; 53, 54C, 117
aceituna: f.; 123 A
acelerar: a. y r.; 86 E
acelga: f.; 122 A
acento: m.; 18 B
acentuar: a.; 3 D
acepillar: a.; 45
aceptar: a.; 34 C
acero: m.; 29
***acertar**: a.; 126 B, 127 A
ácido, da: adj.; 1
acomodar: a., r. y n.; 98 A, 117
acompañar: a.; 73
acongojar: a. y r.; 127 A e I
aconsejar: a.; 137, 138 A
***acontecer**: n.; 78 E
***acordar**: a. y r.; 74 C y D, 78 B y E, 106 G, 126 B
acorde: m.; 70 C
acordonado, da: adj.; 113
acortar: a., n. y r.; 121
***acostar**: a. y r.; 49, 50 A y C, 101, 106 G
acostumbrar: a. y r.; 41, 127 A
acreditar: a.; 105, 106 G
acreedor, ra: m. y f.; 135 D 13
actividad: f.; 74 D
activo, va: adj.; 94 B, 98 A
acto: m.; 78 E
actual: adj.; 9, 10 F
actualmente: adv.t.; 17, 18 B
acuerdo: m.; 26 D, 70 C; *de* —; m. adv.; 125
acumulador: m.; 90 D
acumular: a.; 30 E
acuoso, sa: adj.; 78 E
acurrucarse: r.; 103 A
acusativo: m.; 10 A, 82 B y D
adelantado, da: adj.; 77
adelantar: a.; 77, 78 E
adelante: adv. l.; 49, 50 C
adelanto: m.; 136 B (3) 3
ademán: m.; 62 C
además: adv.m.; 105
***adherir**: n. y r.; 30 D
adición: f.; 2 B
adiós: interj. y m.; 25
adivinación: f.; 127 A
adivinar: a.; 127 A
adjetivo: m.; 2 A
admirable: adj.; 74 D
admirablemente: adv. m.; 38 C
admiración: f.; 90 A 5, 126 C
admirativo, va: adj.; 182 B
admirar: a. y r.; 127 A
admitir: a.; 10 C, 126 C
adobar: a.; 114 B
adobe: m.; 53
adonde: adv.l.; 85
adornar: a. y r.; 70 C
adorno: m.; 29
adquisición: f.; 78 F
aduana: f.; 133
adulación: f.; 98 C
adular: a.; 98 C
adverbial: adj.; 98 A
adverbio: m.; 2 A
advertencia: f.; 98 A
***advertir**: a.; 106 D 2, 142 A

adyacente: adj.; 26 C
afabilísimo, ma: adj. superl.; 30 B
afable: adj.; 30 B
afamado, da: adj.; 106 G
afectar: a.; 97
afecto, ta: adj. y m.; 70 C, 134 B
afeitar: a. y r.; 97
afición: f.: 144 B
afilar: a.; 45
afinar: a.; 111 B 23, 144 B
afirmación: f.; 18 A
afirmar: a.; 75, 142 B
afirmativamente: adv. m.; 58 B
afirmativo, va: adj.; 42 A
aflicción: f.; 74 D
aflictivo, va: adj.; 98 B
afligir: a. y r.; 26 D
afortunadamente: adv. m.; 113
afortunado, da: adj.; 113
agacharse: r.; 58 D, 103 A
agalla: f.; 117
agarrar: a.; 102 D
agente: m.; 71 K 5, 122 A
agitar: a. y r.; 119 A
agosto: m.; 33
agotar: a.; 134 C
agradable: adj.; 33
agradablemente: adv. m.; 97
agradar: a. y r.; 78 F, 127 A
***agradecer**: a.; 140 B 14
agradecimiento: m.; 87 A
agrado: m.; 70 C, 126 C
agravio: m.; 78 E
agregar: a. y r.; 54 A y C
agricultor, ra: m. y f.; 18 B
agricultura: f.; 18 B
agrio, ia: adj.; 17, 57
agriamente: adv. m.; 18 A
agua: f.; 29, 30 D, 74 B 5
aguacate: m.; 123 A
aguacero: m.; 128 B 11, 134 B
aguantar: a.; 85, 86 D, 142 A
aguar: a. y r.; 123 A
aguardar: a.; 137
aguardiente: m.; 123 A
aguarrás: m.; 53
agudo, da: adj.; 110 B
agüero: m.; 135 C
aguileño, ña: adj.; 99 A
aguja: f.; 113, 115 A
agujero: m.; 129
¡ah!: interj.; 69
ahí: adv.l.; 70 B, 78 A
ahogar: a. y r.; 101, 103 A
ahondar: a. y n.; 117
ahora: adv.t.; 57, 58 C
ahorcar: a. y r.; 102 E, 103 A
ahorita: adv.t.; 110 B
ahumar: a.; 117
aire: m.; 53
airoso, sa: adj.; 89
ajedrez: m.; 124 22
ajeno, na: adj.; 70 C, 134 C
ají: m.; 105, 123 A
ajo: m.; 106 H, 123 A
ajustado, da: p.p. y adj.; 114 B
ajusticiar: a.; 103 A
al: contracción de la prep. *a* y el art. *el;* 10 B
ala: f.; 117, 126 C
alacena: f.; 119 A
alambre: m.; 29
alambrera: f.; 142 A
alargar: a. y r.; 121
alba: f.; 77
albañil: m.; 42 C, 53
albardón: m.; 121
albaricoque: m.; 123 A
albayalde: m.; 53, 54 C
Alberto: n.p.m.; 129
albuminuria: f.; 103 A
alcanzar: a.; 122 D, 142 A
alcoba: f.; 41, 49
alcohol: m.; 97
alcohólico, ca: adj.; 109
alegrar: a. y r.; 109, 127 A
alegre: adj.; 42 D, 75 A 14
alegremente: adv. m.; 129
alegría: f.; 109, 127 A
alemán, na: adj. y m. y f.; 10 E
Alemania: n.p.f.; 10 D
aleta: f.; 117
alfalfa: f.; 121
alfiler: m.; 113, 114 B
alfiletero: m.; 119 A
alfombra: f.; 117
alforza: f.; 114 B, 115 A
algo: pron.indet.; 58 B y C
algodón: m.; 58 B y C
alguien: pron. indet.; 58 B
algún: pron. indet.; véase *alguno;* 38 B 1 y 4, 58 B
alguno, na: adj. y pron. indet.; 18 C, 38 B 1 y 4, 58 B
aliento: m.; 101
alimentar: a. y r.; 121
alimenticio, cia: adj.; 117
alimento: m.; 34 C
aliviar: a. y r.; 109
alma: f.; 74 B 5, 97
almacén: m.; 133
almidón: m.; 107 A
almidonar: a.; 119 A
almohada: f.; 117
***almorzar**: a.; 49, 106 G
almuerzo: m.; 49
alpaca: f.; 113
alquilar: a.; 26 D, 133
alquiler: m.; 134 C
alrededor: adv.l.; 41, 42 C
alteración: f.; 150
alterar: a. y r.; 74 D
alternación: f.; 66 B
alternativamente: adv. m.; 66 B
alternativo, va: adj.; 2 B
altitud: f.; 89
alto, ta: adj. y m.; 30 B, 37

arena: f.; 21
arete: m.; 113
argumento: m.; 77
arma: f.; 103 A
armario: m.; 134 B
armazón: amb.; 74 B, 105
armonía: f.; 97
armonioso, sa: adj.; 62 B
arnés: m.; 121
aroma: m.; 74 B 1
arrancar: a.; 132 B 5
arrastrar: a.; 45, 46 A
arreglar: a.; 42 D
arreglo: m.; 99 A
arremangado, da: adj.; 9
***arrepentirse:** r.; 54 C, 126 B
arriba: adv.l.; 29, 29 D, 30 D
arrodillar: a., n. y r.; 101
arrogante: adj.; 727 A
arrojar: a. y r.; 54 C
arrollar: a.; 81, 82 D
arroyo: m.; 37
arroz: m.; 74 B 1, 123 A
arruga: f.; 99 A
arrugar: a. y r.; 99 A
arsénico: m.; 103 A
arte: amb.; 5, 74 B 3
arteria: f.; 101
artesano, na: m. y f.; 29
articulación: f.; 101
articular: a.; 97
artículo: m.; 2 A, 25
artificial: adj.; 6 B
artificialmente: adv. m.; 114 B
artista: adj. y com.; 74 B
artístico, ca: adj.; 45
Arturo: n.p.m.; 129
asa: f.; 46 A
asado: m.; 123 A
asar: a.; 110 B, 117, 119 A
***ascender:** n.; 53
asco: m.; 122 D
aseado, da: adj.; 108 A 5
asegurar: a. y r.; 45, 46 A
***asentar:** a. y r.; 114 B
asentimiento: m.; 110 C
***aserrar:** a.; 45
aserrín: m.; 45
asesinar: a.; 103 A
asesino: m.; 127 A
asfalto: m.; 21
asfixiar: a. y r.; 101
asgo, asga: fms. de *asir;* 178
así: adv. de m.; 42 B, 70 B
asiento: m.; 26 C
asignación: f.; 134 B
asistencia: f.; 134 C
asistir: a. y n.; 13, 74 D
asma: f.; 103 A
asociar: a. y r.; 142 A
asolear: a.; 132 C 8
aspecto: m.; 97
aspereza: f.; 46 A
áspero, ra: adj.; 45, 46 A
aspiración: f.; 125
astilla: f.; 45
astro: m.; 77
astronómico, ca: adj.; 49
asunto: m.; 78 F, 128 B 21
asustar: a. y r.; 74 E, 90 D, 127 A
atacar: a.; 121
***atañer:** n.; 94 B
atar: a. y r.; 82 D
ataúd: m.; 73, 74 B 1 y D
atemperante: adj.; 34 C
atención: f.; 46 A, 127 A
***atender:** a.; 126 B, 127 A
***atenerse:** r.; 50 D
atento, ta: p.p.irreg. de *atender* y adj.; 106 G
aterrorizar: a. y r.; 89, 127 A
Atlántico, ca: adj. y n. p.m.; 33
atmósfera: f.; 30 E
atmosférico, ca: adj.; 89
atracción: f.; 105
atractivo, va: adj. y m.; 105
***atraer:** a.; 97
atrás: adv.l.; 73, 78 E
atrasado, da: adj.; 74 E
atrasar: a. y r.; 77, 78 E
atraso: m.; 135 C
atreverse: r.; 129
atributo: m.; 97
atroz: adj.; 85, 86 D
auditivo, va: adj.; 97
auditorio, ria: adj. y m.; 74 D
aullar: n.; 122 E
aumentar: a.; 57
aumentativo, va: adj.; 90 A 1
aumento: m., 142 A
aun, aún: adv.t. y m.; 49, 50 C
aunque: conj.advers.; 6 A, 42 A
ausencia: f.; 73
ausentarse: r.; 122 A
ausente: adj.; 47 A, 73
austriaco, ca: adj. y m. y f.; 10 E
automóvil: m.; 24
autoridad: f.; 126 C
auxiliar: adj. y m.; 94 B
auxilio: m.; 136 B (2) 12
avanzar: a. y r.; 101
avaricia: f.; 127 A
avariento, ta: adj.; 127 A
avaro, ra: adj. y m. y f.; 127 A
ave: f.; 74 B 2 y 5, 110 B
avenida: f.; 25
***avergonzar:** a.; 86 D, 127 A
aversión: f.; 70 C, 127 A
avestruz: m.; 115 I
avinagrado, da: adj.; 109
avisar: a.; 121, 142 A
aviso: m.; 133
ayer: adv.t.; 69
ayuda: f.; 107 B

ayudar: a.; 109, 110 B
azahar: m.; 123 A
azogar: a.; 117
azogue: m.; 29
azotea: f.; 53
azúcar: amb.; 1, 74 B 3
azucarado, da: adj.; 33, 34 C
azucarero: m.; 117
azul: adj. y m.; 46 A
azulejo: m.; 53, 54 C

B

bailar: n.; 69, 70 B
baile: m.; 69, 70 B
bajada: f.; 93
bajar: a., n. y r.; 53, 110 C, 133
bajo, ja: adj.; 30 B, 37
bala: f.; 103 A
balar: n.; 122 E
balazo: m.; 90 A, 103 A
balde: m.; 70 C, 119 A; *de*—; m. adv.; 135 E 12
banana: f.; 17
bancarrota: f.; 142 A
banco: m.; 13
bandeja: f.; 119 A
bandera: f.; 45
bandido: m.; 82 B y D
banquillo: m.; dim. de *banco;* 117
bañar: a. y r.; 49, 50 A, 107 A
bañera: f.; 49
baño: m.; 40, 49
baraja: f.; 124 22
barandilla: f.; dim. de *baranda;* 53
barato, ta: adj.; 29, 30 D
barba: f.; 97, 98 C, 99 A
barco: m.; 77
barniz: m.; 45, 74 B 1
barnizar: a.; 45
barra: f.; 29
barrer: a.; 118 C, 119 A
barrigón, na: adj.; 103 A
barro: m.; 45, 46 A
basca: f.; 110 C
base: f.; 54 C, 74 B 2
bastante: p.a. y adv.c.; 33, 34 C
bastar: n.; 129, 130 C
bastilla: f.; dim. de *basta;* 114 B
bastillar: a.; 114 B
bastón: m.; 113
bata: f.; 115 A
batalla: f.; 129
batata: f.; 122 C, 123 A
batir: a.; 117, 119 A, 122 C
batista: f.; 115 A
baúl: m.; 130 D 9
bautizar: a.; 142 A
beber: n. y a.; 33, 34 A y C
bebida: f.; 33
becerro, rra: m. y f.; 113, 117
belleza: f.; 113
bello, lla: adj.; 113
bellota: f.; 45
bencina: f.; 21
***bendecir:** a.; 142 A
bendito, ta: p.p.irreg. de *bendecir* y adj.; 142 A
beneficio: m.; 77, 78 F
benevolencia: f.; 126 C
besar: a.; 106 G
beso: m.; 144 B
bestia: f.; 121
betabel: m. (mej.); 121, 122 C, 123 A
biblioteca: f.; 41, 42 C
bien: adv.m.; 25, 34 C; —m.; 78 E; — m.pl.; 30 E, 133
biftec: m.; 55 A 20, 54 C
bigote: m.; 97
bilioso, sa: adj.; 112 A 12
bilis: f.; 74 B 2, 103 A
billar: m.; 124 22
billete: m.; 13, 73, 74 D
birote: m.; 123 A
bituminoso, sa: adj.; 45 A
bizco, ca: adj.; 103 A
bizcocho: m.; 123 A
blanco, ca: adj. y m.; 1, 38 B 1
blando, da: adj.; 21
blandura: f.; 105
blusa: f.; 113
boca: f.; 97
bocacalle: f.; 98 C
bodega: f.; 134 B
bola: f.; 122 C
boleto: m. (mej.); 74 D, 135 C
bolillo: m.; 123 A
bolsillo: m.; dim. de *bolsa;* 81
bomba: f.; 117
bombear: a.; 101, 117
bombilla: f. (mej.); dim. de *bomba;* 5
boniato: m.; 122 C, 123 A
bonísimo, ma: adj. superl.; 30 B
bonito, ta: adj.; 62 B, 64 16, 70 B
bordado: m.; 113, 114
bordar: a.; 113
borde: m.; 97
bordo: m.; *a* —; m. adv.; 77, 135
borla: f.; 117
borracho, cha: adj. y m. y f.; 130 C
borrador: m.; 133
borrego: m.; 117
bosque: m.; 45
bostezar: n.; 99 A
bostezo: m.; 104 B 6
bota: f.; 115 A
botánico, ca: adj. y m. y f.; 95 C 8
botella: f.; 123 A
botellón: m.; aum. de *botella;* 123 A
botica: f.; 86 D, 87 B 11
boticario: f.; 109
botiquín: m.; dim. de *botica;* 109
botón: m.; 113
bramar: n.; 122 E
brasero, m.; 118 B, 119 A
bravo, va: adj. e interj.; 46 B, 121
brazalete: m.; 113
brazo: m.; 94 B, 97
breve: adj.; 86 D
brida: f.; 121
brillante: m.; 113

brillar: n.; 58 A, 78 E
brillo: m.; 78 E
brincar: n.; 103 A
brindar: n.; 77, 78 E
brioso, sa: adj.; 127 I 23
brisa: f.; 89
británico, ca: adj.; 78 E
brocado: m.; 115 A
brocha: f.; 45, 119 A
broche: m.; 113, 114 B
broma: f.; 90 A 3, 109
bronco, ca: adj.; 121
brotar: n. y a.; 117
brújula: f.; 25
bruto, ta: adj. y m. y f.; 133
buen: adj.; véase *bueno;* 38 B 1 y 4
bueno, na: adj.; 10 C, 38 B 4, 30 B, 38 B 1 y 4
buey: m.; 45, 46 A, 121
buque: m.; 53, 78 E
burla: f.; 62 C
burlesco, ca: adj.; 62 C
burro, ra: m. y f.; 109
buscar: a.; 127 B
buzón: m.; 74 B 1, 129

C

caballería: f.; 114 B
caballero: m.; 25
caballo: m.; 85, 121
cabecera: f.; 119 A
cabello: m.; 97
***caber**: n.; 122 C, 130 C
cabeza: f.; 66 A, 97
cabezada: f.; 121
cable: m.; 102 E, 133
cabo: m.; 40, 45, 46 A y B, 109
cabra: f.; 113
cabritilla: f.; 113
cacarear: n.; 122 E
cacerola: f.; 117
cachemir: m.; 115 A
cachete: m.; 99 A
cada: adj. 66 A y B, 38 B 2; — *cual;* 66 B
cadáver: m.; 74 D
cadena: f.; 113
cadera: f.; 97
***caer**: n. y r.; 21, 22 A, B y C
café: m.; 1
cafetera: f.; 123 A
caída: f.; 103 A
caigo, caiga: fms. de *caer;* 180
caja: f.; 45, 81, 133
cajero: m.; 46 B
cajón: m.; 117
cal: f.; 53, 74 B 2
calabaza: f.; 82 E, 121, 123 A
calavera: f.; 105
calcetín: m.; dim. de *calceta;* 113
calcular: a.; 133
caldera: f.; 133
caldo: m.; 123 A
***calentar**: a. y r.; 46 A
calentura: f.; 1, 103 A
calicó: m.; 113, 114 B
cálido, da: adj.; 54 C
caliente: adj.; 33, 34 C
calma: f.; 77
calor: m.; 30 E
caluroso, sa: adj.; 33, 34 C
calvo, va: adj. y m. y f.; 103 A
calzado: m.; 115 A
calzoncillos: m. pl.; dim. de *calzones;* 113
callar: a.; 50 D, 70 C
calle: f.; 25
callejón: m.; aug. de *calleja;* 90 A 5
cama: f.; 49, 117
cámara: f.; 129
camarero, ra: m. y f.; 49
camarote: m.; 77, 90 A 5
cambiar: a.; 73, 77, 78 E, 119 A
cambio: m.; 73, 74 D, 122 A, 134 B
cambray: m.; 113
caminar: n.; 101
camino: m.; 102 E, 106 G
camisa: f.; 113, 115 A
camisería: f.; 113
camiseta: f.; 113
camote: m. (mej.); 122 C, 123 A
campo: m.; 121
can: m.; 118 C
canadiense: adj. y com.; 123 A
canal: m.; 53, 57
canapé: m.; 117
canasta: f.; 25, 117
canción: f.; 97
candelero: m.; 117
cangrejo: m.; 78 F
cano, na: adj.; 99 A
cansado, da: adj.; 75 A 6 y 7
cansancio: m.; 103 A
cansar: a. y r.; 75 A 7, 103 A
cantar: a.; 97
cantidad: f.; 10 F
caña: f.; 58 C, 121
cañada: f.; 117
cáñamo: m.; 78 E
cañería: f.; 117
caoba: f.; 45
capa: f.; 93, 94 C, 113
capataz: m.; 54 C
capaz: adj.; 50 C
capital: amb.; 9, 74 B 3
capitán: m.; 62 C, 77, 78 E
caprichoso, sa: adj.; 142 A
cara: f.; 85
carabina: f.; 103 A
caracol: m.; 102 E
carácter: m.; 75, 78 F
característico, ca: adj.; 59 F
carbón: m.; 45, 46 A
carbonato: m.; 54 C
carbonero: m.; 113
carbónico, ca: adj.; 101
carcajada: f.; 109
cárcel: f.; 74 B 2
cardinal: adj.; 13 B
***carecer**: n.; 102 C 2 y D, 129
carga: f.; 77
cargado, da: p.p. y adj.; 122 C
cargador: m.; 133, 134 B
cargo: m.; 30 E, 142 A
caridad: f.; 125

cariño: m.; 90 A 5, 127 A
caritativo, va: adj.; 125
carmín: m.; 121
carne: f.; 99 A; 105
carnero: m.; 117
carnicería: f.; 115 C
carnicero, ra: m. y f.; 115 C
caro, ra: adj.; 29, 30 D
carpintero: m.; 29
carrera: f.; 126 C
carrete: m.; 113, 114 B
carretela: f.; 133
carretón: m.; 90 A 5
carrillo: m.; dim. de *carro;* 97
carro: m.; 71 J 11
carruaje: m.; 86 D
carta: f.; 54 A y C
cartero: m.; 129
casa: f.; 9
casar: a., n. y r.; 82 E, 126 C
cascajo: m.; 53, 54 C
cascarón: m.; 117
casco: m.; 113
casero, ra: adj.; 117
casi: adv.c.; 57
casimir: m.; 113
caso: m.; 34 C, 102 E
castaño: m.; 99 A
castellano, na: adj. y m. y f. 49, 50 C
castigar: a.; 46 A, 127 A, 142 A
castigo: m.; 127 A
Castilla: n.p.f.; 51
casualidad: f.; 77, 78 E
casualmente: adv. m.; 78 E
catalán, na: adj. y m. y f.; 50 C
catarro: m.; 101
catástrofe: f.; 74 B 2
catedral: f.; 28
católico, ca: adj. y m. y f.; 111 A 3
catorce: adj. y m.; 14 B
causa: f.; 43, 50 D, 125
causal: adj.; 50 C
causar: a.; 30 E
cavar: a.; 73, 74 D
cavidad: f.; 97
cazar: a.; 121
cazuela: f.; 119 A
cebada: f.; 121
cebolla: f.; 123 A
cebra: f.; 121
cedazo: m.; 119 C
ceder: a. y n.; 22 D, 125
cedro: m.; 45
cédula: f.; 74 D
céfiro: m.; 115 A
ceja: f.; 97
celebérrimo, ma: adj. superl.; 30 B
celebrar: a.; 81, 138 A
célebre: adj.; 38 B 1, 30 B
celos: m.pl.; 125
celuloide: m.; 130 C
cementerio: m.; 73
cemento: m.; 53
cena: f.; 49
cenar: a.; 49
cenit: m.; 77
centavo: m.; 13
centén: m.; 13
centena: f.; 14 C (1)
centenar: m.; 14 C (1)
centésimo, ma: adj.; 14 B
centígrado, da: adj.; 93
centigramo: m.; 29, 105
centímetro: m.; 45
céntimo, ma: adj. y m.; 13, 14 D
centinela: amb.; 74 B
central: adj.; 10 F., 41
centro: m.; 42 C
céntuplo: m.; 14 C (3)
***ceñir:** a.; 82 D
ceñudo, da: adj.; 99 A
cepillar: a.; 105
cepillo: m.; 45, 105
cera: f.; 66 A
cerca: f.; 29; — adv.l.; 37
cercano, na: adj.; 82 D
cerda: f.; 117, 118 B
cerdo: m.; 117
cerebro: m.; 97
cereza: f.; 121, 123 A
cerezo: m.; 121
cerilla: f.; 66 A
cerillo: m. (mej.); 123 A
cero: m.; 14 B, 31 B
cerquísimo, ma: adv. superl.l.; 30 C
cerradura: f.; 57
***cerrar:** a., n. y r.; 57, 59 A
cerro: m.; 37
certificar: a.; 86 E
cerveza: f.; 123 A
cesar: n.; 86 D
césped: m.; 74 B
cesta: f.; 25
ciclón: m.; 30 E
ciego, ga: adj. y m. y f.; 102 E, 103 A
cieguecito, ta: adj. y m. y f.; dim. de *ciego;* 142 A
cielo: m.; 41, 90 D
cien: adj.; véase *ciento;* 14 B (1)
ciento: adj. y m.; 14 B (1)
ciertamente: adv.m.; 93
cierto, ta: adj.; 29, 30 D, 38 B 1
cifra: f.; 77
cigarrillo: m.; dim. de *cigarro;* 123 A
cigarro: m.; 123 A
cilíndrico, ca: adj.; 97
cinc: m.; 6 B
cinco: adj. y m.; 9, 14 B
cincuenta: adj. y m.; 14 B
cinta: f.; 81, 113
cintura: f.; 97
cinturón: m.; aum. de *cintura;* 113
circo: m.; 110 C
circulación: f.; 101
circular: adj.; 81; — n. y a.; 13
circunferencia: f.; 42 C
circunstancia: f.; 98 A
ciruela: f.; 121, 123 A
ciruelo: m.; 121
cirujano: m.; 104 B 10
cita: f.; 134 B, 144 B
ciudad: f.; 25
civil: adj.; 125
clara: f.; 117
claramente: 18 A
claro, ra: adj.; 34 B 2 (*b*), 117
clase: f.; 2 A, 9, 74 B 2

clasificar: a.; 137
clavar: a. y r.; 45
clave: f.; 74 B 2
clavícula: f.; 105
clavijero: m.; 117
clavo: m.; 45
cliente: com.; 133
clima: m.; 74 B 1, 89
cobarde: adj. y com.; 89, 90 D
cobertor: m.; 117
cobija: f.; 119 A
cobrar: a. y r.; 102 E, 109, 134 B
cobre: m.; 6 B
***cocer:** a.; 53, 117, 119 A
cocido: m.; 115 C, 123 A
cocina: f.; 41
cocinar: a.; 117
cocinero, ra: m. y f.; 49, 117
coco: m.; 123 A
coche: m.; 74 E, 86 D
cochero: m.; 58 A, 121
código: m.; 125
codo: m.; 101
coger: a.; 103 A, 114 B, 121
coincidencia: f.; 86 A
coincidir: n.; 102 C 4 (1)
cojín: m.; 119 A
cojo, ja: adj. y m. y f.; 103 A
col: f.; 74 B 2, 122 C, 123 A
cola: f.; 113
colador: m.; 119 A
***colar:** a.; 119 A, 132 B
colcha: f.; 117
colchón: m.; 117
colectivamente: adv. m.; 45
colectivo, va: adj.; 14 C (1)
colegio: m.; 82 B
***colgar:** a.; 103 A, 117, 118 A
cólico: m.; 103 A
coliflor: f.; 123 A
colina: f.; 37
colocación: f.; 54 D
colocar: a. y r.; 73
Colón: n.p.m.; 42 A
color: m.; 1, 2 B
colorado, da: adj.; 17
comal: m. (mej.); 119 A
combatir: a., n. y r.; 104 B 13
combinación: f.; 2 A
combinar: a. y r.; 101
combustible: adj. y m.; 45
combustión: f.; 46 A
comedor: m.; 41
***comenzar:** a. y n.; 10 B, 63 F
comer: n. y a.; 33, 34 A y C, 34 D, 49, 74 A
comercial: adj.; 14 D
comerciante: com.; 29
comercio: m.; 13
comestible: adj. y m.; 30 D
cometer: a.; 67 E, 127 A
comezón: f.; 103 A
comico, ca: adj. y m. y f.; 78 E, 110 C
comida: f.; 41, 49
comilón, na: adj. y m. y f.; 10 C
comisión: f.; 133
comisionista: m.; 71 K 5, 133
como: adv.m., y conj. copulat. condicional y causal; 6 B, 38 C, 50 C
¿cómo?: adv. m. e interr.; 1, 6 B
¡cómo!: interj.; 77
comodidad: f.; 127 A
cómodo, da: adj.; 13
compañero, ra: m. y f.; 46 A
compañía: f.; 78 E, 122 D
comparación: f.; 30 B
comparar: a.; 58 A
comparativo, va: adj.; 18 B
compás: m.; 103 A
compasión: f.; 38 B 1
***complacer:** a.; 127 A, 142 A
completamente: adv. m.; 58 D
completar: a.; 3 F
completo, ta: adj.; 14 B (2)
***componer:** a.; 5, 6 B, 97, 98 B, 106 G, 144 B
composición: f.; 97
compostura: f.; 121
compra: f.; 78 F, 133, 134 B
comprador, ra: adj. y m. y f.; 133
comprar: a.; 113, 114 B, 122 C
comprender: a. y r.; 22 D, 62 C
compromiso: m.; 134 B y C
compuesto, ta: p.p. de *componer*, adj. y m.; 70 C
computar: a.; 10 F
común: adj.; 1
comunicación: f.; 129
comunicar: a. y r.; 54 C
comúnmente: adv.m.; 81
con: prep.; 1, 2 B
conceder: a.; 82 E
concepto: m.; 90 A
concesión: f.; 141
conciencia: f.; 127 A
***concluir:** a. y r.; 25
concordancia: f.; 10 C
***concordar:** a. y n.; 14 B (2), 26 C
concurrencia: f.; 86 D
concurso: m.; 86 D
condenar: a.; 104 B 19
condensación: f.; 93
condensar: a. y r.; 89
condición: f.; 5
condicional: adj.; 54 D, 74 D
***conducir:** a.; 29
conducta: f.; 126 C
conducto, m.; 103 A
conductor, ra: adj. y m. y f.; 142 A
conexión: f.; 26 C
***confesar:** a.; 89, 90 B
confianza: f.; 78 F
confiar: n.; 127 A
confidencialmente: adv.m.; 78 F
conformar: a. y r.; 26 C, 142 A
conforme: adj.; 70 C, 133

conformemente: adv. m.; 126 C
confundir: a.; 82 B
confusión: f.; 58 A
congelación: f.; 33
congelar: a. y r.; 33, 34 C
congoja: f.; 127 A
congratular: a.; 119 C
cónico, ca: adj.; 121
conjugación: f.; 106
conjugar: a.; 78 E
conjunción: f.; 2 A
conjunto: m.; 54 C
conmigo: pron. pers.; 10 A
***conocer:** a. y r.; 49, 50 A, C y D
conocido, da: adj. y m. y f.; 128 A 11
conocimiento: m.; 133
conquista: f.; 129
conquistar, a.; 82 D
***conseguir:** a. y r.; 117, 118 B
consejo: m.; 137
***consentir:** a.; 144 B
conserva: f.; 29
conservación: f.; 101
conservar: a.; 30 D
considerable: adj.; 38 D
considerar: a.; 42 B
consignación: f.; 133
consignatario: m.; 135 D 2
consigo: pron. pers.; 10 A
consistir: n.; 6 B
consonante: f.; 3 D
constancia: f.; 127 I 16
constante: adj.; 93
constantemente: adv. m.; 93
constipación: f.; 103 A
constitución: f.; 90 D
***constituir:** a.; 90 C
construcción: f.; 29
constructor, ra: adj.; 127 A
***construir:** a.; 29, 30 A
cónsul: m.; 136 B (2) 12
consulta: f.; 109
consultar: a.; 85
consumir: a.; 53
consumo: m.; 123 A
contacto: m.; 22 B
contado, da: adj.; 110 B; *al* —; m.adv.; 33, 134 B
contagioso, sa: adj.; 104 B
***contar:** a.; 9, 10 F 14, A y E, 106 G
***contener:** a. y r.; 5
contenido, da: adj. y m.; 127 A
contentar: a. y r.; 127 A
contento, ta: adj. y m.; 42 D, 127 A
contestar: a. y n.; 107 B
contigo: pron. pers.; 10 A
contiguo, gua: adj.; 25, 26 C
continente: m.; 10 E
continuamente: adv. m.; 66 A
continuar: 61
contra: prep. y m.; 57
contracción: f.; 2 B
***contraer:** a.; 126 C
contraorden: f.; 141
***contraponer:** a.; 106 G
contrariar: a.; 127 A
contrariedad: f.; 127 A
contrario, ria: adj.; 2 B
contraseña: f.; 134 B
contraste: m.; 59 F
***contribuir:** a.; 144 B
contusión: f.; 102 D
conveniente: adj.; 13
***convenir:** n.; 133, 134 B, 142 A
conversación: f.; 1
conversar: n.; 66 A
***convertir:** a. y r.; 22 B
convidar: a. y r.; 77, 78 E
convoy: m.; 117
coñac: m.; 121
copa: f.; 77, 117
copiar: a.; 137
copulativo, va: adj.; 2 B
coraje: m.; 125, 127 A
corazón: m.; 101
corbata: f.; 113
corcho: m.; 119 A
cordero, ra: m. y f.; 117, 121
cordobán: m.; 115 A
cordón: m.; 102 E, 113
cornear: a.; 122 E
corneta: m.; 117
corpiño: m.; 113
corporación: f.; 130 C
corpulencia: f.; 38 D
corpulento: ta, adj.; 42 D
corral: m.; 121
corrección: f.; 142 A
correcto, ta: p.p.irreg. de *corregir* y adj.; 69
corredor: m.; 41
***corregir:** a.; 109
correo: m.; 123 B 6, 129
correr: n.; 86 D, 101
correspondencia: f.; 123 B 15
corresponder: n.; 101, 133
correspondiente: adj. y com.; 30 B
corresponsal: adj. y com.; 94 B, 133
corriente: p. a., adj. y f.; 29, 45, 46 A
corrugar: a.; 29
corsé: m.; 113
cortante: p.a.; 46 A
cortaplumas: m.; 113
cortar: a. y r.; 45, 122 D
corte: amb.; 46 A, 74 B 2, 133, 134 B
cortés: adj.; 78 F
cortesanía: f.; 70 C
cortesía: f.; 22 D
corteza: f.; 17
cortina: f.; 117
corto, ta: adj.; 41
cosa: f.; 6 A y B
cosecha: f.; 5, 6 B
coser: a.; 29, 113
costa: f.; 37, 134 B
costado: m.; 97
***costar:** n.; 29, 54 C, 106 G
costilla: f.; 103 A, 105
costoso, sa: adj.; 53
costumbre: f.; 49
costura: f.; 113, 114 B, 115 A

costurera: f.; 113
costurería: f.; 115 C
coyuntura: f.; 103 A
coz: f.; 122 E
cráneo: m.; 97, 105
creación: f.; 97
***crecer:** n.; 93, 94 C, 122 D
credencial: adj. y f.; 74 B 2
crédito: m.; 82 E, 90 A
crédulo, la: adj.; 43 A, 20
creencia: f.; 126 C
creer: a.; 70 C, 126 B, 127 A
crema: f.; 34 C
crepúsculo: m.; 77
cretona: f.; 115 A
cría: f.; 117
criado, da: adj. y m. y f.; 42 A, 49
criar: a.; 121
crimen: m.; 127 A
criminal: adj. y com.; 82 D
crin: f.; 74 B 2, 118 B
crisis: f.; 74 B 2, 96 9
cristal: m.; 53
cristalería: f.; 117
cristalino, na: adj.; 117
cristiano, na: adj. y m. y f.; 81
crudo, da: adj.; 21, 123 A
cruel: adj.; 100 5
cruzar: a., n. y r.; 77, 78 E
cuadra: f.; 41
cuadrado, da: adj.; 111 A, 9
cuadro: m.; 45, 117
cuadragésimo, ma: adj.; 14 B
cuadrúpedo, da: adj. y m.; 121
cuádruplo, pla: adj. y m.; 14 C (3)
cuajar: a. y r.; 122 D
cual: pron.relat. y adv. m.; 9, 10 F, 50 C, 82 B
cualidad: f.; 10 F, 21
cualquier: pron. indet.; véase *cualquiera;* 10 C, 82 B
cualquiera: pron. indet.; 10 C, 82 B
cuando: adv.t.; 14 B; 61, 62 B
cuanto, ta: adj.; 9, 10 F, 142 A; — adv.m. y c.; 54 D, 66 B; — *antes;* 66 B
cuarenta: adj. y m.; 14 B
cuarentena: f.; 14 C (1)
cuarto, ta: adj. y m.; 13, 14 B (2) y C (2), 25
cuatro: adj. y m.; 9, 14 B
cuatrocientos, tas: adj. y m.; 14 B (1)
cubano, na: adj. y m. y f.; 10 E
cubierta: f.; 30 D, 134 B
cubierto, ta: p.p.irreg. de *cubrir* y m.; 30 D, 117
cubrecorsé: m.; 115 A
cubrir: a. y r.; 30 D, 89
cuclillas (en): m.adv.; 103 A
cuchara: f.; 117, 123 A
cucharada: f.; 122 C
cucharita: f.; dim. de *cuchara;* 117, 123 A
cucharón: m.; aum. de *cuchara;* 119 A
cuchillada: f.; 103 A
cuchillo: m.; 103 A, 115 A, 117
cuello: m.; 97, 113
cuenta: f.; 22 D, 133
cuento: m.; 77, 78 E
cuerda: f.; 81, 82 D
cuerno: m.; 113
cuero: m.; 113, 114 B
cuerpo: m.; 74 D
cuidado: m.; 26 D, 74 E, 130 C
cuidar: a.; 98 C
culpa: f.; 74 E, 86 D
culpable: adj.; 127 A
culpablemente: adv. m.; 125
cultivar: a.; 18 B
cultivo: m.; 121
cumpleaños: m.; 81
cumplido, da: adj. y m.; 109
cumplimiento: m.; 109
cumplir: a.; 125
cuñado, da: m. y f.; 129
cupe, cupiere, cupiese: fms. de *caber;* 179
cura: amb.; 74 B 3
curable: adj.; 121
curación: f.; 86 D
curar: n. y a.; 1, 109
curiosear: n.; 127 A
curiosidad: f.; 127 A
curso: m.; 55 B 11
curtir: a.; 114 B
curva: f.; 97
curvo, va: adj. y f.; 53
cutis: amb.; 99 A
cuyo, ya: pron. relat. e interr.; 77, 78 E, 82 B

Ch

chabacano: m. (mej.); 123 A
chal: m.; 113
chaleco: m.; 113, 115 A
champaña: m.; 109
chancear: n. y r.; 62 C
chanza: f.; 62 C
chapear: a.; 94 C
chaqueta: f.; 113
charol: m.; 115 A
chasco: m.; 86 E, 114 C
chato, ta: adj.; 99 A
cheque: m.; 46 B, 133
cheviot: m.; 113
chico, ca: adj.; 18 B
chícharo: m. (mej.); 121, 122 C
chile: m. (mej.); 105, 117, 123 A
chillante: adj.; 110 B
chillar: n.; 110 B
chinche: f.; 74 B, 2
chino, na: adj. y m. y f.; 10 E, 115 A
chiquillo, lla: adj. y m. y f.; dim. de *chico;* 90 A
chiquirritico, ca: adj. y m. y f.; dim. de *chico;* 90 A
chiquitín, na: adj. y m. y f.; dim. de *chico;* 90 A

chiquitito, ta: adj. y m. y f.; dim. de *chico;* 90 A
chiquito, ta: adj. y m. y f.; dim. de *chico;* 90 A
chirimoya: f.; 123 A
chisme: m.; 127 I 25
chispa: f.; 89, 90 D
chiste: m.; 109
chistoso, sa: adj.; 78 E
chivo, va: m. y f.; 113
chocolate: m.; 33
choque: m.; 22 A
chorizo: m.; 117
chuleta: m.; 117

D

dama: f.; 124 22
dañar: a. y r.; 102 D
daño: m.; 94 C
dañoso, sa: adj.; 101
***dar:** a.; 63 I, 81, 82 A, D y E, 83 A, 86 E, 126 C
data: f.; 142 A
dativo: m.; 10 A, 82 B y D
de: prep.; 1, 2 B
dé, demos, den: fms. de *dar;* 181
debajo: adv.; 1, 25
deber: a.; 65, 66 A, 94 C, 109, 133; — m.; 125, 126 C
débil: adj.; 86 D
debilidad: f.; 86 D
decena: f.; 14 C (1)
decente: adj.; 85, 86 D
decepción: f.; 117
decidir: a. y r.; 125
decimal: adj.; 105
décimo, ma: adj. y m.; 13, 14 B y D
décimoctavo, va: adj.; 14 B
décimocuarto, ta: adj.; 14 B
décimonono, na: adj.; 14 B
décimonoveno, na: adj.; 14 B
décimoquinto, ta: adj.; 14 B
décimoséptimo, ma: adj.; 14 B
décimosexto, ta: adj.; 14 B
décimotercio, cia: adj.; 14 B
***decir:** a.; 30 D, 50 C, 71 I
decisión: f.; 125
decisivo, va: adj.; 129
declaración: f.; 120
decoroso, sa: adj.; 86 D
decreto: m.; 81
décuplo, pla: adj. y m.; 14 C (3)
dedal: m.; 115 A
dedicar: a. y r.; 121
dedo: m.; 101
***deducir:** a.; 137
defecto: m.; 66 A
defectivo, va: adj.; 90 B
***defender:** a.; 143 P 15
defensa: f.; 142 A
definición: f.; 89
definido, da: adj.; 2 B
deformidad: f.; 103 A
defraudar: a.; 125
deglutir: n. y a.; 99 A
***degollar:** a.; 103 A
dejar: a.; 82 E, 97, 126 C
del: contracción de la prep. *de* y el art. *el;* 1, 2 B, 10 B
delantal: m.; 115 A
delante: adv.; 1, 25, 26 C
delantera: f.; 115 A
delantero, ra: adj. y m.; 115 A
deleitar: a. y r.; 127 A
deleite: m.; 126 C, 127 A
delgado, da: adj.; 29, 57
delicado, da: adj.; 117
delicia: f.; 144 B
delicioso, sa: adj.; 121
delirar: n.; 127 A
delirio: m.; 127 A
demandar: a.; 110 B.
demás: adj. y adv. c.; 38 B 2
demasiado, da: adj.; 89, 90 D
demencia: f.; 127 A
demente: adj.; 62 C
dementarse: r.; 127 A
demonio: m.; 143 P 4
demostrar: a.; 133, 134 B
demostrativo, va: adj.; 70 A
denominar: a. y r.; 77
denotar: a.; 2 B
dentadura: f.; 112 B 3
dentífrico, ca: adj.; 107 C 16
dentista: adj. y com.; 74 B 1, 97
dentro: adv.l. y t.; 17
depender: n.; 89
dependiente: m.; 133
***deponer:** a.; 106 G
deportar: a.; 129
depositar: a.; 6 B
depósito: m.; 5, 6 B
depresión: f.; 105
derecho, cha: adj. y f.; 26 B, 25, 26 B, 121
derivar: a. y r.; 74 C
derramar: a. y r.; 144 B, 142 A
derribar: a.; 45, 46 A
desafinar: n.; 111 B, 23
desagradable: adj.; 33
desagradar: n. y r.; 127 A
desagrado: m.; 127 A
***desalentar:** a. y r.; 127 A
desaliento: m.; 127 A
desanimación: f.; 127 A
desanimar: a. y r.; 127 A
***desaparecer:** n., a. y r.; 97
desarmador: m.; 45
desarrollar: a. y r.; 81, 125
desarollo: m.; 125
desastroso, sa: adj.; 129
desatar: a. y r.; 110 C
desayunar: a.; 49
desayuno: m.; 49
desbocar: a. y r.; 124 24
descansar: n. y a.; 85, 86 D, 103 A, 117
descanso: m.; 103 A
descarga: f.; 89, 103 A

descargar: a. y n.; 103 A
descarrilamiento: m.; 133, 134 B
***descender:** n. y a.; 22 B, 50 C
descenso: m.; 89
descolorido, da: adj.; 144 B
***descomponer:** a. y r.; 34 C, 106 G
descompuesto, ta: p.p. irreg. de *descomponer;* 34 C, 57, 58 C
desconfianza: f.; 78 F
desconfiar: n.; 127, A
***descontar:** a.; 133
descontentar: a.; 127 A
descontento, ta: adj. y m.; 127 A
descoser: a. y r.; 113, 115 A
describir: a.; 70 B
descripción: f.; 82 E
descuento: m.; 133
desde: prep.; 38 C, 66 B
desear: a.; 30 D, 58 C
desembocar: m.; 98 C
desencantar: a. y r.; 127 A
desencanto: m.; 127 A
desengaño: m.; 144 B
deseo: m.; 78 F, 127 A
deseoso, sa: adj.; 143 P 8
desesperación: f.; 74 E, 127 A
desesperar: a., n. y r.; 74 E, 127 A
desfalco: m.; 128 B 22, 134 B
desgraciadamente: adv.m.; 117
desgraciado, da: adj. y m. y f.; 125
***deshacer:** a. y r.; 113, 114 B
deshilachar: a. y r.; 114 B
desiderativo, va: adj.; 102 C, 3
desierto, ta: adj. y m.; 21
designación: f.; 46 A
designar: a.; 127 A
designio: m.; 127 A
desigualdad: f.; 30 B
desinencia: f.; 106 C y D
desinteresado,da: adj.; 121
desistir: n.; 137
desmayar: a. y r.; 85, 127 A
desmayo: m.; 126 C
desmolado, da: adj.; 103 A
desnudar: a. y r.; 115 A
desocupar: a. y r.; 31 B
desorden: amb.; 55 A 19
desordenado, da: adj.; 126 C
desordenar: a. y r.; 127 A
despacio: adv.m.; 77, 78 E
despachar: a., r. y n.; 41
despacho: m.; 41, 74 E
despectivo, va: adj.; 90 A 3
despedida: f.; 106 G
***despedir:** a. y r.; 62 B, 70 C
despejado, da: adj.; 99 A
despejar: a. y r.; 90 E
***despertar:** a., n. y r.; 109, 119 A
déspota: m.; 74 B 1
despreciativo, va: adj.; 90 A 3
despreciar: a. y r.; 58 A
desprecio: m.; 90 A 3, 127 A
después: adv. t., l. y orden; 10 A y F
desquite: m.; 77, 78 E
determinado, da: adj.; 2 B
desterrar: a. y r.; 58 A
destilar: a. y n.; 121
destinación: 122 A
destino: m.; 122 A
destornillador: m.; 45
destructor, ra: 127 A
***destruir:** a. y r.; 30 E
desvanecimiento: m.; 85, 86 D, 126 C
desvelar: a. y r.; 85, 86 D
desviar: a.; 134 B
detalle: m.; 127 A
***detener:** a. y r.; 22 B, 134 C
determinación: f.; 126 C
determinar: a. y r.; 6 A, 127 A
detonación: f.; 89
detrás: adv.l.; 25, 26 C
detrimento: m.; 94 C
deuda: f.; 135 D 13, 142 A
deudor, ra: adj. y m. y f.; 135 D 13
devoción: f.; 101
***devolver:** a.; 82 A, 83 A, 106 G, 131 A
devoto, ta: adj.; 103 A
di: fm. de *dar;* 181
día: m.; 30 B y E, 34 C, 74 B 1
diabetes: f.; 103 A
dialecto: m.; 50 C
diálogo: m.; 83 A
diamante: m.; 21
diariamente: adv. t.; 108 4
diario, ria: adj. y m.; 105
diarrea: f.; 103 A
diccionario: m.; 25
diciembre: m.; 33
dictar: a.; 125
dicho, cha: p.p.irreg. de *decir;* 182
dichoso, sa: adj.; 82 B y D
diente: m.; 45, 46 A, 97
dieciséis: adj. y m.; 14 B
diecisiete: adj. y m.; 14 B
dieciocho: adj. y m.; 14 B
diecinueve: adj. y m.; 14 B
diera, diese: fms. de *dar;* 181
diez: adj. y m.; 9, 14 B
diferencia: f.; 10 F

E

egoísta: adj. y com.; 127 A
eje: m.; 77
ejemplo: m.; 2 A
ejercer: a.; 105
ejercicio: m.; 3
ejote: m. (mej.); 121
el: art.det.m.; 1, 2 B
él: pron.pers. masculino; 9, 10 A
elástico, ca: adj. y m.; 29, 113, 115
electricidad: f.; 29
eléctrico, ca: adj.; 30 D
elefante: m.; 20
elegante: adj.; 41
***elegir:** a.; 114 B
Elena: n.p.f.; 141 (2)
elevación: f.; 37
elevado, da: adj.; 30 E, 133
elevar: a. y r.; 117
elote: m. (mej.); 121
ella: pron.pers. femenino; 9, 10 A
ello: pron.pers.neutro; 10 A
embajador: m.; 140 A 9
embarcación: f.; 78 E
embargo: m.; *sin* —; m.adv.; 94 C, 95 C 7
embozar: a.; 103 A
embustero, ra: adj. y m. y f.; 126 C
embutido: m.; 113, 114 B
emitir: a.; 78 E
emoción: f.; 42 C, 127 A
emocionarse: r.; 127 A
empacar: a.; 135
empaque: m.; 133
empeine: m.; 101
empeño: m.; 78 F
***empezar:** a., n. y r.; 65, 66 A
empleado, da: m. y f.; 45, 130 C
emplear: a. y r.; 25
empleo: m.; 54 D, 142 A
empolvar: a. y r.; 117
empresa: f.; 142 A
empujar: a.; 115 A
empuje: m.; 143 P 19
en: prep.; 2 A
enaguas: f.pl.; 113
enamorado, da: adj. y m. y f.; 104 B 19
enamorar: a. y r.; 144 B
encaje: m.; 113, 114 B
encantar: a.; 127 A
encanto: m.; 127 A
encarcelación: f.; 127 A
encarcelar: a.; 127 A
encargar: a. y r.; 26 D
***encender:** a. y r.; 65, 66 A, 118 B
encendido, da: adj.; 109
***encerrar:** a. y r.; 117
encía: f.; 99 A
encima: adv.l. y c.; 41, 42 C
encina: f.; 45
enclítico, ca: adj. y f.; 54 A
encoger: a. y r.; 57, 106 H
***encontrar:** a. y r.; 77, 78 B y E, 106 G
***encubrir:** a.; 114 B
encuentro: m.; 77, 78 E
endosar: a.; 133
endulzar: a. y r.; 105
enemigo, ga: adj. y m. y f.; 6 B
enemistad: f.; 127 A
energía: f.; 125
enérgico, ca: adj.; 114 B
enero: m.; 61
énfasis: amb.; 34 B 2 (a)
enfático, ca: adj.; 70 B
enfermar: n.; 101
enfermedad: f.; 1
enfermizo, za: adj.; 101
enfermo, ma: adj. y m. y f.; 26 D
enflaquecer: a., n. y r.; 86 E
enfrente: adv.l.; 25
enfriar: a. y r.; 89, 127 A
engañador, ra: adj. y m. y f.; 126 C
engañar: a. y r.; 125
engaño: m.; 117
engañoso, sa: adj. 127 A
engordar: a. y n.; 57
enjuagar: a. y r.; 119 A
enjugar: a. y r.; 105
***enloquecer:** a., n. y r.; 127 A
***enmendar:** a., n. y r.; 114 B, 126 B
enojar: a. y r.; 125, 127 A
enojo: m.; 127 A
ensalada: f.; 117
enseñar: a. y r.; 112 B 10, 122 D
ensillar: a.; 138 A
***entender:** a. y r.; 25, 26 A y C, 63 F
entendedor, ra: adj. y m. y f.; 130 D
entendimiento: m.; 125, 127 A
enteramente: adv.m.; 89
enteritis: f.; 103 A
entero, ra: adj.; 59 F
***enterrar:** a.; 142 A, 144 B
entibiar: a.; 89, 127 A
entonces: adv.t.; 6, 89
entrada: f.; 85, 86 D
entrante: p.a.; 81
entrar: n. y r.; 30 E, 46 B
entre: prep.; 10 F, 25
entreabierto, ta: p.p. irreg. de *entreabrir;* 99 A
entreabrir: a.; 99 A
entrecejo: m.; 99 A
entredós: m.; 113, 114 B
entregar: a. y r.; 129, 130 C
***entretener:** a. y r.; 70 B
***entristecer:** a. y r.; 127 A
entusiasmar: a. y r.; 127 A
entusiasmo: m.; 127 A
enunciar: a.; 98 A
envase: m.; 29, 30 D
envenenar: a. y r.; 103 A

enviar: a.; 107 A
envidia: f.; 125
envidiar: a.; 127 A
envidioso, sa: adj. y m. y f.; 127 A
envío: m.; 133
***envolver:** a. y r.; 89, 90 D
equipaje: m.; 74 E, 130 C
***equivaler:** n.; 29
equivalente: adj.; 13
equivocación: f.; 128 B 7
equivocar: a. y r.; 65, 66 A
era: fm. de *ser;* 155
***errar:** a. y r.; 62 C
error: m.; 62 C
es: fm. de *ser;* 155
esa: pron.dem.; véase *ese;* 49, 50 C, 57
escalera: f.; 53
escalofrío: m.; 103 A
escalón: m.; 53
escapar: a. y r.; 29
escarlatina: f.; 103 A
escaso, sa: adj.; 29, 30 D
escena: f.; 129
escoba: f.; 118 C, 119 A
escobilla: f.; 117
escocés, sa: adj. y m. y f.; 123 A
escoger: a.; 114 B, 115 A
esconder: a. y r.; 113, 114 B, 142 A
escribir: a. y r.; 25
escrito, ta: p.p.irreg. de *escribir;* 25
escritor, ra: m. y f.; 100 3
escritorio: m.; 117
escrófula: f.; 103 A
escuadra: f.; 45
escuchar: a. y r.; 99 A, 105
escuela: f.; 65
ese, esa, eso, esos, esas: pron.dem. en los tres géneros, y en ambos números; 49, 50 C, 57, 69, 70 A
esencia: f.; 54 C
esencial: adj.; 5
esencialmente: adv. m.; 42 A
esférico, ca: adj.; 17
esfuerzo: m.; 125
esmaltar: a.; 29, 30 D
esmeralda: f.; 113
eso: pron. dem.; véase *ese; a — de;* 50 C
esófago: m.; 99 A
espacio: m.; 41
espalda: f.; 86 E, 115 A
espaldilla: f.; dim. de *espalda;* 105
espantar: a. y r.; 98 C, 126 D, 127 A
espanto: m.; 98 C
español, la: adj. y m. y f.; 6 A, 9, 10 E
espárrago: m.; 123 A
especia: f.; 74 B 2, 135 B
especial: adj.; 86 D
especialmente: adv. m.; 50 C
especie: f.; 14 C, 54 C
espectador, ra: adj. y m. y f.; 85
espejo: m.; 117
espera: f.; 74 E, 137
esperanza: f.; 74 D, 126 C
esperar: a.; 73, 74 D, 78 E, 138 A
espeso, sa: adj.; 57, 123 A
espina: f.; 121
espinaca: f.; 123 A
espinazo: m.; 101, 105
espíritu: m.; 86 D
espolazo: m.; 122 E
esponja: f.; 57
espontáneamente: adv.m.; 117
esposo, sa: m. y f.; 82 B y D
espuela: f.; 122 E
esquela: f.; 129
esqueleto: m.; 99 A, 105
esquina: f.; 22 D, 25
esta: pron.dem.; véase *este;* 25, 70 A
***establecer:** a. y r.; 126 C
establecimiento: m.; 133
establo: m.; 137 A
estación: f.; 57, 69, 73, 78 E
estadista: m.; 37, 38 D
estado: m.; 9, 10 E y F
Estados Unidos: n.p. m.pl.; 9
estafar: a.; 125
estampación: f.; 114 B
estampilla: f.; dim. de *estampa;* 129
estante: m.; 128 B 30, 134 B
estaño: m.; 29
***estar:** n.; 17, 22 C, 26 A, 74 C, 78 D, 94 B
estatura: f.; 38 D
estatuto: m.; 126 C
este, esta, esto, estos, estas: pron.dem. en los tres géneros y en ambos números; 25, 70 A
estearina: f.; 66 A
esternón: m.; 105
estético, ca: adj.; 113
estilo: m.; 42 A, 115 A
estimación: f.; 46 A
estimar: a.; 49
estirar: a. y r.; 114 B
esto: pron. dem.; véase *este;* 25, 70 A
estolidez: f.; 127 A
estómago: m.; 97, 101
estorbar: a.; 87 A
estornudar: n.; 99 A
estornudo: m.; 104 B 6
estoy: fm. de *estar;* 160
estrecho, cha: adj.; 41, 57
estrella: f.; 53
estrellado, da: adj.; 117, 123 A
estreñimiento: m.; 103 A
estribo: m.; 121
estridente: adj.; 111 A
estudiante: m.; 66 A
estudiar: a.; 46 B
estudio: m.; 97
estufa: f.; 29, 46 A
estupidez: f.; 127 A
estúpido, da: adj.; 127 A
estuve, estuviera, estuviese: fms. de *estar;* 160

etcétera: f.; 2 A
etiqueta: f.; 113, 115 A
eufonía: f.; 10 A
Europa: n.p.f.; 9
europeo, ea: adj. y m. y f.; 9, 14 D
evaporar: a. y r.; 89
evidencia: f.; 125
evitar: a.; 22 B, 113
exactamente: adv.m.; 37
exactitud: f.; 66 B
exacto, ta: adj.; 65
exagerar: a.; 30 D
exaltar: a. y r.; 86 D
examen: m.; 82 E
examinar: a.; 38 D
excavación: f.; 74 D
excavar: a.; 74 D
excelente: adj.; 34 C
excepción: f.; 14 B; *a* —; m.adv.; 74 B
exepto: adv.m.; 14 B
exceptuar: a.; 95 B
excesivo, va: adj.; 89
exceso: m.; 74 E
exclamación: f.; 78 E
excursión: f.; 73
excusar: a.; 66 A
excusa: f.; 68 5
exhalar: a. y r.; 2 B, 103 A
exhibir: a.; 122 D
exhortar: a.; 102 C 2
exigente: adj. y com.; 133
exigir: a.; 58 A
existencia: f.; 30 D, 134 B y C
existente: p.a.; 10 F
existir: n.; 6 B
éxito: m.; 86 E, 126 C
exorbitante: adj.; 135 B
expectación: f.; 74 D, 78 E
expeler: a.; 101
expensa: f.; 134 B
experiencia: f.; 127 A
experto, ta: adj. y m.; 54 C
explicación: f.; 18 C
explicar: a. y r.; 25
explosión: f.; 103 A
***exponer**: a. y r.; 57, 60, 106 B
exportación: f.; 133
exprés: m.; 133
expresar: a. y r.; 2 A
expresión: f.; 70 C
expreso: p.p.irreg. de *expresar* y m.; 102 C 3
***extender**: a. y r.; 38 D, 118 B
extensión: f.; 37
extenso, sa: p.p.irreg. de *extender* y adj.; 37
exterior: adj.; 10 C, 17
exteriormente: adv.m. 97
externo, na: adj.; 97
extracción: f.; 98 B
***extraer**: a.; 46 A, 97, 98 B
extranjero, ra: adj. y m. y f.; 50 C
extrañar: a. y r.; 58 D, 157
extraño, ña: adj.; 58 D, 97
extraordinario, ria: adj.; 142 A
extravagante: adj.; 144 B
extremidad: f.; 97
extremo, ma: adj. y m.; 30 B
extremoso, sa: 89

F

fábrica: f.; 30 E, 94 C
fabricación: f.; 113
fabricante: p.a. y com.; 105
fabricar: a.; 6 B, 8
facción: f.; 111 A 16
fácil: adj.; 21
facilidad: f.; 21
facilitar: a.; 14 D
fácilmente: adv.m.; 21
factura: f.; 133
facturar: a.; 133
facultad: f.; 74 D, 125
falda: f.; 113
faldillas: f.pl.; 113
falsedad: f.; 125
falso, sa: adj.; 46 B.
falta: f.; 30 E, 54 C, 66 A
faltar: n.; 41, 42 C, 50 D
fallo: m.; 125
fama: f.; 126 C
familia: f.; 9
familiar: adj.; 10 A
famoso, sa: adj.; 89
fastidioso, sa: adj.; 75 A 7
fatal: adj.; 112 A 13
fatiga: f.; 103 A
fatigar: a. y r.; 75 A 6, 103 A
favor: m.; 25
favorable: adj.; 86 E
favorecedor, ra: adj. y m. y f.; 133
fe: f.; 86 D, 126 C, 127 A
fealdad: f.; 144 B
febrero: m.; 61
fecha: f.; 69
federal: adj. y com.; 25
felicidad: f.; 82 D
felicitar: a. y r.; 118 C
felino, na: adj. y m. y f.; 121
feliz: adj.; 10 C, 82 D
femenino, na: adj. y m.; 2 A, 6 A
fénico, ca: adj.; 103 A
fenomenal: adj.; 134 C
feo, ea: adj.; 69, 70 B, 144 B
feria: f.; 13
ferino, na: adj.; 103 A
fermentar: n.; 112 A
feroz: adj.; 46 B
ferretería: f.; 29, 30 D
ferrocarril: m.; 48, 134 B
fértil: adj.; 20
festivo, va: adj.; 69
fétido, da: adj.; 105
fiador, ra: m. y f.; 133, 134 B
fiar: a. y n.; 82 E, 133, 134 B
fidelidad: f.; 127 A
fidelísimo, ma: adj. superl.; 30 B
fideos: m.pl.; 123 A
fiebre: f.; 1, 74 B 2
fiel: adj. y com.; 30 B, 121
fieltro: m.; 113

fiera: f.; 121
fierro: m., véase *hierro;* 29, 30 D
fiesta: f.; 69
figura: f.; 142 A
figurado, da: adj.; 74 D
figurar: a.; 127 A
fijar: a. y r.; 38 E, 46 A
fijo, ja: p.p.irreg. de *fijar;* 66 B, 118 B
filo: m.; 45
fin: m.; 46 B
final: adj.; 14 B (2)
finalmente: adv.m.; 129
financiero, ra: adj. y m.; 96 9
fino, na: adj.; 21
firmar: a.; 133, 134 B
firme: adj.; 46 A
firmeza: f.; 127 A
físicamente: adv.m.; 125
físico, ca: adj.; 86 D
fisonomía: f.; 50 C
fistol: m. (mej.); 113
flaco, ca: adj.; 57
flete: m.; 121
flexibilidad: f.; 22 B
flexible: adj.; 29
flojera: f.; 125
flojo, ja: adj. y m. y f.; 114 B, 125, 127 A
flor: f.; 1, 74 B 2, 110 B
florero, ra: adj. y m. y f.; 26 C
flotar: n.; 78 E
flúido, da: adj. y m.; 101
foco: m.; 129
follaje: m.; 18 B
fonda: f.; 74 E
fondos: m.pl.; 132 A 20
forjar: a. y r.; 29
forma: f.; 29
formal: adj.; 10 A, 137
formalidad: f.; 127 A
formar: a. y r.; 3 D
forro: m.; 114 B
fortísimamente: adv. superl.m.; 30 C
fortísimo, ma: adj. superl.; 30 B
fortuna: f.; 22 D
***forzar:** a.; 101, 102 A
fosa: f.; 73
fósforo: m.; 65, 66 A
fotografía: f.; 129
fotográfico, ca: adj.; 129
foulard: m.; 113
frac: m.; 113, 115 A
fracaso: m.; 86 E
fracción: f.; 13
fraccionario, ria: adj.; 13
fragancia: f.; 1
fragante: adj.; 1
frágil: adj.; 6 B
fragmento: m.; 22 B
fragua: f.; 29
fraguar: a.; 29
frambuesa: f.; 121, 123 A
francés, sa: adj. y m. y f.; 9, 10 E
Francia: n.p.f.; 9
franela: f.; 115 A
franqueo: m.; 132 A 14
frase: f.; 14 E
fraude: m.; 139 G 8
frazada: f.; 117
frecuencia: f.; 6 A
frecuentar: a.; 85
frecuente: adj.; 46 A
frecuentemente: adv. m.; 30 B
Federico: n.p.m.; 129
***freir:** a.; 110 B, 119 A
freno: m.; 121
frente: amb.; 22 D, 74 B 3, 97
fresa: f.; 121, 123 A
fresco, ca: adj.; 33, 34 C
frialdad: f.; 127 A
fricción: f.; 99 A
frígido, da: adj.; 89
frijol: m.; 121
frío, a: adj. y m.; 30 E, 33, 34 C, 117
frito, ta: p.p.irreg. de *freir;* 110 B
frontera: f.; 133
fronterizo, za: adj.; 94 B
frotar: a. y r.; 99 A
frunce: m.; 114 B
fruncir: a. y r.; 99 A, 114 B
fruta: f.; 1, 2 B
frutal: adj.; 45
frutero, ra: adj. y m.; 133
fruto: m.; 17
fuego: m.; 53
fuente: f.; 74 B 2, 117, 123 A
fuera: adv.; 1, 17
fuerte: adj., m. y adv. m.; 56, 10, 86 D, 30 B, 139 G 17
fuerza: f.; 58 B
fuí, fué, fuera, fuese: fms. de *ser* y de *ir;* 155, 185
fulano, na: m. y f.; 105, 106 G
fulminar: a.; 103 A
función: f.; 64 8, 86 D
funcionar: n.; 133
funcionario: m.; 125
funda: f.; 114 B, 117
fundador, ra: adj. y m. y f.; 81
fundir: a. y r.; 29
funeral: adj.; 73
furioso, sa: adj.; 42 D
fusilar: a.; 103 A
fusión: f.; 6 B
futuro, ra: adj. y m.; 65

G

galería: f.; 41
galvanizar: a.; 29
galleta: f.; 121
gallina: f.; 42 D, 86 E, 117
gallo: m.; 117
gana: f.; 34 D, 126 C
ganado: m.; 121
ganar: a.; 54 C, 82 B
ganso, sa: m. y f.; 117
garantizar: a.; 133
garbanzo: m.; 123 A
garganta: f.; 97
gas: m.; 29
gasa: f.; 115 A
gasolina: f.; 21
gastar: a. y r.; 113
gasto: m.; 121, 134 B
gatas (a): m.adv.; 102 E
gato, ta: m. y f.; 70 C, 121
gemelo, la: adj. y m. y f.; 113

gemido: m.; 99 A
***gemir**: n.; 99 A
gendarme: m.; 133
general: adj. y m.; 10 B
generalidad: f.; 18 B
generalmente: adv.m.; 10 C, 18 B
género: m.; 6 A, 113
generosidad: f.; 127 A
generoso, sa: adj.; 127 A
genio: m.; 126 C
gente: f.; 70 B, 86 D
gerundio: m.; 30 D, 46 A, 98 A
girar: n. y a.; 79 11, 141
giro: m.; 133
globo: m.; 29
globular: adj.; 89
***gobernar**: a.; 38 D, 125
gobierno: m.; 10 F
golfo: m.; 37
golpe: m.; 22 B y D
golpear: a.; 46 B
goma: f.; 115 H
gordo, da: adj.; 42 D, 57
gordura: f.; 117
gorrión: m.; 74 B 1
gota: f.; 89
gozar: a.; 82 D, 101, 127 A
gozo: m.; 126 C, 127 A
grabado: m.; 117
gracia: f.; 22 D, 70 C; — pl.; 25
gracioso, sa: adj. y m. y f.; 77, 78 E
grada: f.; 53
grado: m.; 30 B
gráfico, ca: adj.; 82 B
gramática: f.; 25
gramatical: adj.; 25
gramo: m.; 29, 105
gran: adj., véase *grande;* 38 B 1
granada: f.; 121
grande: adj.; 14 D, 37, 38 B 1
grandísimo, ma: adj. superl.; 30 B
granizar: n.; 90 B
granizo: m.; 89
granja: f.; 121
grano: m.; 21, 66 B, 103 A
grasa: f.; 117
gratis: adv.m.; 135 C
gratitud: f.; 64 8
grato, ta: adj.; 129, 130 C
grave: adj.; 86 D
gravemente: adv.m.; 26 D
gravitación: f.; 29
Grecia: n.p.f.; 6 B
gris: adj. y m.; 70 C
gritar: n.; 122 E
gro: m.; 115 A
grueso, sa: adj.; 29, 57; — f.; 14 C (1)
gruñir: n.; 99 A, 122 E
grupo: m.; 129
guajolote: m. (mej).; 117
guanábana: f.; 123 A
guanajo: m.; (americano); 121
guante: m.; 113, 115 A
guardar: a. y r.; 50 D, 136 B (2) 17
guardarropa: f.; 117
guardia: f.; 26 D
guarnición: f.; 121
guayaba: f.; 123 A
guerra: f.; 129
guía: com. y amb.; 142 A
Guillermina: n.p.f.; 12
guinda: f.; 116 10
guiñar: a.; 99 A
guisado: m.; 123 A
guisante: m.; 121, 122 C
guisar: a.; 117, 119 A
guitarra: f.; 111 B 23
gusano: m.; 115 A
gustar: a.; 33, 34 B 1, 34 D, 105
gusto: m.; 22 D, 34 B 1
gustoso, sa: adj.; 131 B

H

ha: fm. de *haber;* 26 C, 153
haba: f.; 121
***haber**: aux., a., r. y m.; 26 C, 71 I, 94 B
habichuela: f.; 122 C
hábil: adj.; 49, 50 C
habilidad: f.; 50 C
habitación: f.; 53
habitante: p.a. y m.; 25
habitar: a.; 10 F
hábito: m.; 102 C 4 (2), 127 A
habituar: a. y r.; 127 A
hablar: n.; 18 B, 42 C, 74 A
hacendado: m.; 121
***hacer**: a. y r.; 21, 29, 30 A y E, 42 A, 78 D; — *falta;* 131 A
hacia: prep.; 95 C 15, 102 D
hacienda: f.; 121
hacha: f.; 45
hago, haga: fms. de *hacer;* 184
halagar: a.; 122 D
hallar: a.; 120 B 8, 127 B
hambre: f.; 74 B 2 y 5, 74 E
han: fm. de *haber;* 26 C, 153
haragán, na: adj. y m. y f.; 10 C
harina: f.; 113, 117
harmonía: f.; 129
hasta: prep.; 61
hay: fm. del verbo impers. *haber;* 154
haya, hayamos, hayan: fms. de *haber;* 153
haz: m.; 74 B 1
he, hemos: fms. de *haber;* 153
hebilla: f.; 113
hebra: f.; 115 A
hecho, cha: p.p.irreg. de *hacer;* 184
hechura: f.; 113
helada: f.; 93
helado, da: adj. y m.; 33
***helar**: a., n. y r.; 34 C, 90 B
hembra: f.; 26 C, 97
herida: f.; 102 D
***herir**: a. y r.; 102 D
hermano, na: m. y f.; 69, 70 B
hermoso, sa: adj.; 73, 74 D
hermosura: f.; 144 B

I

irreg. de *imponer;* 142 A
impureza: f.; 101
impuro, ra: adj.; 101
inanimado, da: adj.; 6 A y B
incansable: adj.; 85, 86 D
incapaz: adj.; 86 D
incendio: m.; 53, 54 C
incidente: adj. y m.; 129
inclemencia: f.; 93
inclinación: f.; 53, 58 C
inclinar: a., r. y n.; 58 D
incoloro, ra: adj.; 117
incomodar: a. y r.; 78 E, 127 A
incomodidad: f.; 127 A
incómodo, da: adj.; 90 E
incompleto, ta: adj.; 46 A
inconveniencia: f.; 137
incorrecto, ta: adj.; 147
incredulidad: f.; 106 H
incurrir: n.; 66 A
indagar: a.; 135 C
indeclinable: adj.; 26 C
indefinido, da: adj.; 2 B
indemnización: f.; 140 A 9
independencia: f.; 81
independiente: adj. y com.; 6 A
indeterminado, da: adj.; 2 B
indiana: f.; 113, 114 B
indicar: a.; 2 B
indicativo, va: adj. y m.; 10 D
índice: m.; 101
indiferencia: f.; 106 H
indigestión: f.; 101
indirecto, ta: adj.; 34 B 1
indispensable: adj.; 53
individual: adj.; 107 C 4
individualmente: adv. m.; 66 A
individuo, dua: adj. y m.; 74 D, 105
índole: f.; 74 B 2, 126 C
indubitable: adj.; 94 C
indubitablemente: adv.m.; 94 C
indudable: adj.; 30 D
industria: f.; 103 A
industrial: adj. y m.; 129
industrioso, sa: adj.; 49
inexperto, ta: adj.; 113
infeliz: adj. y com.; 125
inferior: adj. y com.; 10 C, 17, 30 B
ínfimo, ma: adj. superl.; 30 B
infinito, ta: adj.; 90 D
infinitivo: m.; 50 A, 54 C, 98 A
inflamación: f.; 103 B 15
inflexión: f.; 145
***influir:** a.; 128 A 13
informe: m.; 142 A
infundado, da: adj.; 125
ingenio: m.; 121
ingenioso, sa: adj.; 81
Inglaterra: n.p.f.; 9
ingle: f.; 74 B 2
inglés, sa: adj. y m. y f.; 9, 10 E
inicial: adj. y f.; 82 C
injusticia: f.; 125
iniciativa: f.; 143 P 19
inmaterial: adj.; 99 A
inmediatamente: adv. m.; 14 B
inmediato, ta: adj.; 26 C
inocente: adj.; 127 A
inodoro, ra: adj.; 117
inorgánico, ca: adj.; 97
inquieto, ta: adj.; 26 D
insano, na: adj.; 62 C
insecto: m.; 66 A
insistir: n.; 93
insolvencia: f.; 142 A
insomnio: m.; 109
insoportable: adj.; 89
inspirar: a.; 78 F
instantáneamente: adv. t.; 98 C
instante: m.; 89
instinto: m.; 127 A
instrucción: f.; 89
***instruir:** a.; 136 B (2) 5
instrumento: m.; 30 D
insultar: a.; 50 D
insulto: m.; 137
insuperable: adj.; 141, 142 A
íntegro, gra: adj.; 82 B y D
intelectual: adj.; 90 D
inteligencia: f.; 31 E
inteligente: adj.; 31 E
intemperie: f.; 74 B 2
intención: f.; 54 C, 127 A
intencionar: a.; 126 C
intensidad: f.; 105
intentar: a.; 127 A
intento: m.; 127 A
interés: m.; 78 F, 133
interesante: adj.; 30 B
interesar: a.; 144 B
ínterin: m.; 78 E
interior: adj.; 10 C, 17
interiormente: adv.l; 99 A
interjección: f.; 2 A
intermedio, dia: adj.; 89
internacional: adj.; 133
interrogar: a.; 78 E
interrogativo, va: adj.; 2 B
interrumpir: a.; 99 A
intervalo: m.; 105
intestino, na: adj. y m.; 101
íntimo, ma: adj.; 6 B
intransitivo, va: adj.; 94 B
intuición: f.; 127 A
inútil: adj.; 22 D
invariable: adj.; 14 B
inventar: a.; 106 G
inverso, sa: p.p.irreg. de *invertir;* 89
invierno: m.; 57, 69
invisible: adj.; 89
invitar: a.; 78 E
involuntario, ria: adj.; 125
***ir:** n. y r.; 58 A, 65, 66 A, 86 B 3
ira: f.; 125
iracundo, da: adj.; 125
iris: m.; 99 A

irlandés, sa: adj. y m. y f.; 77, 78 E
irónicamente: adv.m.; 82 E
irregular: adj.; 10 F
irregularidad: f.; 46 A
irritación: f.; 99 A
irritar: a. y r.; 78 E, 125
isla: f.; 102 C 4 (3)
isleño, ña: adj. y m. y f.; 40
istmo: m.; 40
Italia: n.p.f.; 10 D
italiano, na: adj. y m. y f.; 10 E
itinerario, ria: adj. y m.; 74 D
izquierdo, da: adj.; 25, 26 B

J

¡ja!: interj.; 109
jabón: m.; 49
jabonar: a.; 119 A
jabonera: f.; 117
jalea: f.; 29, 30 D
jalón: m.; 121
jamón: m.; 117
Japón: n.p.m.; 10 D
japonés, sa: adj. y m. y f.; 10 E
jaqueca: f.; 101
jarcia: f.; 134 B
jardín: m.; 70 B
jarra: f.; 117
jarrito: m.; dim. de *jarro;* 123 A
jefe: m.; 133
jerez: m.; 109
Jesucristo: n.p.m.; 81
jinete: m.; 121
jipijapa: f.; 113
jitomate: m. (mej.); 122 C
jocoso, sa: adj.; 62 C, 78 E
jofaina: f.; 94 B, 117
Jorge: n.p.m.; 37
jornada: f.; 78 E
jornal: m.; 54 C
jornalero: m.; 54 C
jorobado, da: adj. y m. y f.; 103 A
José: n.p.m.; 129
joven: adj. y com.; 30 B, 57, 103 A
joya: f.; 113
joyería: f.; 113
Juan: n.p.m.; 38 C, 90 A.
Juanito: n.p.m.; dim. de *Juan;* 90 A
júbilo: m.; 126 C
judía: f.; 121, 122 C
juego: m.; 124 B 22
jueves: m.; 61
juez: m.; 125
***jugar**: a. y n.; 121, 122 B
jugo: m.; 33
jugoso, sa: adj.; 117
juicio: m.; 125, 126 C
Julieta: n.p.f.; 82 C 3
julio: m.; 33
junio: m.; 33
juntar: a.; 114 B
junto, ta: p.p.irreg. de *juntar;* 8 A, 134 B
jurado: m.; 125
justamente: adv.m.; 133
justicia: f.; 125
justo, ta: adj. y m. y f.; 125
juzgar: a.; 126 C

K

kilo: m.; véase *kilogramo;* 29, 105
kilogramo: m.; 29, 105
kilómetro: m.; 111 D, 11

L

la: art.det. femenino; 1, 2 B; — pron.pers. femenino; 10 A, 54 A
labio: m.; 97
labor: f.; 42 D, 74 B 2
laborar: a.; 103 A
lacio, cia: adj.; 99 A
lado: m.; 25
ladrar: n.; 121, 122 E
ladrido: m.; 103 A
ladrillo: m.; 41, 42 C
ladrón, na: adj. y m. y f.; 126 C
lago: m.; 33
lágrima: f.; 102 E, 109
lagrimal: adj. y m.; 97
lamentar: a., n. y r.; 138 A
lámina: f.; 29
lámpara: f.; 5
lana: f.; 113
lápiz: m.; 25
largo, ga: adj.; 41
laringe: f.; 74 B 2, 97
larva: f.; 115 A
lástima: f.; 58 A, 74 E, 86 D
lastimar: a. y r.; 102 D, 114 B
lata: f.; 29
lateral: adj.; 17
latido: m.; 101
latín: m.; 74 C
latino, na: adj.; y m. y f.; 133
latir: n.; 101
latitud: f.; 57
latón: m.; 5, 6 B
lavabo, m.; 117
lavado: m.; 105
lavandera: f.; 107 A
lavandería: f.; 107 A
lavar: a. y r.; 94 B, 107 A
lazar: a.; 121
lazo: m.; 121
le: pron.pers. común; 10 A, 34 B y C, 54 A
lección: f.; 1
leche: f.; 33, 34 C, 74 B 2
lechuga: f.; 121
leer: a.; 82 B y D
legumbre: f.; 30 D, 122 C
lejano, na: adj.; 89
lejésimo: adv. superl. l.; 30 B
lejos: adv.t. y l.; 37, 38 D y E
lengua: f.; 50 C, 97
lenguaje: m.; 57
lentamente: adv.m.; 78 E
lente: amb.; 109
lento, ta: adj.; 77, 78 E
leña: f.; 45, 46 A
leñador: m.; 45, 46 A
león, na: m. y f.; 46 A
leopoldina: f.; 113
lesión: f.; 102 D
letra: f.; 2 A, 133
levantar: a. y r.; 49, 50 A y C, 118 C
leve: adj.; 105

Ll

M

mantequilla: f.; dim. de *manteca;* 117
Manuel: n.p.m.; 129
manufactura: f.; 113
manufacturar: a.; 6 B
manzana: f.; 94 B, 121, 123 A
manzano: m.; 121
mañana: f.; 49, 81; — adv.t.; 61, 62 B
mapa: m.; 74 B 1
máquina: f.; 29, 30 D
maquinaria: f.; 84 2
maquinista: m.; 135 D
mar: amb.; 33, 74 B 3
marcar: a.; 22 B
marco: m.; 117
marcha: f.; 136, B (2) 20
marear: a.; 112 A 7, 134 B
margen: amb.; 74 B 3
María: n.p.f.; 6
Mariquita: n.p.f.; dim. de *María;* 90 A 5
marido: m.; 129
marinero: m.; 102 E
mármol: m.; 53
marrano, na: m. y f.; 117
martes: m.; 61
martillar: a.; 45
martillo: m.; 29, 45
mártir: com.; 74 B
marzo: m.; 61
mas: conj.advrs.; 94 C
más: adv.comp.; 13
masa: f.; 46 A, 119 A
mascar: a.; 97
masculino, na: adj. y m.; 2 A, 61A
masticar: a.; 97
matanza: f.; 138 A
matar: a. y r.; 97
matemática: f.; 65
materia: f.; 78 F, 97, 103 A
material: adj. y m.; 5, 99 A
matiz: m.; 74 B 1, 77, 78 E
matrimonio: m.; 82 E
maullar: n.; 122 E
máximo, ma: adj.superl. de *grande;* 30 B
mayo: m.; 61
mayor: adj. comp. de *grande* y m.; *por* —; m.adv.; 133
mayormente: adv.m. 77
mayúscula: adj. y f.; 62 B
mazorca: f.; 121
me: pron.pers.; 10 A, 34 C, 54 A
mecánico, ca: adj. y m.; 30 D
mecanismo: m.; 81
mecedora: f.; 117
mecha: f.; 5
mechero: m.; 5
media: f.; 113
medida: f.; 45
medianoche: f.; 77
mediante: p.a. y adv. m.; 114 B
medicina: f.; 1
médico: m.; 1
medida: f.; 45, 113, 114 B
medidor, ra: adj. y m. y f.; 114 B
medio, dia: adj., m. y adv.m.; 13, 38 B 1, 41, 42 C
mediodía: m.; 49
***medir**: a.; 52, 77
Mediterráneo, nea: adj. y m.; 33
mejicano, na: adj. y m. y f.; 9, 10 E
mejilla: f.; 97
mejor: adj. comp. de *bueno* y adv. comp. m. de *bien;* 30 B
mejorar: a; 113, 142 A
melancolía: f.; 127 A
melancólico, ca: adj.; 42 D
melaza: f.; 57, 58 C
melocotón: m.; 121
melocotonero: m.; 121
melodía: f.; 97
melón: m.; 1
membrana: f.; 97
membrillo: m.; 121, 123 A
memoria: f.; 14 E, 125
mención: f.; 115 C
mencionar: a.; 6 B
mendigo: m.; 141, 142 A
menear: a.; 117, 118 C, 119 A
menester: m.; 126 D
mengano, na: m. y f.; 105, 106 G
menor: adj.comp. de *pequeño;* 30 B, 133
menos: adv.comp.; 13, 30 D; *cuando* —; 94 C
menospreciativo, va: adj.; 90 A 3
menospreciar: a.; 127 A
mensaje: m.; 128 B 34
mensual: adj.; 105
mental: adj.; 38 E
mente: f.; 74 B 2, 90 D
***mentir**: n.; 125, 126 B
mentira: f.; 125
mentiroso, sa: adj.; 127 A
menú: m.; 136 A 20
menuta: f.; 136 A 20
menudo, da: adj.; 13, 14 D; *a* —; m. adv.; 106 G
menudeo: m.; 133
meñique: adj. y m.; 101
mercado: m.; 29, 30 D
mercancía: f.; 133, 134 B
mercantil: adj.; 42 C
merced: f.; 42 A, 82 D; *vuestra* —; 42 A
mercurio: m.; 29
***merendar**: n. y a.; 49
meridiano, na: adj. 77
merienda: f.; 49, 121
mérito: m.; 50 C
mermelada: f.; 29, 30 D
mes: m.; 61
mesa: f.; 25
metal: m.; 5
metálico, ca: adj.; 5
metate: m. (mej.); 119 A
meter: a. y r.; 102 E, 129
método: m.; 1
métrico, ca: adj.; 105
metro: m.; 45
metrópoli: f.; 37, 74 B 2

mezcla: f.; 53
mezclar: a. y r.; 78 E, 101
mezquino, na: adj.; 144 B
mi: pron.pos.; véase *mío;* 38 A
mí: pron.pers.; 10 A, 41
miedo: m.; 74 E, 127 A
miel: f.; 74 B 2, 105
miembro: m.; 103 A
mientras: adv.t.; 66 A, 77, 78 E, 142 A
miércoles: m.; 61
Miguel: n.p.m.; 51
mil: adj. y m.; 14 B y C (1)
milagro: m.; 144 B, 142 A
milésimo, ma: adj. y m.; 14 B
milímetro: m.; 45
militar: adj.; 26 D
milla: f.; 37
millar: m.; 14 C (1)
millón: m.; 14 B y C (1)
millonario, ria: adj. y m. y f.; 57
millonésimo, ma: adj. y m.; 14 B
mina: f.; 46 A
mineral: adj. y m.; 5
mínimo, ma: adj.superl. de *pequeño;* 30 B
minúscula: adj. y f.; 10 B
minutero: m.; 77
minuto: m.; 30 E
mío, mía: pron.pos.; 38 A, 41
miope: adj. y com.; 99 A, 109
mira: f.; 78 F
mirada: f.; 99 A
mirar: a.; 38 E, 99 A, 105
mismo, ma: adj.; 10 C y F
mitad: f.; 14 C (2)
mocho, cha: adj.; 103 A
moda: f.; 115 A
moderado, da: adj.; 89
moderno, na: adj. y m.; 57
modificación: f.; 10 A 7
modificar: a.; 97
modista: f.; 113
modo: m.; 18 A, 98 A, 102 C
mojar: a. y r.; 57
molde: m.; 30 D, 113
***moler**: a.; 117, 118 A, 119 A
molestar: a. y r.; 57, 123 D 16
molestia: m.; 78 F
molesto, ta: adj.; 98 B
molinero, ra: m. y f.; 113
molino: m.; 119 A
momento: m.; 86 D
monarca: m.; 74 B 1
moneda: f.; 13
monetario: adj. y m.; 13
montaña: f.; 37
montar: n., a. y r.; 121
monte: m.; 37, 38 D
montón: m.; 86 E
montura: f.; 121
moño: m.; 99 A, 113
moral: adj. y f.; 66 A
moralmente: adv.m.; 125
mordedura: f.; 121
***morder**: a.; 121, 122 B
***morir**: n. y r.; 73, 74 A y D
mortal: adj. y com.; 121
mortificación: f.; 74 E
mosaico: m.; 41
mosca: f.; 97
moscatel: adj. y m.; 117
mostaza: f.; 117
mostrador, ra: adj. y m. y f.; 133
motivo: m.; 34 B 2
motriz: adj. y f.; 133
***mover**: a. y r.; 46 A, 77, 78 C, 106 G
movible: adj.; 46 A
movilizar: a.; 129
movimiento: m.; 62 C
mozo, za: adj. y m. y f.; 49, 50 C
muchacho, cha: adj. y m. y f.; 26 C
muchachuelo, la: m. y f.; 90 A
mucho, cha: adj. y adv. c.; 1, 38 B, 109
mudar: a.; 147
mudo, da: adj. y m. y f.; 103 A
mueble: m.; 45, 117
muela: f.; 97
muelle: adj. y m.; 81, 135 C
muerte: f.; 74 B 2, 74 D
muerto, ta: p.p.irreg. de *morir;* 74 D, 97
mugir: n.; 122 E
mugre: f.; 74 B 2
mujer: f.; 6 A y B, 74 B 2
mujeraza: f.; 90 A
mujerona: f.; 90 A
mujerota: f.; 90 A
mula: f.; 78 F
multa: f.; 127 A
multar: a.; 127 A
multiplicación: f.; 14 C (3)
multiplicativo, va: adj.; 14 B y C (3)
mundo: m.; 29, 73
municipal: adj.; 28
muñeca: f.; 101
murmuración: f.; 126 C
muro: m.; 53
muscular: adj.; 109
músculo: m.; 99 A
muselina: f.; 113
música: f.; 97
músico: m.; 99 B 18
muslo: m.; 97
muy: adv.m.; 1, 50 D

N

nabo: m.; 121, 123 A
***nacer**: n.; 94 B
nacimiento: m.; 81
nación: f.; 9, 10 F
nacional: adj. y m.; 16
nacionalidad: f.; 10 B
nada: f. y pron.indet.; 18 C, 58 B
nadar: n.; 101, 103 A
nadie: pron.indet.; 58 B
nafta: f.; 21

nansú: m.; 113
naranja: f.; 1
naranjo: m.; 121
nariz: f.; 97
nata: f.; 34 C
natalicio, cia: adj. y m.; 81
natividad: f.; 81
natural: adj. y com.; 5
naturaleza: f.; 105
naturalmente: adv.m.; 18 A
navaja: f.; 113
navegar: a.; 78 E
navidad: f.; 81
neblina: f.; 89
necesariamente: adv. m.; 121
necesario, ria: adj.; 129
necesidad: f.; 66 A
necesitar: a.; 2 A
necio, cia: adj.; 125
negación: f.; 70 C
negar: a.; 138 A
negativamente: adv. m.; 58 B
negativo, va: adj. y m.; 42 A, 58 B, 130 C
negociar: a.; 78 F
negocio: m.; 30 D, 42 C
negro, gra: adj. y m. y f.; 12, 18 B
Neptuno: n.p.m.; 47 B
nervio: m.; 74 D
nervioso, sa: adj.; 89
neto, ta: adj.; 133
neuralgia: f.; 103 A
neutro, tra: adj. y m.; 6 A
***nevar:** n.; 90 B
ni: conj.copulat.; 37, 38 B, 50 C
nieto, ta: m. y f.; 129
nieve: f.; 74 B 2, 89
ningún: adj.; véase *ninguno;* 38 B 1 y 4
ninguno, na: adj.; 38 B 1 y 4, 58 C y B
niño, ña: adj. y m. y f.; 33; — *del ojo;* 97
níquel: m.; 13
no: adv.neg.; 1
nobilísimo, ma: adj. superl. de *noble;* 30 B
noble: adj. y com.; 30 B
noche: f.; 49, 65, 74 B 2
nogal: m.; 45
nombre: m.; 2 A, 6 B
nominativo, va: adj. y m.; 10 A
nonagésimo, ma: adj.; 14 B
nono, na: adj.; 14 B
noreste: m.; 37
[illegible]l: adj.; 87 B 3
no[illegible]lmente: adv.m.; 125
noroeste: m.; 37
norte: m.; 10 E, 25
norteamericano, na: adj. y m. y f.; 81
nos: pron.pers.pl.; 10 A, 54 A, 66 A
nosotros, tras: pron. pers.pl.; 9, 10 A
nota: f.; 2
notar: a.; 30, B
notario: m.; 86 E
noticia: f.; 82 E
novecientos, tas: adj. y m.; 14 B (1)
novela: f.; 82 B y D
novelista: com.; 126 C
noveno, na: adj. y m.; 14 B y C (2)
noventa: adj. y m.; 14 B
noviembre: m.; 61
novio, via: m. y f.; 126 C, 144 B
novísimo, ma: adj. superl. de *nuevo;* 30 B
nube: f.; 74 B 2, 77, 78 E
nublar: a. y r.; 93
nuca: f.; 97
nudillo: m.; 103 A
nudo: m.; 113
nuera: f.; 129
nuestro, tra: pron. pos.; 37, 38 D
nuevamente: adv.m.; 130 C
Nueva York: f.; 30 B
nueve: adj. y m.; 9, 14 B
nuevo, va: adj.; 46 A, 30 B, 57
nuez: f.; 45
numeral: adj. y m.; 14 B
numerar: a.; 10 F
número: m.; 10 F
nunca: adv.t.; 66 B, 86 D

O

o: conj.disyunt.; 1, 2 B
***obedecer:** a.; 82 B y D
obediente: adj.; 10 C
objeto: m.; 6 A y B, 58 A
oblicuamente: adv.m.; 114 B
obligación: f.; 26 D
obligar: a. y r.; 142 A
obra: f.; 42 D, 50 D, 82 D, 142 A
obrar: a. y n.; 126 C
obrero, ra: adj. m. y f.; 53
***obscurecer:** a. y r.; 114 B
obscuridad: f.; 79 15
obscuro, ra: adj.; 45
obsequiar: a.; 84 18
obsequio: m.; 81
observar: a.; 18 B
obstáculo: m.; 103 A
obstinación: f.; 78 F
obstinado, da: adj.; 127 A
***obtener:** a.; 14 E, 118 B
ocasión: f.; 54 C
ocasionar: a.; 94 C
occidental: adj.; 77
occidente: m.; 40
océano: m.; 33
octavo, va: adj. y m.; 14 B y C (2)
octogésimo, ma: adj.; 14 B
octubre: m.; 61
oculista: com.; 144 B
ocupación: f.; 142 A
ocupar: a. y r.; 22 C, 25, 58 B
ocurrir: n.; 58 C, 77, 82 B y D
ochenta: adj. y m.; 14 B

ocho: adj. y m.; 9, 14 B
ochocientos, tas: adj. y m.; 14 B (1)
odiar: a.; 125
odio: m.; 125
oeste: m.; 25
ofender: a. y r.; 139 G 3
ofensa: f.; 127 A
oficial: adj. y m.; 12, 54 C
oficina: f.; 86 D
oficio: m.; 10 B, 78 F
***ofrecer:** a. y r.; 113
ofuscar: a. y r.; 113, 114 B
¡oh!: interj.; 89
oído: m.; 97, 105
oigo, oiga: fms. de *oír;* 186
***oír:** a.; 74 D, 86 B 1
ojal: m.; 113, 114 B
¡ojalá!: interj.; 85, 86 D
ojillo: m.; dim de *ojo;* 113
ojo: m.; 97, 117
ola: f.; 89, 133
***oler:** a.; 105, 106 G
olfato: m.; 105
oliva: f.; 54 C, 117
olor: m.; 105
oloroso, sa: adj.; 1, 2 B
olvidar: a. y r.; 113, 125
olla: f.; 29
omitir: a. y r.; 10 B
once: adj. y m.; 14 B
ondulación: f.; 92 14, 133
onza: f.; 29, 105
opaco, ca: adj.; 21
ópalo: m.; 113
operación: f.; 14 D
operar: a. y n.; 104 B 10
opinar: n.; 127 I 12
opinión: f.; 26 D
***oponer:** a. y r.; 106 G, 138 A, 142 A
oporto: m.; 109
optativo: m.; 102 C 3
óptimo, ma: adj. superl. de *bueno;* 30 B
***opuesto, ta:** p.p.irreg. de *oponer;* 2 B, 41
oración: f.; 2 A, 74 D
orar: n.; 101
orden: amb.; 18 A, 52, 74 B 3
ordenar: a.; 125, 126 C
ordinal: adj. y m.; 14 B
ordinariamente: adv. m.; 53
ordinario, ria: adj. y m.; 30 B
oreja: f.; 97
orgánico, ca: adj. 97
órgano: m.; 97
orgullo: m.; 127 A
orgulloso, sa: adj.; 127 A
oriental: adj.; 40
oriente: m.; 77
orificar: m.; 97
origen: m.; 5
original: adj. y m.; 89
orilla: f.; 114 B
orín: m.; 34 D
orina: f.; 103 A
oro: m.; 13
ortografía: f.; 147
os: pron.pers.pl.; 10 A, 54 A
ostión: m.; 74 B 1
ostra: f.; 123 A
otoño: m.; 69
otro, tra: adj. y m. y f.; 1
oval: adj.; 17
ovalado, da: adj.; 17
oveja: f.; 113
oxidación: f.; 34 D
oxidar: a. y r.; 117
oxígeno: m.; 101

P

paciencia: f.; 106 H, 125
paciente: adj. y com.; 78 F, 111 A 1
***padecer:** a.; 85, 86 D
padecimiento: m.; 98 B
padre: m.; 49
paga: f.; 54 C
pagar: a.; 46 B, 109, 110 B
pagaré: m.; 133
pago: m.; 46 B
país: m.; 9, 10 E y F
paja: f.; 113, 121
pájaro: m.; 102 D, 110 B
palabra: f.; 2 A
palacio: m.; 28
paladar: m.; 97
palangana: f.; 94 B, 117
paleta: f.; 105
***palidecer:** n. y r.; 99 A
pálido, da: adj.; 42 D
palma: f.; 101
palo: m.; 45, 46 A
palpitar: n.; 101
paludismo: m.; 112 A 12
pan: m.; 110 B, 117
panadería: f.; 115 C
panadero, ra: m. y f.; 115 C
pantalón: m.; 113, 115 A
pantalla: f.; 117
pantera: f.; 121
pantorilla: f.; 97
paño: m.; 113
pañuelo: m.; 99 A
papa: m.; 121, 122 C
papaya: f.; 123 A
papel: m.; 13, 83 A
par: adj. y m.; 14 C (1), 58 B
para: prep.; 1, 2 B, 122 A
parafina: f.; 21
paraguas: m.; 89
paralelo, la: adj. y m.; 45
parar: n. y r.; 27 B, 73, 74 B, 101
parcialmente: adv.m.; 54 C
pardo, da: adj.; 70 C
***parecer:** n.; 17, 85
parecer: m.; 86 E, 113, 142 A
parecido, da: adj.; 17, 18 B
pared: f.; 53
parentesco: m.; 129
paréntesis: m.; 38 A
pariente, ta: adj. y m. y f.; 81, 129
parpadear: n.; 99 A
párpado: m.; 97
parque: m.; 128 B 25
parrilla: f.; 110 B, 117

parroquiano, na: adj. y m. y f.; 133
parte: amb.; 2 A, 74 B 2, 82 E
participar: a.; 82 E
participio: m.; 2 A, 26 C
partícula: f.; 45
particular: adj. y com.; 29, 130 C
particularmente: adv. m.; 29
partida: f.; 142 A; *doble* —; 42 A
partir: a.; 22 B, 45
partitivo, va: adj.; 14 B y C (2)
pasado: m.; 65
pasajero, ra: adj. y m. y f.; 73, 74 D
pasamano: m.; 53
pasar: a.; 22 D
pasear: n. y r.; 85, 86 D
paseo: m.; 118 C
pasión: f.; 82 E, 125
pasivo, va: adj. y f.; 22 B, 26 C, 98 A
paso: m.; 85, 101
pastel: m.; 121
pastilla: f.; dim. de *pasta;* 109
patada: f.; 122 E
patata: f.; 121, 122 C
patente: f.; 74 B 2
patio: m.; 41
patria: f.; 37
patriota: m.; 81
patrón, na: m. y f.; 82 E, 113, 142 A
pavimento: m.; 54 C
pavo, va: m. y f.; 117
payaso: m.; 110 C
paz: f.; 129
pecado: m.; 127 A
pecoso, sa: adj.; 142 A, 144 B
pechera: f.; 113
pecho: m.; 97
pedazo: m.; 21, 22 B
pedido: m.; 134 C
***pedir**: a.; 94 B, 110 B, 130 A, 131 A
pedrisco: m.; 89
Pedro: n.p.m.; 6
pegar: a.; 86 E, 102 D, 113
peinado, da: adj. y m.; 99 A
peinar: a. y r.; 98 A, 105
peine: m.; 99 A, 105
peineta: f.; 99 A
pelado, da: adj. y m. y f. (mej.); 136 B (2) 17
película: f.; 129
peligro: m.; 102 E, 121
peligroso, sa: adj.; 53, 94 C
pelo: m.; 67
pelota: f.; 124 22
pellejo: m.; 114 B
pena: f.; 30 E, 74 D, 78 F
penal: adj.; 125
pender: n.; 101
pendiente: adj. y m.; 78 E, 113, 126 D
péndulo, la: adj. y m.; 81
penetrante: p.a. y adj.; 110 B
penetrar: a.; 45
península: f.; 37
pensamiento: m.; 125
***pensar**: a.; 74 D, 94 B, 98 A, 126 B
peor: adj. comp. de *malo* y adv.comp. de *mal;* 10 C, 30 B
pepino: m.; 121
pequeño, ña: adj.; 10 B, 18 B
pera: f.; 121
peral: m.; 121
percal: m.; 113
percalina: f.; 113
percepción: f.; 125
percibir: a.; 5 B, 127 A
percha: f.; 117
***perder**: a.; 38 B 1, 94 B, 106 G, 107 B, 127 B
pérdida: f.; 134 C
perdidamente: adv.m.; 144 B
perdonar: a.; 70 C
pereza: f.; 125
perezoso, sa: adj. y m. y f.; 113, 114 B
perfección: f.; 117
perfectamente: adv. m.; 57
perfecto, ta: adj.; 81
perfil: m.; 97
perforar: a.; 114 B
perfume: m.; 105
periódico, ca: adj. y m.; 25
período: m.; 30 B
perito: m.; 54 C
perjudicar: a. y r.; 125
perjudicial: adj.; 101
perla: f.; 113
***permanecer**: n.; 130 C
permanente: adj.; 17
permanentemente: adv.m.; 54 C
permiso: m.; 87 A
permitir: a.; 86 D
pero: conj.advers.; 13, 38 D
perpendicular: adj.; 17
perro, rra: m. y f.; 58 A, 118 C, 121
persona: f.; 2 B, 6 B
personal: adj.; 10 A
personificar: a. y r.; 58 A
persuadir: a. y r.; 137
***pertenecer**: n.; 121
perturbación: f.; 86 D
perturbar: a. y r.; 126 C
perverso, sa: adj. y m. y f.; 125
pesadilla: f.; 120 B 24
pesado, da: adj.; 29, 105, 106 H
pésame: m.; 73, 74 D
pesar: n. y a.; 29, 30 E, 105; — m.; 74 D, 78 F
pescado: m.; 117
pescante: m.; 133
pescuezo: m.; 99 A
peseta: f.; 13
pésimo, ma: adj. superl. de *malo;* 30 B
peso: m.; 13, 105
pestaña: f.; 97
pestañear: n.; 99 A
peste: f.; 74 B 2, 105
petición: f.; 137
petróleo: m.; 5
pez: m.; 74 B 1, 117
piano: m.; 25
piar: n.; 122 E
picante: p.a., adj. y m.; 105

preposición: f.; 2 A
présbite: adj. y com.; 99 A
prescribir: a.; 109
prescrito: p.p. irreg. de *prescribir;* 112 B 12
presentar: a. y r.; 30 B, 58 A, 85
presente: adj. y m.; 2 B, 47 A, 81
presidente: m.; 9
presidir: a.; 125
presión: f.; 111 D 8
preso, sa: p.p. irreg. de *prender* y m. y f.; 125
préstamo: m.; 131 A, 134 B
prestar: a. y r.; 54 A, C y D, 131 A
pretendiente: m.; 82 E
pretérito: m.; 30 E
pretil: m.; 119 A
pretina: f.; 115 A
prevaleciente: adj.; 89
prieto, ta: adj.; 18 B
primario, ria: adj.; 89
primavera: f.; 69
primer: adj.; véase *primero;* 14 B (2), 38 B
primeramente: adv.m. 18 A
primero, ra: adj.; 1, 14 B (2), 38 B 1 y 4
primo, ma: adj. y m. y f.; 14 B, 129
princesa: f.; 113
principal: adj.; 10 E
principalmente: adv. m.; 21
principio: m.; 93, 97
prisa: f.; 38 C, 77, 78 E
prisión: m.; 128 A 18
prisionero: m.; 122 A
prisma: m.; 42 C
privación: f.; 66 A
probable: adj.; 94 C
***probar:** a.; 105, 106 G y H, 113, 115 A
problema: m.; 74 B 1
proceder: m.; 50 D
procedimiento: m.; 115 A
procesión: f.; 128 B 26
proclamación: f.; 81
procurar: a.; 125, 126 C, 138 A
producción: f.; 29
***producir:** a.; 17
producto: m.; 5
profesión: f.; 78 F
profesional: adj.; 115 A
profesor: m.; 11 B
profundamente: adv. m.; 136 B (2) 20
profundidad: f.; 57
profundo, da: adj.; 58 C
programa: m.; 74 B 1
progresar: n.; 97
progresivamente: adv. m.; 10 F
progresivo, va: adj.; 46 A
prohibición: f.; 42 B, 117 B
prohibir: a.; 137
prójimo: m.; 98 A, 126 C
prominente: adj.; 111 A 16
pronombre: m.; 2 A
prontamente: adv.t.; 22 D
prontísimo: adv. superl. m. de *pronto;* 30 C
pronto, ta: adj. y adv. m.; 54 C y D, 55 A 19
pronunciar: a. y. r.; 63 G 15
pronunciación: f.; 90 C
propenso, sa: adj.; 122 B 20
propiedad: f.; 21
propietario, ra: adj. y m. y f.; 78 F
propina: f.; 133
propio, pia: adj.; 6 A, 13, 70 C
***proponer:** a.; 106 G
proporción: f.; 38 D
proporcionar: a. y r.; 117
propósito: m.; 77, 105
***proseguir:** a.; 144 B
prosperar: a.; 102 C 3
protección: f.; 90 D
proteger: a.; 89, 90 C y D
protestante: p.a., adj. y com.; 111 A 1
protestar: a.; 133
provecho: m.; 85, 86 D, 136 A 13
***proveer:** a.; 134 B
proverbio: m.; 113
provisionalmente: adv. m.; 54 C 1
proximidad: f.; 89
próximo, ma: adj.; 81, 82 D, 142 A
prudente: adj.; 102 C
prueba: f.; 53, 54 C, 113
púa: f.; 29
público, ca: adj. y m.; 30 D
puchero: m.; 123 A
pude, pudiera, pudiese: fms. de *poder;* 188
pudor: m.; 104 B 7
pueblo: m.; 25
puerco, ca: m. y f.; 117
puerta: f.; 46 B, 53
puerto: m.; 37, 77
pues: conj. causal; 77, 78 E, 109
puesta: f.; 70 B
puesto, ta: p.p.irreg. de *poner;* 113, 114 B; — *que;* 122 C
pulga: f.; 78 F
pulgada: f.; 42 C
pulgar: m.; 101
pulir: a. y r.; 45, 46 A
pulmón: m.; 101
pulmonía: f.; 101
pulsación: f.; 103 B 12
pulsera: f.; 113
pulso: m.; 34 D, 103 B 12
pulverizar: a. y r.; 121
punir: a.; 142 A
punición: f.; 142 A
punta: f.; 46 A
puntada: f.; 114 B
puntiagudo, da: adj.; 121
punto: m.; 7 E, 57, 113; *al* —; m.adv.; 66 B
puntual: adj.; 137
puntualidad: f.; 66 B
puñal: m.; 103 A
puñalada: f.; 90 A, 122 E, 103 A
puño: m.; 103 A, 113
pupila: f.; 97
pureza: f.; 125
purgante: m.; 111 B 2
purificar: a. y r.; 101

puro, ra: adj. y m.; 21, 123 A
puse, pusiera, pusiese: fms. de *poner;* 190
pústula: f.; 103 A

Q

que: conj. copulat. y causal; 2 B, 10 C, 17, 18 B; —pron. rel.; 2 A, 82 B
¿qué?: pron.interr.; 1, 2 B, 82 B
***quebrar**: a. y r.; 21, 22 A, B y D
quedar: n. y r.; 42 C, 73, 130 C
quehacer: m.; 117
queja: f.; 78 F
quejarse: r.; 78 F, 138 A
quejido: m.; 104 B 10
quemador, ra: adj. y m.; 5
quemar: a. y r.; 32 C 20
quepo, quepa: fms. of *caber;* 179
***querer**: a., aux. y impers.; 57, 58 A y C, 59 A, 126 A
queso: m.; 119 A, 121
quiebra: f.; 142 A
quien: pron.rel.; 82 B
¿quién?: pron.i nterr.; 1, 2 B, 26 C, 82 B
quienquiera: pron. indet.; 141
quieto, ta: adj.; 78 F
quijada: f.; 97
quince: adj. y m.; 14 B
quincena: f.; 14 C (1)
quincuagésimo, ma: adj.; 14 B
quinientos, tas: adj. y m.; 14 B (1)
quinina: f.; 1
quintal: m.; 105
quinto, ta: adj. y m.; 14 B y C (2)
quise, quisiera, quisiese: fms. de *querer;* 191
quitar: a. y r.; 34 C, 94 C, 95 C 14, 98 C
quitasol: m.; 89
quizá: adv. de duda; 86 D; también se escribe *quizás*

R

rábano: m.; 123 A
rabia: f.; 82 E, 121, 127 A
rabiar: n.; 127 A
rabioso, sa: adj.; 121
racimo: m.; 121
raciocinar: n.; 127 A
racional: adj.; 58 A
radical: adj. y com.; 106 D 1
raíz: f.; 17
rajar: a. y r.; 21, 22 B
rama: f.; 17
ramillete: m.; 26 C
ramo: m.; 17
ranchero: m.; 117
rancho: m.; 26 D, 121
rápidamente: adv.m.; 54 C
rapidez: f.; 54 C
rápido, da: adj.; 15 A, 77
raro, ra: adj.; 110 B
rascar: a.; 99 A
rasgado, da: adj.; 99 A
rasguñar: a.; 121, 122 E
raso, sa: adj. y m.; 41, 86 E, 113
raspador: m.; 118 B, 119 A
raspar: a.; 118 B, 119 A
rastrillo: m.; dim. de *rastro;* 121
rasurar: a. y r.; 97
rata: f.; 20
rato: m.; 46 B, 54 D, 66 A
ratón: m.; 89
raya: f.; 7 E
rayar: a.; 21, 22 B, 45, 77
rayo: m.; 89
raza: f.; 97, 121
razón: f.; 10 A, 74 E, 82 E, 125
razonable: adj.; 125
razonar: n.; 125, 127 A
real: adj. y m.; 13
realmente: adv. m.; 42 B
reata: f.; 121
rebaja: f.; 141
rebajar: a. y r.; 126 C, 127 I 11, 133
rebanada: f.; 117
rebanar: a.; 123 D 10
rebaño: m.; 117
rebuznar: n.; 122 E
recado: m.; 129
recámera: f.; 49
receptáculo: m.; 117
receta: f.; 87 B 11, 109
recetar: a.; 109
recibir: a.; 31 B
recibo: m.; 133
recién: adv.t.; 117
recientemente: adv.t.; 34 C
recio, cia: adj.; 62 C, 94 C
recipiente: p.a., adj. y m.; 30 D
recíproco, ca: adj.; 74 D
reclamar: a. y n.; 133
reclinar: a. y r.; 50 C
recobrar: a.; 38 C
recoger: a. y r.; 114 B
recolección: f.; 6 B
recomendación: f.; 105
***recomponer**: a.; 106 G
***reconocer**: a. y r.; 102 D, 112 B 10
***recordar**: a. y r.; 77, 78 E, 106 G, 126 B
recorrer: a. y r.; 102 C 4 (3)
recrear: a. y r.; 70 B, 144 B
recto, ta: adj.; 26 C, 99 A
rectamente: adv.m.; 125
rectangular: adj.; 42 C
recuerdo: m.; 81
recurso: m.; 30 E
recurrir: n.; 113
redondo, da: adj.; 17
***reducir**: a. y r.; 41
redundancia: f.; 34 B
reemplazar: a.; 82 B
refajo: m.; 115 A
refectorio: m.; 74 E
referencia: f.; 7 E
referente: p.a.; 50 C
***referir**: a.; 6 A
refinar: a.; 21
reflectar: n.; 78 E

rollo: m.; 123 A
romper: a.; 21, 22 A
rompenueces: m.; 45
roncar: n.; 119 A
ropa: f.; 93, 115 A
ropero: m.; 117
rosa: f.; 1
rosal: m.; 121
rosbif: m.; 117
rotación: f.; 77
roto, ta: p.p.irreg. de *romper;* 21, 22 A
rubí: m.; 113
rubio, bia: adj.; 99 A
ruborizarse: r.; 99 A, 109
rueda: f.; 81
rugir: n.; 122 E
rugoso, sa: adj.; 45
ruido: m.; 97
ruin: adj.; 125
rumbo: m.; 122 A

S

sábado: m.; 61
sábana: f.; 114 B, 117
***saber**: a.; 49, 50 A y C, 105, 106 H
sabio, bia: adj. y m. y f.; 49
sablazo: m.; 90 A
sabor: m.; 33, 105
sabroso, sa: adj.; 117
sacacorchos: m.; 119 A
sacar: a.; 45, 97, 98 B, 129, 130 C
saco: m.; 113, 115 A
sacudir: a.; 99 A, 118 C, 119 A
saetilla: f.; 77
sal: f.; 74 B 2
sala: f.; 41
salar: a.; 33
salario: m.; 53
salchicha: f.; 117
saldar: a.; 133
saldo: m.; 133
salero: m.; 117
salida: f.; 70 B, 73, 74 D
***salir**: n.; 53, 54 B, C y D, 69, 70 B, 86 B 5
saliva: f.; 101
salmón: m.; 17
saltar: n.; 90 D, 102 E, 103 A
salto: m.
salud: f.; 78 E, 86 D, 101
saludar: a.; 77, 78 E, 94 C
saludo: m.; 53, 87 A
salutación: f.; 53
salvaje: adj. y com.; 121
salvar: a.; 109
sanar: a.; 85
sandía: f.; 17
sangre: f.; 74 B 2, 101
sano, na: adj.; 101
santo, ta: adj. y m. y f.; 41, 129
sarampión: m.; 74 B 1, 103 A
sarna: f.; 103 A
sartén: f.; 74 B 2, 117
sastre: m.; 113
sastrería: f.; 115 C
satélite: m.; 77
satisfacción: f.; 78 E
***satisfacer**: a.; 142 A
satisfactorio, ria: adj.; 116 17
satisfecho, cha: p.p. irreg. de *satisfacer;* 142 A
saya: f.; 115 A
sazonar: a. y r.; 119 A
se: fm. reflexiva del pron.pers. de tercera pers.; 2 A, 10 A, 54 A, 82 B
sé: fm. de *ser* y de *saber;* 155, 192
sebo: m.; 66 B 7
secar: a. y r.; 57
seco, ca: adj.; 57
secretar: a.; 103 A
secreto, ta: adj. y m.; 70 C
secundario: m.; 77
sed: f.; 74 E
seda: f.; 82 D, 113, 115 A
seguida: f.; *en* —; m. adv.; 55 A, 20, 66 B
***seguir**: a.; 10 C, 77, 78 E, 94 A
según: prep. y adv.m.; 98 A, 126 C
segundo, da: adj. y m.; 5, 14 B 2, 30 E
seguridad: f.; 69
seguro: **ra**, adj.; 75 A 8
seis: adj. y m.; 9, 14 B
seiscientos, tas: adj. y m.; 14 B (1)
sello: m.; 129
semana: f.; 61
semanal: adj.; 105
***sembrar**: a.; 17
semejante: adj. y com.; 18 B, 125
semicircular: adj.; 114 B
semilla: f.; 17, 18 B
sencillo, lla: adj.; 115 A, 122 C, 135 C
sendos, das: adj. pl.; 38 B 3
sensación: f.; 34 C
sensible: adj.; 108 B 6
***sentar**: a., n. y r.; 25, 26 C, 86 C 1 y D, 101
sentencia: f.; 103 A
sentido, da: adj. y m.; 42 A, 86 D, 105
sentimiento: m.; 74 D, 127 A
***sentir**: a. y r.; 85, 86 C 2 y D, 109
seña: f.; 62 C, 82 E
señal: f.; 74 B 2, 142 A
señalar: a. y r.; 77, 78 E
señor, ra: adj. y m. y f.; 1
señorazo: m.; 90 A
señorito, ta: m. y f.; dim. de *señor* y *señora;* 13
señorón: m.; aug. de *senor;* 90 A
sepa: fm. de *saber;* 155
separar: a. y r.; 29, 70 B
septiembre: m.; 61
séptimo, ma: adj.; 14 B y C (2)
septuagésimo, ma: adj.; 14 B
sepultura: f.; 142 A
sepulturero: m.; 73
sequedad: f.; 57
sequía: f.; 105
ser: m.; 58 A
***ser**: n.; 2 B, 10 D, 22 C, 71 I, 74 C
serenar: a. y r.; 127 A

substancia: f.; 1
substantivo: m.; 2 A
***substituir:** a.; 50 C
substracción: f.; 39
subyugar: a.; 82 F
suceder: n.; 57, 58 C, 142 A
suceso: m.; 122 A
sucio, cia: adj.; 105
sudeste: m.; 37
sudoeste: m.; 37
suegro, gra: m. y f.; 129
suela: f.; 113
sueldo: m.; 54 C
suelo: m.; 41
suelto, ta: p.p. irreg. de *soltar* y adj. y m.; 13, 14 D, 114 B
sueño: m.; 74 E, 127 A
suero: m.; 121
suerte: f.; 74 B 2, 125
suficiente: adj.; 34 C
suficientemente: adv. m.; 141
sufijo: m.; 18 A
sufrimiento: m.; 94 D
sufrir: a.; 86 D, 142 A
***sugerir:** a.; 137, 138 A
sugestión: f.; 137
suicidarse: r.; 103 A
suicidio: m.; 103 A
Suiza: n.p.f.; 93
sujeción: f.; 134 B
sujetar: a. y r.; 99 A
sujeto, ta: p.p.irreg. de *sujetar* y m.; 34 B 1, 114 B, 115 C, 126 C
sumamente: adv. m.; 117
sumario: m.; 77
sumergir: a. y r.; 49, 50 C
suministrar: a.; 117
supe: fm. de *saber;* 192
superar: a.; 142 A
superficie: f.; 45, 57, 74 B 2
superior, ra: adj. y m.; 10 C, 17, 30 B
superioridad: f.; 78 F
superlativo, va: adj. y m.; 30 B
supersticioso, sa: adj.; 135 C
supiera, supiese: fms. de *saber;* 192
suplicar: a.; 101
suplir: a.; 106 G
***suponer:** a.; 106 G, 126 B
suposición: f.; 74 D
supremo, ma: adj.; 30 B
supuesto, ta: p.p.irreg. de *suponer;* 126 D; *por* —; m. adv.; 135 C
sur: m.; 10 E, 25
surco: m.; 121
surdo, da: adj.; 26 D
surtido: m.; 134 B
suspender: a.; 89
suspenso, sa: p.p.irreg. de *suspender; en* —; m.adv.; 78 E
suspirar: n.; 103 A
suspiro: m.; 104 B 12
susto: m.; 90 D, 127 A
suyo, ya: pron.pos.; 38 A, 41

T

tabaco: m.; 123 A
tabique: m.; 53, 54 C
tabla: f.; 45
tablón: m.; 45
taburete: m.; 117
tácito, ta: adj.; 102 C 3
tacón: m.; 113
tacto: m.; 105
tafetán: m.; 113
tal: adj., pron. indet. y adv.m.; 30 B, 82 B y D; — *vez;* m. adv.; 85, 86 D; *¿qué—?;* m. adv.; 126 C; *con* —; m.adv.; 142 A
talento: m.; 50 C
talón: m.; 101, 136 A 15
talle: m.; 114 C
tallo: m.; 121
tamaño, ña: adj.comp. y m.; 38 D
también: adv.m.; 1, 2 B
tambor: m.; 117
tampoco: adv. neg. y conj. comp.; 17, 18 B
tan: adv.c.; 38 C, 41
tanque: m.; 117
tanto, ta: adj., m. y adv. c.; 18 C, 38 C, 57, 58 C, 134 B
tapa: f.; 30 D, 119 A
tapete: m.; 117
tardar: n. y r.; 21, 22 B
tarde: f. y adv.t.; 30 E, 50 C, 53, 66 A, 74 B 2
tarifa: f.; 133
tarjeta: f.; 74 D
taza: f.; 33, 46 A, 117
te: pron.pers.; 10 A
te: m.; 1
teatro: m.; 64 6
techo: m.; 41, 53
teja: f.; 53
tejado: m.; 53
tejido: m.; 82 D, 116 B 21
tela: f.; 78 E, 113
teléfono: 123 B 14
telégrafo: m.; 75 A 1
telegrama: m.; 42 D, 74 B 1
temer: a.; 93, 127 A
temor: m.; 93
temperatura: f.; 30 E
tempestad: f.; 89
tempestuoso, sa: adj.; 95 C 1
templado, da: adj.; 89
tempranísimo, ma: adj. superl. de *temprano;* 30 C
temprano, na: adj.; 50 C, 65
tenaza: f.; 29
tendajo: m.; 90 A 3
tendajón: m.; 90 A 3
***tender:** a. y r.; 118 B, 119 A, 120 B 17
tenedor: m.; 117, 123 A, 133
***tener:** a.; 10 C y F, 14 A, 30 B, 66, 73, 74 A y D, 94 B
tengo, tenga: fms. de *tener;* 193
tentación: f.; 125
***tentar:** a.; 102 E, 126 B, 127 A
tercer: adj.; véase *tercero;* 14 B (2)
tercero, ra: adj.; 2 B, 14 B (2)
tercio, cia: adj. y m.; 14 B y C (2)
terciopelo: m.; 113, 114 B

Teresa: n.p.f.; 129
terminación: f.; 6 A
terminar: a.; 3 D
término: m.; 26 D, 77
termómetro: m.; 31 B
ternero, ra: m. y f.; 117, 123 A
ternísimo, ma: adj. superl. de *tierno;* 30 B
terreno: m.; 121
terrestre: adj.; 29
terrible: adj.; 127 I 9
terriblemente: adv.m.; 89
terrón: m.; 123 A
terror: m.; 74 E, 127 A
tertulia: f.; 113
testarudo, da: adj.; 127 A
testigo: com.; 74 B 4, 125
testimonio: m.; 125
tetera: f.; 123 A
tez: f.; 142 A, 144 B
ti: pron.pers.; 10 A
tibio, bia: adj.; 33
tiempo: m.; 18 A, 30 E, 89, 90 D, 102 C 4
tienda: f.; 30 D, 133
tienta: f.; *a tientas;* m. adv.; 102 E
tierno, na: adj.; 117
tierra: f.; 17, 18 B
tieso, sa: adj.; 107 A
tifo: m.; 103 A
tigre: m.; 70 C
tijera: f.; 113
timbrar: a.; 132 A 15
timbre: m.; 129
tina: f.; 49, 119 A
tinta: f.; 25
tintero: m.; 25
tinto, ta: p.p.irreg. de *teñir,* adj. y m.; 109
tío, tía: m. y f.; 85, 129
tipo: m.; 133, 134 B
tira: f.; 113
tirabuzón: m.; 119 A
tirante: p.a., adj. y m.; 113, 121
tirar: a. y r.; 54 C, 55, 58 C, 121
tirón: m.; 121
tisis: f.; 101
título: m.; 10 B
toalla: f.; 105
tobillo: m.; 101
tocado: m.; 117
tocador, ra: adj. y m. y f.; 117
tocar: a. y r.; 97, 105, 127 A
tocino: m.; 117
todavía: adv.t.; 41, 42 C
todo, da: adj. y m.; 65, 66 A
tolerante: adj.; 125
tolerar: a.; 142 A
tomar: a.; 33, 34 C y D
tomate: m.; 29, 121, 122 C
tonelada: f.; 105
tono: m.; 78 E
tontería: f.; 78 E, 127 A
tonto, ta: adj. y m. y f.; 127 A
topar: a.; 122 E
tope: m.; 122 E
topetada: f.; 122 E
topetón: m.; 122 E
tórax: m.; 101
torero: m.; 126 C
tormenta: f.; 89
tornado: m.; 89
tornillo: m.; 45
toro: m.; 121
torre: f.; 74 B 2
tórrido, da: adj.; 89
tortilla: f.; 117, 123 A
tos: f.; 74 B 2
toser: n.; 99 A
***tostar:** a. y r.; 110 B, 117
tostón: m.; 13
totalmente: adv.m.; 54 C
trabajador, ra: adj. y m. y f.; 53
trabajar: n.; 103 A
trabajo: m.; 50 C, 53
tradición: f.; 123 A
***traer:** a.; 113, 129, 130 B, 131 B
tragar: a.; 97
traidor, ra: adj. y m. y f.; 121
traigo, traiga: fms. de *traer;* 194
traje, trajera, trajese: fms. de *traer;* 194
traje: m.; 113, 115 A
tranquilo, la: adj.; 78 E
***transferir:** a.; 26 D
transformar: a. y r.; 14 B
transgresión: f.; 70 C
transitivo, va: adj.; 94 B
transitorio, ria: adj.; 22 C
transmitir: a.; 105
transparente: adj. y m.; 6 B, 117
transportar: a.; 30 D
transporte: m.; 129
tranvía: m.; 69
trapo: m.; 117, 119 A
trasto: m.; 117
trastornar: a. y r.; 125, 126 C
tratado: m.; 129
tratamiento: m.; 42 A
tratar: a., n. y r.; 66 B, 78 F, 126 C
trato: m.; 78 F
traza: f.; 78 F
trazar: a.; 41
trece: adj. y m.; 14 B
treinta: adj. y m.; 14 B
treintena: f.; 14 C (1)
trementina: f.; 54 C
tren: m.; 73
tres: adj. y m.; 9, 14 B
trescientos, tas: adj. y m.; 14 B (1)
tribu: f.; 74 B 2
tribunal: m.; 103 A, 125
trigésimo, ma: adj.; 14 B
trigo: m.; 117
tripa: f.; 103 A
triple: adj. y m.; 14 C (3)
triste: adj.; 42 D
tristeza: f.; 86 D, 109, 127 A
triturar: a.; 103 A
trompa: f.; 122 E
trompazo: m.; 122 E
***tronar:** impers.; 89, 90 B, 106 G
tronco: m.; 17, 97, 121
tropa: f.; 129
***tropezar:** n.; 126 C
tropical: adj.; 123 A
trópico, ca: adj. y m.; 89, 105
trozo: m.; 45
trueno: m.; 89

tu: pron. pos.; véase *tuyo;* 38 A
tú: pron.pers.; 10 A
tuberculosis: f.; 101
tubería: f.; 29
tubo: m.; 5, 29
tuerto, ta: p.p.irreg. de *torcer* y adj.; 102 E, 103 A
tumbar: a., r. y n.; 46 A
turquesa: f.; 113
tutear: a.; 82 B y D
tuve, tuviera, tuviese: fms. de *tener;* 194
tuyo, ya: pron.pos.; 38 A

U

u: conj. disyunt.; véase *o;* 17, 18 B
úlcera: f.; 103 A
último, ma: adj.; 18 A, 133, 134 B
ultramarino, na: adj. y m.; 135 B
un, una: art. indet. y adj.; 1, 2 B
undécimo, ma: adj.; 14 B
únicamente: adv. m.; 42 A
único, ca: adj.; 46 A, 142 A
unidad: f.; 13
uniforme: adj.; 77
unión: f.; 37
unir: a. y r.; 9, 10 E
uno, na: adj., pron.indet. y m.; 9, 14 B (1)
untar: a.; 117
uña: f.; 99 A, 101
urbano, na: adj.; 117
urgencia: f.; 78 F
urgir: n.; 129
usanza: f.; 123 A
usar: a.; 4
uso: m.; 1
usted: pron.pers.com.; 9, 10 A
usual: adj.; 30 B
utensilio: m.; 5
útil: adj. y m.; 5, 6 B, 115 A
utilidad: f.; 6 B
uva: f.; 121

V

va: fm. de *ir;* 185
vaca: f.; 113
vacación: f.; 82 E
vaciar: a.; 29
vacío, cía: adj. y m.; 140 A 16
vagabundo, da: adj. y m. y f.; 105
vago, ga: adj.; 78 A
vahido: m.; 85, 86 D
vaina: f.; 121
vainilla: f.; 122 C
***valer**: a. y n.; 17, 18 B y C
valeroso, sa: adj.; 37
valgo, valga: fms. de *valer;* 176
valiente: adj. y com.; 89
valioso, sa: adj.; 83 B 5
valor: m.; 13, 14 D, 90 D, 127 A
vals: m.; 70 B
valuación: f.; 14 D
valle: m.; 37
vamos, van: fms. de *ir;* 185
vapor: m.; 53, 77, 89
vaquero, ra: adj. y m. y f.; 121
vaqueta: f.; 113, 114 B
vara: f.; 45
variable: adj.; 22 C
variación: f.; 147
variado, da: adj.; 77
variar: a.; 74 D
variedad: f.; 134 B
vario, ria: adj.; 1
varón: m.; 26 C, 97
vaselina: f.; 21
vaso: m.; 26 C, 117
vaya, vayan: fms. de *ir;* 185
Vd.: abreviatura de *usted;* 10 A
ve: fm. de *ir;* 185
vecino, na: adj. y m. y f.; 109
vegetación: f.; 37
vegetal: adj. y m.; 5
vehemente: adj.; 78 F
vehículo: m.; 121
veinte: adj. y m.; 14 B
veintena: f.; 14 C (1)
veinticinco: adj. y m.; 14 B
veinticuatro: adj. y m.; 14 B
veintidós: adj. y m.; 14 B
veintinueve: adj. y m.; 14 B
veintiocho: adj. y m.; 14 B
veintiséis: adj. y m.; 14 B
veintisiete: adj. y m.; 14 B
veintitrés: adj. y m.; 14 B
veintiún: adj. y m.; véase *veintiuno;* 14 B (1)
veintiuno, na: adj. y m.; 14 B
vejez: f.; 103 A
vela: f.; 65, 66 A y B, 77, 78 E, 133
velero, ra: adj. y m.; 77, 78 E
velludo, da: adj.; 114 B
vena: f.; 101
vencer: a. y r.; 82 E, 127 I 16, 133, 142 A
vencimiento: m.; 133
vender: a. y r.; 86 D, 114 B, 122 C, 133
veneno: n.; 103 A
venganza: f.; 78 E
vengo, venga: fms. de *venir;* 195
***venir**: n. y r.; 53, 54 B y C, 86 B 4, 113
venta: f.; 26 D, 133, 134 B
ventaja: f.; 78 F
ventana: f.; 53
***ver**: a.; 38 E, 53, 62 B, 71 I
veracidad: f.; 125
verano: m.; 57, 69
veras: f.pl.; *de* —; m. adv.; 29, 30 D
veraz: adj.; 125
verbal: adj.; 129
verbigracia: adv. m.; 2 A
verbo: m.; 2 A
verdad: f.; 73, 74 D
verdadero, ra: adj.; 42 B

Y

Z

Lightning Source UK Ltd.
Milton Keynes UK
UKHW022252090622
404196UK00005B/1151

9 780270 805109